Bernhard Teichfischer · *Koi in den schönsten Wassergärten*

Chinesischer Scherenschnitt

Bernhard Teichfischer

Koi in den schönsten Wassergärten

Dähne Verlag

Alle Fotos, außer den besonders gekennzeichneten, sind vom Verfasser. Computersimulationen (S. 152 – S. 176) und Computerzeichnungen wurden von Dr. Helmut Helwin angefertigt, weitere Zeichnungen vom Autor.

Die deutsche Bibliothek – CIP-Einheitsaufnahme

Teichfischer, Bernhard:
Koi in den schönsten Wassergärten /
Bernhard Teichfischer. – 2. Aufl. – Ettlingen : Dähne, 1997
(Reihe Gärten und Teiche)
ISBN 3-921684-40-4

Bernhard Teichfischer
Koi in den schönsten Wassergärten

2., überarbeitete und erweiterte Auflage 1997

Reihe: Gärten und Teiche

ISBN 3-921684-40-4

Umschlaggestaltung: Bomans Design, Siebeldingen.

Titelfoto: Zen Nippon Airinkai

Layout: Werner Trauthwein.

Herstellung: Kraft Druck GmbH, Ettlingen.

Inhalt

Zum Geleit

Mein enger Freund, Bernhard Teichfischer, schreibt in Deutschland ein Buch über Nishikigoi mit dem Titel „Koi in den schönsten Wassergärten".

Ich weiß aus langen Gesprächen, daß er über alle wichtigen Informationen zu diesem Thema verfügt und glaube deshalb, daß es das idealste Buch für Koiliebhaber sein wird. Wenn ich mich recht erinnerere, sind wir schon über 10 Jahre befreundet, und wir stehen seit dieser Zeit in brieflichem Kontakt.

Anfangs war mein Freund eher auf Goldfische spezialisiert und veröffentlichte Bücher über Goldfische, aber auch eins über Nishikigoi mit dem Titel „Farbkarpfen". Für letzteres stellte ich ihm Informationen und viel Bildmaterial zur Verfügung. Bernhard Teichfischer reist ständig mit seiner Frau in verschiedene Länder, um sein Wissen über die Haltung von Nishikigoi zu vervollständigen. Darüber hat er mir oft geschrieben, und so erhielt ich auch einen besonders ausführlichen Bericht mit Fotos über die erste Klan-Koi-Schau in Deutschland.

1991 besuchte er vom 20.10. – 16.11. Japan, die Heimat der Nishikigoi, um die Nishikigoi vor Ort zu erleben. Er war mit seiner Frau in Beppu, Hiroshima, Kyoto, Nara, Tokyo, Tochigi, Niigata und anderen Orten, die für die Nishikigoi-Zucht berühmt sind.

Eigentlich stammen die Koi aus dem per-

Am Koiteich von Dr. Kuroki in Beppu auf Kyushu (von links): die Englisch-Dolmetscherin Chizuru Takamoto, der Autor, Dr. Kuroki

An einem Koiteich von Dr. Kuroki

sischen Gebiet, dem heutigen Iran. Sie kamen vor etwa 200 Jahren über China nach Japan, und es waren die Japaner, die ihnen Farben und Muster verliehen und so die heutigen Nishikigoi züchteten. Dies geschah in den Bergen um Ojiyashi in der Provinz Niigata.

In Beppu, wo ich zu Hause bin, und wo sich die Zentrale der Zen Nippon Airinkai befindet, besprachen wir viele Details über Nishikigoi.

In letzter Zeit steigt der Koiboom in den deutschsprachigen Ländern. Ich finde es sehr bereichernd, daß gerade deshalb ein Buch über Nishikigoi in Deutsch veröffentlicht wird und freue mich darüber.

Ich beende dieses Wort zum Geleit mit der Empfehlung dieses Buches und wünsche ihm Erfolg.

Zen Nippon Airinkai, Ehrenvorsitzender
Dr. Takeo Kuroki

Vorwort zur 1. Auflage

Zum gegenwärtigen Zeitpunkt ist es „In", einen Gartenteich oder Wassergarten sein Eigen zu nennen. Täglich steigt die Zahl der Gartenteichbesitzer, und die Anzahl der Gartenteiche dürfte zur Zeit ein nie gekanntes Ausmaß erreicht haben.

In Deutschland ist es der sogenannte „Biotopteich" oder „naturnahe Gartenteich", der am meisten publiziert wird. Das bedeutet, daß man einen Teich – meistens ohne Fische – zugunsten der heimischen Fauna und Flora anlegt. Kröten, Frösche, Unken, Molche, Wasserinsekten und einheimische Sumpf- und Wasserpflanzen sollen sich ungestört entwickeln können.

Solche Gedanken sind sicher zu begrüßen. In vielen Fällen wird ein „naturnaher Gartenteich" aber als Alibi genommen, um ein ungepflegtes und verkrautetes Wasserloch im Garten zu begründen, dessen sich selbst sein Besitzer eines Tages schämt.

Oft tragen zu diesem Mißerfolg auch die käuflichen Fertigteiche bei, die größtenteils nicht die Voraussetzungen für eine ästhetische Gestaltung bieten und meistens weder Pflanzen noch Tieren einen günstigen Lebensraum ermöglichen. Das wurde mir deutlich klar, als ich englische Gartenteiche und Wassergärten vergleichend betrachtete. Schon hier trennen sich Welten. Wieviel mehr stechen erst japanische Wassergärten ab.

Eine längere Studienreise nach Japan ließ mich die Gartenbaukunst des fernen Ostens erleben. Ich habe dort sehr viele öffentliche Anlagen gesehen. Was mir aber wichtiger erscheint, daß ich dank guter Kontakte besonders viele kleine und mittlere Privatgärten von Koiliebhabern besichtigen konnte.

Während die großen alten Anlagen parkähnlich aussehen und als Ursprungsgärten den chinesischen sehr ähneln, sind es mehr diese kleinen Gärten, die das typische japanische Flair ausstrahlen und zur Nachempfindung einladen.

Koiteich im naturnahen Gartenstil

Öffentlicher Garten in Hiroshima

Ein schöner Wassergarten bildet den Rahmen für wertvolle Koi

Japanische Gärten sind nachgestaltete Naturlandschaften, in denen die Asymmetrie vorherrscht und obgleich hier nichts dem Zufall überlassen wird, sieht man es diesen Anlagen nicht an.

Koi stammen aus Japan und sind die exquisitesten und teuersten Teichfische, die es gibt. Deshalb ist es nicht verwunderlich, daß die Zahl ihrer Liebhaber auf der ganzen Welt ständig zunimmt. Am weitesten sind sie bisher in Japan selbst verbreitet, aber auch auf Hawaii, in Hongkong, auf Taiwan, in den USA, in Kanada, Südafrika, Australien, England, Holland, Belgien und Deutschland gibt es sehr viele Menschen, die Koi halten. In diesen Ländern gibt es auch Koi-Vereine, die mit der großen japanischen Koigesellschaft Zen Nippon Airinkai (Z.N.A.) freundschaftliche Kontakte pflegen. So sind die Koi inzwischen wirklich, wie es die Japaner wünschen, zu Fischen des Friedens geworden, und die Beschäftigung mit ihnen trägt durch das Entstehen vieler Freundschaften wesentlich zur Völkerverständigung bei. Die Mitgliederzahl des deutschen Koi-Vereins „KLAN“ (Koi Liebhaber am Niederrhein) ist seit seiner Gründung im Herbst 1991 von anfangs 14, in knapp 4 Jahren auf weit über 800 gestiegen. Der KLAN gibt vierteljährlich eine sehr informative Koi-Zeitschrift heraus und veranstaltete am 18. und 19.6.1994 seine erste große Koi-Ausstellung in der Rhein-Ruhr-Halle in Duisburg, die ein so großer Erfolg war, daß sie nun jährlich durchgeführt werden soll. Allein durch diese jährlichen Ausstellungen ist anzunehmen, daß das Interesse für Koi nun auch in Deutschland lawinenartig zunehmen und mancher der über drei Millionen Gartenteiche in Deutschland in Zukunft in einen Koiteich umgewandelt werden wird.

Oft werden Koi wegen ihres hohen Wertes in sterilen, swimmingpoolähnlichen Behältern unter sicherem Verschluß in Gewächshäusern gehalten. Richtig kommen sie aber erst in einer ihnen angepaßten, schönen Umgebung, wie in einem gepflegten Wassergarten zur Geltung. Der schöne Wassergarten gehört zum Koi, wie ein schöner Rahmen zu einem wertvollen Bild.

Einen Koiteich kann man mit einigem Geschick auch nachträglich in jeden Garten integrieren.

In diesem Buch möchte ich viele dekorative und mit Koi besetzte Wassergärten vorstellen. Das sind japanische Gärten und Nachgestaltungen, aber auch naturnahe Wassergärten und Gärten in anderen und gemischten Stilarten, z. B.: Wassergärten in England.

Da es in Europa wenige Informationen darüber gibt, werden die immergrünen japanischen Gärten des Zen-Buddhismus mit Zubehör und Pflanzen besonders genau beschrieben.

Aber auch auf die gärtnerischen Gestaltungsmöglichkeiten für die beliebten „farbenfrohen Wassergärten" wird eingegangen. Das besondere Augenmerk liegt auf dem Teichbau und den Einrichtungen, die das Wasser für die Haltung der Koi geeignet machen: Filter, Belüftung und ähnliches. Dabei werden die verschiedenen Varianten und Materialien verglichen. Aber auch alles andere, was man z. B. über den Kauf, den Transport, die Haltung, die Zucht von Koi oder das Kurieren von Krankheiten wissen muß, wird ausführlich erklärt.

Ein großer Teil des Buches ist der Vermehrung und Zucht der Koi, sowie den zahlreichen Zuchtformen und deren Bewertung gewidmet.

Teich mit farbenfroher Ufergestaltung

Vorwort zur 2. Auflage

Inzwischen ist die Popularität der Nishikigoi in Deutschland weiter gestiegen, und es ist abzusehen, daß dieser Boom in Zukunft anhält. Am 31.5.–1.6.97 fand mit abermals großem Erfolg die 4. Internationale KLAN-Koi Show, die InterKoi '97, in Duisburg statt. Die Mitgliederzahl des deutschen Koiklubs „KLAN" ist jetzt auf über 1300 gestiegen, und verschiedene Ländergruppen wurden in ganz Deutschland gegründet, die in bestimmten Zeitabständen Zusammenkünfte ihrer KLAN-Mitglieder organisieren. Immer mehr Koiliebhaber brauchen Anleitung und Unterstützung bei der Koihaltung. Für die 2. Auflage konnte ich dieses Buch etwas überarbeiten und erweitern.

Weinböhla, im Sommer 1997
Bernhard Teichfischer

Danksagung

Um dieses Buch schreiben zu können, bereiste ich zusammen mit meiner Frau Ingeborg Teichfischer große Teile Japans und mehrmals verschiedene Gegenden in England. Dabei lernten wir sehr viele Koiliebhaber kennen, die uns oft selbstlos unterstützten. So entstanden echte Freundschaften.

Zu besonderem Dank fühlen wir uns verpflichtet gegenüber unserem langjährigen Briefpartner und Freund, dem Gründer und heutigen Ehrenvorsitzenden der Zen Nippon Airinkai sowie bekanntem Buchautor, Dr. Takeo Kuroki, Japan. Durch seine Publikationen und seinen Einsatz hat Dr. Kuroki den größten Anteil daran, daß Koi weltweit bekannt wurden und die Beschäftigung mit ihnen zu völkerverbindenden Freundschaften führte. Er favorisierte den Koi zum Fisch des Friedens. Für unsere Japanreise erstellte er den Reiseplan und ermöglichte es so, daß wir in den Umgebungen von Beppu, Hiroshima, Kyoto, Nara, Nagoya, Tokio, Tochigi und Niigata viele Koiliebhaber besuchen und ihre Wassergärten besichtigen und fotografieren konnten. Ich danke ihm außerdem für seine einführenden Worte zu diesem Buch.

In England möchten wir vor allem unseren Freunden Valery Frost, Wally and Doug Bookless, Stephen Field, Sue und Tony McCann, Liz und Mike Donlan, Helga und Ron Watson, Thelma und Fred Harston, Brenda und Barry Goodwin, Irene und Ronald Grigg und Marion und Brian Parker danken, die uns betreuten und zu vielen anderen Koi-Liebhabern führten, denen wir auch herzlich danken.

Besonderen Dank unserem Freund Stephen Field, Inhaber der Fa. Avenue Fisheries, bei dem ich viele seiner verschiedenen Koi-Zuchtformen fotografieren konnte.

Beim Technischen Leiter des Botanischen Gartens Dresden und Buchautor, Herrn Dipl.-Ing. Rudolf Schröder, möchte ich mich dafür bedanken, daß er den gartentechnischen Teil des Manuskriptes durchsah, korrigierte und verschiedene, wertvolle Hinweise gab.

Herr Dr. Joachim Herms vom Fischgesundheitsdienst war so freundlich, den Manuskriptteil „Fischkrankheiten" durchzusehen, zu korrigieren und zu ergänzen, auch dafür meinen herzlichsten Dank.

Herrn Toshiyuki Ogata, Bruder des Inhabers der Koi-Zucht- und Exportfirma Ogata, Japan, danke ich für die Durchsicht und Korrektur des speziellen Manuskriptteils über Koi und für die deutsche Übersetzung der Einleitung Dr. Kurokis.

Des weiteren danke ich meinem Schwager, Herrn Dr. Hellmut Helwin für die einfühlsame Anfertigung der Computerzeichnungen und Computerbilder.

Herzlichen Dank auch den Bildautoren, die mir Fotos zur Verfügung stellten.

Last – but not least – meinen herzlichsten Dank an Herrn Karl-Heinz Dähne, dafür, daß er diesen Buchtitel herausgab, und das Buch so großzügig ausstattete.

Meinem Freund Dr. Dieter Hannen (Gründer und Geschäftsführer des KLAN) danke ich für viele gute Hinweise, die ich bei der Überarbeitung des Buches für die 2. Auflage berücksichtigen konnte.

Geschichtliches zur Entstehung der Wassergärten und zur Herauszüchtung der Koi

Der Ursprung der heutigen Landschaftsgärten liegt in Alt-China. Hier entwickelten sich die ersten Gärten am Kaiserhof aus dem Jagdvergnügen heraus. In der Zhou-Dynastie (1. Jh. – 256 v. Chr.) entstanden sogenannte Tiergärten (you) in einem zur Jagd bestimmten Gebiet. So findet man im „Buch der Lieder" (Shi jing) die Beschreibung des Ling-Tiergartens (Ling you), der unter anderem eine Ling-Terrasse (Ling tai) und einen Ling-Sumpf (Ling zhao) enthielt. Aus diesen ersten „Tiergärten" wurden dann in der Han-Dynastie (206 v. Chr. – 220 v. Chr.) Parks (yuan). Zwar dienten die Parks weiter der Jagd, jedoch schenkte man der Architektur mehr Beachtung. Man baute Terrassen, Pavillons, Paläste und Teiche. Ein bekanntes Beispiel dafür ist der Shanglin-Park (Shanglin yuan) des Kaisers Wudi. Hier gab man sich dem Vergnügen des Musizierens und Singens, des Züchtens ungewöhnlicher Blumen und Gehölze und des Betrachtens seltener Vögel, Fische und anderer Tiere, wie Elefanten, Hirsche, Pferde und Hunde, hin. Die Teiche, mit oft mehreren Inseln, in diesen Gärten hatten meistens beträchtliche Ausmaße. In den Teichen wurden Fische und Schildkröten gehalten. So entstand die Schöpfung künstlicher Landschaftsgärten aus Teich und Bergen, des späteren „Ein Teich und drei Berge" (yi chi san shan).

In den folgenden Dynastien nahm die Naturverehrung noch zu. Gartenkunst, Literatur und Malerei beeinflußten sich gegenseitig und erreichten so immer größere Vollendung. Steinerne Skulpturen von Fischen und Schildkröten wurden in den „natürlichen" Landschaftsgärten aufgestellt.

Etwa im 7. Jh. gelangten die Kenntnisse über diese Gärten, ebenso wie über andere kulturelle Errungenschaften (Porzellan, Sei-

denraupen- und Fischzucht, Schriftzeichen, Eisenverhüttung, Baukunst u.a.) durch die Verbreitung des Buddhismus über Korea nach Japan. Auch hier übernahmen zunächst die Kaiser die Gartenbaukunst und errichteten nach dem chinesischen Vorbild der Tang-Dynastie (618–907) große Landschaftsgärten.

Nach einer Passage in der Nihon-shoki (Japanische Chronik) aus dem Jahr 720 kam ein Mann namens Roji-no-Takumi mit einer Gruppe Emigranten um 606 aus dem Königreich Korea. Er war ein Spezialist im Errichten von Miniaturausführungen des Berges Sumeru, des großen Berges, der im Zentrum des Buddhisten-Universums liegen soll. Einen solchen künstlichen Berg errichtete er mit einer verbindenden Brücke in einer Einzäunung südlich der Kaiser-Residenz. Das war der Anfang des Landschaftsgartenbaus in Japan.

Um 620 wurde der erste Garten beim Palast von Soga-no-Umako komplettiert, dem dann viele folgten.

Es waren zunächst streng nachgebildete chinesische Gärten. Im Laufe der Zeit wurden diese Gärten der japanischen Landschaft aber immer ähnlicher, und so sind heute zwischen chinesischen und japanischen Gärten doch sehr deutliche Unterschiede erkennbar.

Die Gestaltung der Gärten erlebte durch den altjapanischen Shinto-Glauben, der sich mit dem Buddhismus in Harmonie verquickte, wiederum eine besondere Förderung. Die Gärten wurden zu Insellandschaften mit Bergen, Flüssen, Wasserfällen, hohen Bäumen und niederen Gehölzen.

Japanischer Garten in Fresno, Kalifornien

Die vom japanischen Adel im 8. bis 11. Jahrhundert angelegten Gärten waren große Teichgärten. Ab dem 13. Jahrhundert gestaltete man dann aber kleinere Gärten.

Im 15. und 16. Jahrhundert entstanden die sogenannten Teegärten, sie bildeten den Rahmen für die Teezeremonie und betonten die Einfachheit des Zen-Buddhismus. Zu dieser Zeit begann man auch mit der Abstrahierung im Gartenstil, indem Teiche, Flüsse und Wasserfälle durch Kiesel und Steine dargestellt wurden.

Malerei und Gartenkunst beeinflußten sich sowohl im Alten China, als auch in Japan gegenseitig. Die Tuschmalerei war oft Anregung und Ausgangspunkt für die Gartengestaltung. So wie in der Malerei Nebensächliches einfach weggelassen wird, reichten auch im Garten wenige Elemente aus, um die Stimmung einer ganzen Landschaft einzufangen. Die große Ausdruckskraft eines Gartens wurde nicht durch das naturgetreue Nachempfinden, sondern durch das bewußte Weglassen störenden Beiwerks erreicht.

Heutzutage kann man in Japan die verschiedensten Gärten besichtigen. Sehr alte und große, nach chinesischem Muster erbaute bei den Palästen und Wohnsitzen des Kaisers und den Schlössern der Shogune sowie viele private, kleinere Gärten, in denen die alten Traditionen, wie auch die Teezeremonie gepflegt werden.

Besonders die wohlhabende Bevölkerungsschicht hält sehr auf alte Traditionen. So bleibt der Baustil der Häuser und auch der Gärten erhalten. Offensichtlich gibt es aber ein Bindeglied, das wohlhabende und ärmere Bürger vereint. Das sind neben den alten Traditionen die Nationalfische Japans, die Farbkarpfen oder Koi, in Japan Nishikigoi genannt. Die Koi wirken am besten in typisch japanischer Umgebung, in einem japanischen Wassergarten.

In China waren Farbkarpfen schon vor 2500 Jahren bekannt. Sie entstanden bei der Flußkarpfenzucht, die bereits im 11. Jahrhundert v. Chr. eine große Tradition hatte, denn China ist das älteste Fischzuchtland. Schon vor mehr als 2400 Jahren (zwischen 770 und 476 v. Chr.), während der sogenannten Frühlings- und Herbstperiode, schrieb der chinesische Hofbeamte Fan Li ein Fischzuchtbuch; es ist das älteste der Welt.

In dem Buch „Yang yu jing" von Jin Cui Bao (316 – 265 v. Chr.) findet man Aufzeichnungen über mehrfarbige Karpfen (japanisch: Irogoi). Diese wurden als Zierfische in Teichen gehalten und gepflegt, denn die Chinesen fürchteten sich, solche farbigen Fische zu essen.

Später sind in China dann die Goldfische in den Vordergrund getreten, und die Farbkarpfen wurden vergessen.

Obgleich häufig Japan als Ursprungsland für die Koi genannt wird, ist sicher, daß außer den Karpfen auch die Farbkarpfen durch die Verbreitung des Buddhismus im 7. Jahrhundert nach Japan kamen. Nicht nur Goldfische, sondern auch Koi wurden nach Japan exportiert. Von Koi berichten zwei japanische Bücher: im Jahre 713 „Hitachi Fudoki" (Natureindrücke der Region Hitachi) und 720 „Nihon-shoki" (Japanische Chronik). Mit den Karpfen wurden auch die beiden dafür gebräuchlichen chinesischen Schriftzeichen (siehe chinesischer Scherenschnitt) eingeführt. Sie bedeuten im Chinesischen Li yu und im Japanischen Koi. Beides bedeutet Karpfen. Farbkarpfen fanden in Japan erst große Verbreitung, als in der Bunka-Bunsei-Ära (1804 – 1829)

Koiteich im Japanischen Garten von San Franzisko, Kalifornien

einige großgemusterte Mutationen aus normalen Speisekarpfen in Bergdörfern der Niigata-Präfektur, im Norden der Hauptinsel Honshu entstanden. Man züchtete die Farbkarpfen dann in etwa 20 Bergdörfern dieser Region. Auch heute noch befinden sich die bekanntesten Zuchtzentren der Koi in den Dörfern Takezawa, Hi-gashiyama, Oita, Taneuhara und Kamashima. Von diesen Dörfern sind inzwischen einige in die Stadt Ojiya eingemeindet worden.

Zur Erinnerung an die Erstentstehung der japanischen Koi errichtete man 1966 ein Denkmal in Takezawa mit der Aufschrift „Heimat der Nishikigoi".

Die Bezeichnung Nishikigoi ist erst seit Ende der fünfziger Jahre üblich. Sie leitet sich ab aus Nishiki, womit man den verschieden gemusterten, leuchtendfarbigen Brokat bezeichnet. Früher nannte man diese Fische in Japan „Zierkarpfen, Farbkarpfen, Blumenkarpfen, Rote Karpfen, Goldkarpfen, Samuraikarpfen oder Musterkarpfen". Da alle Namen der Nishikigoi-Zuchtformen im Deutschen nur phonetisch festgelegt sind und in der Umschrift wiedergegeben werden, bestehen oft Unterschiede in der Schreibweise. So schreibt man oft statt Koi auch Goi, Wörter mit oder ohne Bindestrich usw.

Aufgrund der Abgeschiedenheit der Bergdörfer in der Niigata-Präfektur (Eisenbahnverbindungen gab es noch nicht), verbreiteten sich die Farbkarpfen zunächst nur wenig. Erst 1914 wurden sie allgemein bekannt, als 27 Niigata-Koi auf der Taisho-Ausstellung zu sehen waren. Die sieben besten davon erhielt der Kronprinz Hiroshito zum Geschenk. Jetzt begann die intensive Züchtung: In der Taisho-Ära (1912 – 1926) züchtete man Koi-Varianten, wie Ki-Utsuri, Kohaku und Taisho-Sanshoku. In der darauffolgenden Showa-Ära (1912 – 1989) entstanden weitere, sehr farbige Zuchtformen, wie Showa-Sanshoku, Ginrin und viele andere.

Schlußfolgernd ist daraus zu ersehen, daß die intensive Züchtung erst seit etwa 100 Jahren betrieben wird. Deshalb, und weil man versuchte, durch Kreuzung immer neue Variationen herauszubringen, gibt es bis heute wahrscheinlich kaum einen einzigen, reinerbigen Koistamm.

Man unterscheidet bisher über hundert verschiedene Grund-Zuchtformen, die sich durch jüngstes Aufzüchten von Gold- und/ oder Silberglanz verdoppeln bis verdreifachen. Außerdem entstehen ständig neue Zuchtformen, wenn teilweise auch nur in sehr geringen Stückzahlen.

Alle diese Zuchtformen tragen spezielle japanische Namen, die sich auch in allen anderen Ländern außerhalb Japans eingebürgert haben, denn der Koi ist inzwischen der beliebteste, attraktivste, aber auch teuerste Teichfisch der Welt geworden. Seine Bezeichnung als König der Gartenteiche ist deshalb nicht abwegig.

Wir planen einen Wassergarten für Koi

Auch in England sind die Platzverhältnisse oft minimal, trotzdem verzichtet man nicht auf einen Koiteich

Es gibt wohl keinen Gartenliebhaber, der sich des unbeschreiblich schönen Eindrucks eines gekonnt angelegten Wassergartens mit großen und zahmen Koi, die aus der Hand fressen, entziehen kann. Ein solcher Garten scheint ohne Zweifel der Gipfel zu sein.

Bald wird der Wunsch entstehen, selbst solch ein Idyll zu besitzen. Man sollte jedoch das Vorhaben nicht überstürzen und nicht damit beginnen, bevor nicht ganz genaue Vorstellungen vorhanden sind.

Es gibt viele Möglichkeiten zur Gestaltung eines schönen Wassergartens. Wir müssen den für unser Grundstück, dessen Umgebung und dessen Größe passenden Stil finden.

Mangelnder Platz ist auch in Japan kein Grund, um auf einen Koiteich zu verzichten

Garten im englischen Stil

Viele Gartenfreunde sind der Ansicht, daß ihr Garten zu klein sei, um darin einen Teich anzulegen, und noch dazu einen Teich für Koi, die teuersten und wohl auch größten Zierfische für Gartenteiche.

Ihre Bedenken sind sicher berechtigt, würden sich aber sofort zerschlagen, wenn sie die Platzverhältnisse manches japanischen Koiliebhabers sehen würden. Japan ist für kleine Gärten das geeignete Vorbild. Die Japaner sind Meister, um auch aus dem kleinsten Stück Land ein wunderschönes Idyll zu gestalten.

Ein Garten im englischen Stil verbietet sich z.B. bei zu kleinem Grundstück von selbst. Die berühmten, für seine Gestaltung notwendigen undulierenden Linien kämen auf engem Raum kaum zur Geltung.

Welcher Gartenstil kommt in Frage?

Der Garten ist eine von Menschenhand gestaltete Landschaft. Jedes Zeitalter hatte bevorzugte Modeströmungen in der Gestaltung der Gärten. Es entstanden ähnlich den Baustilen der Gebäude auch die unterschiedlichsten Gartenstile, die von der Nutzung der Gärten geprägt waren.

Wenn man von den Gärten absieht, die der Ernährung (Bauerngärten und viele Schrebergärten) oder dem Anbau von Heilpflanzen dienten (Klostergärten), so wurden sie, wie teils heute noch, zur Repräsentation angelegt. Typisch dafür sind die Renaissance-, Barock- und Rokokogärten.

Später, in der Industriegesellschaft, hatten die Menschen das Bedürfnis „Zurück zur Natur“ (Rousseau). Gärten für die Erholung waren gefragt, in die sich die Men-

Baumaterial von Haus und Teich stimmen überein

Rankei-gati am Koiteich

Koi-Wassergarten japanischer Art

Ein naturnaher und zugleich farbenfroher Teich

schen vom hektischen Alltag zurückziehen konnten. Der Pflegeaufwand sollte nicht allzu hoch sein. Das ist auch der Gartenstil, der heute am meisten gefragt ist.

Vermischungen und Übergänge verschiedener Stile wurden jedoch schon immer durchgeführt, auch entsprechende Änderungen, um Gartenanlagen den Erfordernissen der jeweiligen Zeit anzupassen. Dabei spielten immer Einflüsse anderer Länder eine große Rolle. So ist z. B. auch das Einfügen von Elementen aus chinesischen und japanischen Gärten durchaus nicht erst in der heutigen Zeit entstanden. In England war es William Chamber (1726–1796), der ostasiatische Gartenelemente übernahm. Er bereiste China und veröffentlichte 1757 seine „Designs for Chinese Buildings“. Chamber strebte die Vereinigung des englischen Gartens mit dem chinesischen Garten an. So wurden vor allem Pagoden und Pavillons übernommen, z. B. im Kew Garden bei London. Dieses Vorbild Englands pflanzte sich auch in Deutschland fort, so in München, in Oranienbaum bei Dessau oder beim Drachenhaus in Potsdam-Sanssouci.

Im Koi-Wassergarten werden heute wesentlich mehr chinesische und japanische Elemente, wie Laternen, Brücken, Zäune, Steine usw. übernommen, und man kann auch bei der Gestaltung eines naturnahen oder farbenfrohen Staudengartens durchaus auf die Gestaltungselemente japanischer Gärten zurückgreifen.

Die Entscheidung für einen bestimmten Gartenstil ist oft nicht einfach, muß aber an allererster Stelle getroffen werden.

Die Vorstellungen werden am besten durch Besichtigung möglichst vieler Anlagen gefestigt. Aber auch die Abbildungen in diesem Buch sollen dabei helfen. Ich habe eine große Anzahl Fotos der schönsten Wassergärten mit Koi zusammengestellt.

Lassen Sie die Bilder auf sich wirken, und Sie werden bald herausfinden, welcher

Typ Ihnen zusagt und für Sie in Frage kommt.

Seien Sie sich aber von vornherein dabei im klaren, daß es auch bei den festesten Vorstellungen nicht ohne Kompromisse abgeht, die oft von den örtlichen Gegebenheiten diktiert werden: Denken wir dabei nur an Lage, Form und Gestalt des Grundstücks oder an sumpfigen, steinigen oder mit Bauschutt gefüllten Untergrund.

Wichtig ist, daß die gewählte Gestaltung zur Größe und Umgebung des Grundstükkes paßt. Zum Beispiel kann man ein großflächiges, ebenes Gartengrundstück anders gestalten als einen Garten in Hanglage, einen kleinen und mauerumschlossenen Garten, einen Vorgarten, einen Innenhof, einen Garten auf dem Dach, der Terrasse oder dem Balkon, einen Wintergarten mit Koiteich oder einen anderweitig in den Wohnbereich einbezogenen Teich.

Für alle Varianten lassen sich ästhetische Möglichkeiten finden, die auch die persönlichen Interessen seiner Besitzer berücksichtigen. So kann man einen naturnahen Garten, einen farbenfrohen Staudengarten, einen Steingarten oder einen Garten im japanischen Stil gestalten. Überall, wo wenig Platz vorhanden ist, bieten sich oft japanische Gestaltungsmöglichkeiten an. Trotzdem kann ein solcher japanischer Garten in unseren Gegenden leicht zu einem Stilbruch führen. Der japanische Garten muß sich in seine Umgebung einpassen. Da das oft schwierig ist, können manchmal Sichtbegrenzungen helfen.

Natürlich kann jeder seinen Garten nach eigenem Geschmack gestalten und dabei viele ihm günstig erscheinende Varianten aus anderen Stilarten übernehmen. Das fällt meistens nur wenig auf, weil vieles aus fremden Ländern in unsere Kultur eingeflossen ist.

Zum Gestalten gehört aber ein gewisses Maß an Vorstellungsvermögen. Wer das nicht hat, der sollte sich vielleicht an Hand dieses Buches für eine prinzipielle Gestaltung entscheiden und dann einen Gartenarchitekten beauftragen.

Die Projektierung

Nachdem wir uns entschieden haben, welche Art von Wassergarten in Frage kommt, beginnen wir mit der Projektierung. Vieles ist dabei zu bedenken, und man fertigt am besten zuerst eine maßstäbliche Zeichnung der ganzen Anlage in der Draufsicht an, die dann später dreidimensional umgesetzt werden muß.

Dabei müssen alle vorhandenen Details, wie Gebäude und auch z. B. stehenbleibende Bäume mit berücksichtigt werden.

Eine moderne Möglichkeit, ein anschauliches Bild des geplanten Gartens zu erstellen, ist die Computertechnik. Mittels bestimmter Computerprogramme (z. B. Corel

Pergolen am Koiteich sind dekorativ und spenden Schatten

Koiteich am Sitzplatz eines Wochenend-Grundstückes

Draw) kann man auch als untalentierter Zeichner mit Hilfe verschiedener Fotos und Bildvorlagen aus Büchern durch Kombinieren einzelner Details einen entsprechenden Entwurf gestalten, der in der Qualität dem eines Fotos entsprechen kann.

Das Wichtigste ist zunächst die Lage, Größe und Form des Teiches. Wesentlichen Einfluß hat darauf das Baumaterial, für das wir uns entscheiden (siehe dort).

Den Platz für den Teich wählen wir so aus, daß er im Blickfeld ist: Am besten in der Nähe des Wohn- oder Wochenendhauses, anschließend an die Terrasse oder beim Sitzplatz. Große Bäume sollten nicht in seiner Nähe stehen, denn Laub und Früchte würden in den Teich fallen und seine Wasserqualität durch Fäulnis so verschlechtern, daß die Fische eingehen können. Auch Nadelbäume werfen Nadeln ab, die den pH-Wert des Wassers in den sauren Bereich verschieben. Außerdem sind große Bäume zu unwahrscheinlichen Leistungen fähig, um ihren hohen Wasserbedarf zu decken. Sie bohren ihre Wurzeln durch die Teichwandungen, und das gelingt ihnen sogar bei Betonteichen.

Ein Koiteich soll nach japanischen Angaben so angelegt werden, daß er möglichst Morgensonne bekommt, vor der intensiven Mittagssonne aber weitestgehend geschützt ist, da man behauptet, daß Koi durch zu starke UV-Strahlung die Intensität ihrer Farben verlieren können.

Auf jeden Fall ist es günstig, wenn der Teich einige schattige Stellen hat, in die sich die Koi zurückziehen können.

Die Durchschnittstiefe des Teiches wählen wir zwischen 0,5 und 1 m. Die tiefste Stelle des Teiches sollte in unseren Breitengraden wegen der Überwinterung der Koi mindestens 1,50 oder besser 2 m betragen. Zu berücksichtigen ist, daß für ein günstiges Wachstum unserer Pfleglinge ein möglichst großes Wasservolumen benötigt wird. – Gesamtsieger einer Ausstellung wird immer ein großer und qualitativ guter Koi. Ein japanisches Sprichwort sagt: „Große Fische

(Koi) wachsen nicht in kleinen Teichen." Platz ist in Japan aber sehr knapp. Um ein möglichst großes Wasservolumen trotz mangelnder Fläche zu erzielen, geht man dort seit einigen Jahren dazu über, die Teiche immer tiefer (4 m) zu machen.

Man sollte die Größe und damit das Volumen des Teiches so groß wählen, wie es der Platz zuläßt. Ein kleiner Teich macht nur beim Bau etwas weniger Arbeit, später ist der große dem kleinen weit überlegen. Er benötigt nämlich weniger Pflegeaufwand, denn größere Wassermassen halten die Wasserqualität besser.

Für die Projektierung des Wassergartens ist vor allem die Form des Teiches sehr wichtig. Sie wird von der Umgebung und vom Baumaterial bestimmt. Haben wir einen streng symmetrisch angelegten Garten, so sollte auch der Teich eine dazu passende, geometrische Form haben. In einem der Natur nachgestaltetem Garten kann der Teich variabel geformt werden. Vor zu sehr gegliederter Uferlinie sollte man sich wegen der dadurch schlechten Strömungsverhältnisse (siehe Zeichnung) aber hüten.

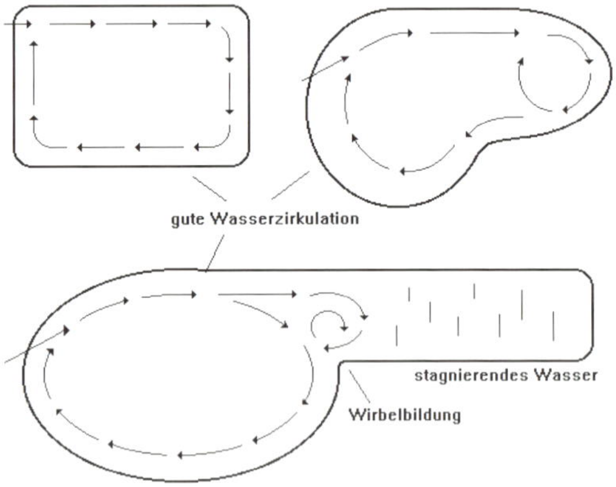

Strömungsverhältnisse bei verschiedenen Teichformen

Bestehen bei der Projektierung Vorstellungsschwierigkeiten wegen der Form, so kann an Ort und Stelle Klarheit geschaffen werden, indem man die Form des Teiches im Gelände durch Auslegen einer Wäscheleine oder eines Gartenschlauches ausprobiert.

Möglichkeiten des Teichbaus

In allen japanischen Gärten, so auch in unserem Wassergarten, spielt der Teich die wichtigste Rolle, deshalb müssen wir uns von vornherein genaue Gedanken über seine Lage, Größe und Tiefe sowie über Material, Ufergestaltung, Filterkonstruktion, Abflüsse u.ä. machen.

Eine Ausnahme: Ein dekorativ angelegter Fertigteich. Er ist aber trotzdem für die Koihaltung zu klein

Welches Material kann verwendet werden?

Das Material für den Teichbau ist ein wesentlicher Kostenfaktor, aber auch besonders wichtig für die Haltbarkeit des Teiches.

Es ist ein Unterschied, ob man einen naturnahen Gartenteich für die einheimische Flora und Fauna gestaltet, oder ob ein Teich für Koi mit Verkaufspreisen von oft schwindelerregender Höhe gebaut wird. Im letzten Fall kann der Baupreis des Teiches von untergeordneter Bedeutung sein. Tatsächlich habe ich in Japan auch nur ausschließlich Betonteiche für die Koihaltung gesehen.

Trotzdem soll es jedem selbst überlassen bleiben, welches Baumaterial er wählt. Im folgenden werde ich die einzelnen Varianten erklären und auf ihre Vor- und Nachteile hinweisen.

Fertigteiche

Im Handel gibt es Fertigteiche in verschiedenen Formen, verschiedenen Größen und aus verschiedenen Materialien. Es gibt Fertigteiche aus PVC, Polyäthylen und aus glasfaserverstärktem Polyester.

Nachteilig ist, daß die meisten dieser Teiche für die Koihaltung zu klein sind. Nur die größten, aus glasfaserverstärktem Polyester sind eventuell geeignet, falls sie die erforderliche Tiefe von 1,50 m für die Überwinterung der Fische haben. Leider sind Fertigteiche dieser Tiefe und entsprechender Größe aber kaum auf dem Markt. Wesentlich besser sind daher für unsere Zwecke große Swimmingpools aus Polyester (GFP) geeignet, die nach Möglichkeit aber nicht blau, sondern schwarz gefärbt sein sollten.

Vorteile:

- Der Bauaufwand für das Eingraben eines Fertig-Swimmingpools ist verhältnismäßig gering.

- GFP-Teiche sind relativ UV-beständig, es wird meist eine Garantie von 15 Jahren übernommen. Die Haltbarkeit kann erhöht werden, wenn man den Teichrand so gestaltet, daß der Kunststoff nicht der Sonnenstrahlung ausgesetzt ist.

Nachteile:

- GFP-Teiche sind sehr kostenaufwendig, es ist die teuerste Variante des Teichbaus.

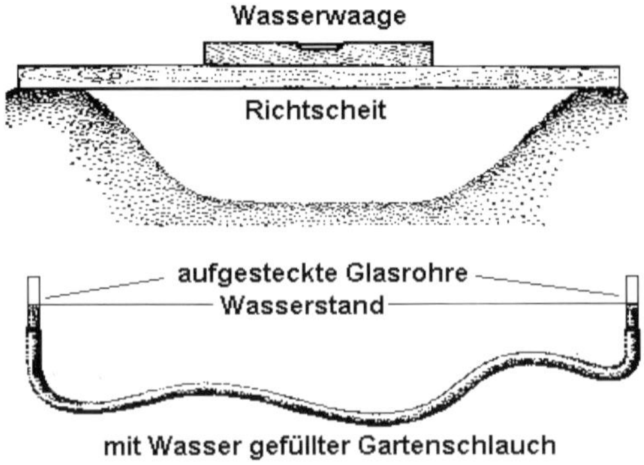

Wasser- und Schlauchwaage zur Bestimmung des Teichrand-Niveaus

Teiche aus Duroplastik (GFP)

Mittels Polyester und mehrerer Lagen Glasvlies oder Glasseidengewebe kann man seinen Teich natürlich auch an Ort und Stelle in jeder gewünschten Form und Größe selbst herstellen.

Dazu benötigt man drei Lagen Glasseidengewebe oder Glasvlies in der Größe des Teiches, viele Kilo ungesättigten Polyesterharzes mit je nach Hersteller bis zwei dazugehörigen Komponenten: Kobaltbeschleuniger (2 % Mengenanteil) und Härter (2 % Mengenanteil).

Wie geht man beim Bau vor?

Nachdem der Mutterboden abgetragen wurde, hebt man die Teichgrube in der gewünschten Größe, Form und Tiefe aus, ohne dabei den gewachsenen Untergrund unnötig aufzulockern. Der Teichrand muß mittels Wasser- oder Schlauchwaage auf genau waagerechtes Niveau gebracht werden.

Hilfsmittel für die Herstellung eines Polyester-Teiches

Abfluß- und Überlaufrohre werden jetzt schon eingebracht und an den richtigen Stellen fixiert, damit sie beim Laminieren mit eingebunden werden können. Nun legen wir die gesamte Teichfläche mit einer (dünnen) Polyäthylenfolie, die auch aus Stücken bestehen kann, aus. Es kann Gärtnerfolie oder z. B. Abdeckfolie für Malerarbeiten sein. Die Folie soll das Erdreich abdecken, um ein sauberes Arbeiten zu ermöglichen.

Dann wird die erste Lage des Glasseidengewebes oder Glasvlieses auf der Folie so ausgelegt, daß sich die Stöße etwa um 3 cm überlappen, und das Polyesterharz wird mit den dazugehörigen Komponenten laut Gebrauchsanweisung intensiv vermischt. Nach einer gewissen Reifungszeit (gemäß Gebrauchsanweisung) tränkt man nun das Trägermaterial (Glasvlies oder Glasseidengewebe) Stück für Stück durch Stupsen und Streichen mit einem großen Ringpinsel luftblasenfrei mit dem Polyestergemisch. Davon dürfen nicht zu große Mengen auf einmal angerührt werden, da die Verarbeitungszeit begrenzt ist und von der Temperatur bestimmt wird. Je wärmer es ist, desto kürzer ist sie. Unter 15 °C soll nicht gearbeitet werden.

Nachdem die erste Lage angeliert, aber noch nicht völlig ausgehärtet ist, streichen wir sie abermals mit neu angerührtem Polyestergemisch ein, legen die zweite Trägerlage aus Glasfaser auf und verbinden sie luftblasenfrei durch Andrücken, Anreiben (Gummihandschuhe verwenden!) und Stupsen mit dem Pinsel mit der ersten. Die dritte Lage wird auf die gleiche Art und Weise aufgebracht. Den Abschluß bildet dann die sogenannte Gelcoatschicht, ein Anstrich aus am günstigsten schwarz eingefärbtem Polyestergemisch. Beim Mischen des Polyesterharzes wird ein schwarzes Farbpulver (z.B. Ruß) beigegeben und sehr intensiv mittels Rührwerk (Bohrmaschine mit Quirl) vermischt. Die Gelcoatschicht verbessert die UV-Beständigkeit des Polyesters wesentlich! Nachdem diese letzte Schicht aufgebracht wurde, muß die ganze Oberfläche mit einer dünnen Polyäthylenfolie abgedeckt werden, die später wieder abgezogen werden kann, da Polyäthylen wie ein Trennmittel wirkt. Ohne Folie würde die Oberfläche infolge des ungehinderten Luftzutritts beim Aushärten für immer klebrig bleiben.

Vorteile:

- Die Teichbauweise mit GFP ist eine der stabilsten und haltbarsten.

Nachteile:

- Polyesterharz und Bewehrungsmaterial sind recht teuer.

- Das ganze Verfahren ist auch in bezug auf Arbeitszeit sehr aufwendig.

- Es ist für jemanden, der noch nie mit Polyester gearbeitet hat, eine schwer zu bewältigende Arbeit: Arbeitsschutzvorschriften sollten unbedingt eingehalten werden.

Teiche aus Plastikfolie

Plastikfolien gibt es aus verschiedenen Materialien, in verschiedenen Stärken und verschiedenen Farben, wobei schwarz zu empfehlen ist. Schwarz wirkt am wenigsten auffällig. Man garantiert für die verschiedenen Plastikfolien eine unterschiedliche Lebensdauer, da alle Kunststoffe mehr oder weniger UV-beständig sind. Die ultravioletten Strahlen der Sonne zerstören sie nach kürzerer oder längerer Zeit. Die garantierte Lebensdauer bezieht sich auf diese UV-Beständigkeit.

Es sollten unbedingt nur Plastikfolien verwendet werden, die für die Fischhaltung geeignet sind, d.h., die Lebensmittelqualität aufweisen und keine giftigen Weichma-

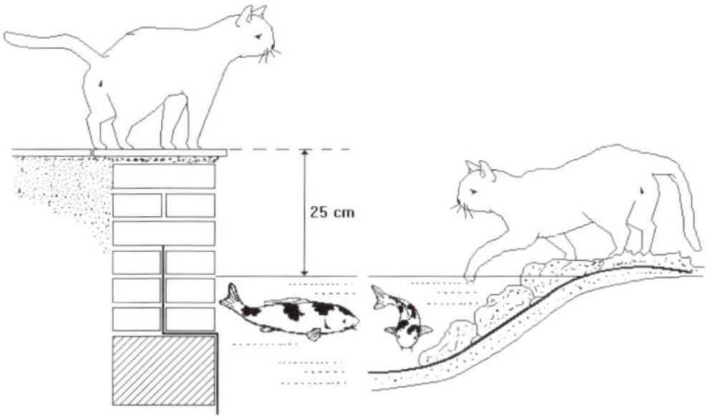

Teichrand mit und ohne Katzenschutz

cher (z. B. Ortho-Trikresylphosphat) enthalten.

Trotz der garantierten UV-Beständigkeit, die bei PVC-Folien bei 10 Jahren, bei ECB-Folien bei 15 Jahren und bei Butyl-Kautschuk bei 30 Jahren liegt, sollte man vermeiden, die Folie der Sonneneinstrahlung auszusetzen. In das Wasser selbst können UV-Strahlen nur wenige cm (je nach Trübungsgrad bis etwa 30 cm) eindringen. Deshalb sollte man Teichkonstruktionen anwenden, bei denen die Teichfolie nicht über die Teichoberfläche hinausgeführt, sondern abgedeckt wird. So können auch Teichfolien sehr lange halten, wenn man mechanische Zerstörungen vermeidet. Aus den Zeichnungen sind Bauvariationen insbesondere des Teichrandes ersichtlich, die es vermeiden, die Folien der Sonneneinstrahlung auszusetzen.

Die meisten Teichfolien werden bis zu einer vorgefertigten Breite von 8 Metern vertrieben. Auf Bestellung können aber auch Folien in jeder gewünschten Breite vorgefertigt bezogen werden, jedoch ist die Vorfertigung meist nicht gerade billig.

Besser ist man deshalb beraten, wenn die Teichgröße so geplant wird, daß 8 m breite Folie ausreichend ist. Als Laie sollte man sich keinesfalls darauf einlassen, Folien selbst zu schweißen oder zu kleben.

Für die Projektierung rechnet man deshalb die Breite des Teiches grob aus:

8 m Folienbreite =
Teichbreite + 2 x größte Teichtiefe
+ 2 x Randausbildung

daraus folgt:

Teichbreite =
8 m Folienbreite – 2 x Teichbreite –
2 x Randausbildung

Beispiel: Vorgegeben: Teichtiefe = 1,50 m
Randausbildung = 0,30 m

Teichbreite = 8 m – 2 x 1,50 m – 2 x 0,30 m
= 8 m – 3 m – 0,60 m
= 4,40 m

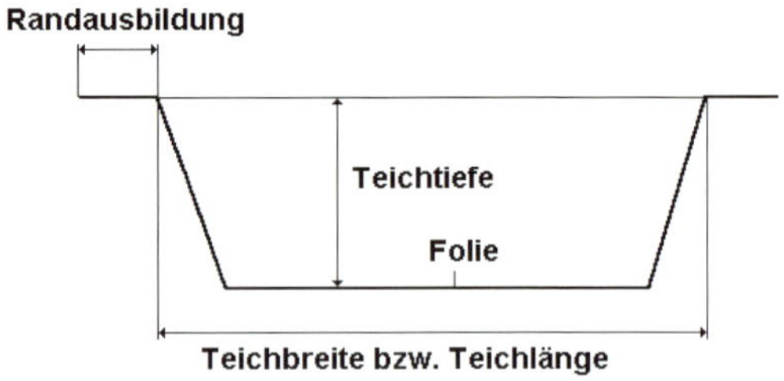

Berechnungsbasis für Teichfolien

Die notwendige Folienlänge wird entsprechend ausgerechnet:

Folienlänge =
Teichlänge + 2 x Teichtiefe
+ 2 x Randausbildung

Nach diesen Berechnungen kann man nun maßstabsgerechte Querschnittszeichnungen des Teiches für die Projektierung anfertigen, darauf die wirkliche Breite und Länge der Folie ausmessen, und dann die Breite und Länge des Teiches bzw. der Folie notfalls noch etwas korrigieren.

Natürlich ist es auch möglich, die wirklich notwendige Folienbreite nach Ausheben der Teichgrube an Ort und Stelle mit einem Faden auszumessen, nur können Korrekturen dann mit größeren Erdarbeiten verbunden sein.

Vorteile:

- Folien erlauben den Bau auch großer Teiche bei relativ niedrigem Kostenaufwand.
- Es kann mühelos jede Teichform gestaltet werden.

Nachteile:

- Ihre Lebensdauer wird durch die UV-Beständigkeit bestimmt.
- Folienteiche sind anfällig gegen mechanische Zerstörungen.

Wie geht man beim Bau vor?

Nachdem wir den Mutterboden abgetragen haben, wird die äußere Teichform mit Pfählen abgesteckt und das Erdreich ausgehoben, ohne dabei den gewachsenen Boden unnötig aufzulockern. Es ist darauf zu achten, daß schon jetzt der Teichrand möglichst genau waagerecht ist, d.h. mittels Wasser- oder z.B. Schlauchwaage (siehe Zeichnung) genau ausnivelliert wird.

Rohrverbindungen, wie Abfluß-, Filter- und Überlaufrohre verlegen und fixieren wir jetzt schon.

Als Schutz gegen das Beschädigen der Folie wird die Teichgrube mit einer gleichmäßig, etwa 5 cm dicken Schicht feinen, gesiebten Sandes (ohne Steine) ausgekleidet. An zu steilen Böschungen, wo der Sand abrutscht, verwendet man käufliche Böschungsmatten oder auch alte Polyamid-Teppiche oder -Auslegware (Handelsnamen für Polyamid = Nylon, Perlon oder Dederon).

Polyamid ist verrottungsbeständig und deshalb gut geeignet. Für das Auslegen der je nach Teichgröße 0,5 bis 1 mm starken Folie warten wir am besten auf möglichst warmes Wetter, dann ist sie geschmeidig und läßt sich am besten verlegen. Die zusammengerollte Folie kann bei entsprechender Teichgröße ein enormes Gewicht haben, deshalb sollte man vielleicht ein paar Nachbarn einladen.

Mit deren Hilfe wird sie dann so gut es geht in der Teichgrube ausgebreitet und so geglättet, daß möglichst wenig Falten verbleiben. Mit ein paar unvermeidlichen Falten müssen wir uns abfinden.

Nun werden die Anschlüsse an die bereits vorverlegten Rohre hergestellt. Dazu schneidet man die notwendigen Löcher in der Folie möglichst genau und etwas kleiner als der Rohrdurchmesser aus. Mittels der Flanschen, Gummidichtungen, Gegenflanschen und Schrauben wird dann der Anschluß endgültig hergestellt (siehe Zeichnung auf Seite 30).

Koiteich aus Folie mit rotem Geländer

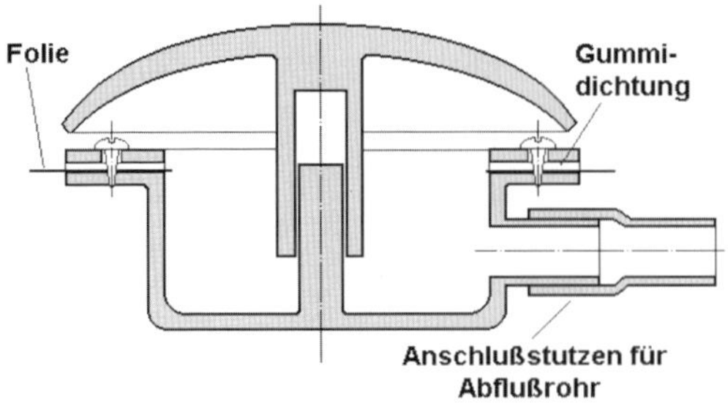

Handelsüblicher Bodenablauf für Folienteiche

Nachdem alle Rohranschlüsse geschlossen wurden, kann jetzt Wasser in den Teich eingefüllt werden. Die Last des Wassers drückt die Folie am besten an den Untergrund an.

Der damit bis kurz unter seinen vorgesehenen Rand gefüllte Teich bleibt einige Tage stehen, damit sich eventuell lockerer Untergrund noch setzt und die Folie nachzieht. Erst nachdem man annehmen kann, daß keine Veränderungen mehr eintreten, beginnen wir mit dem Beschneiden und der Fixierung der Folie sowie mit der Teichrandgestaltung (siehe entsprechenden Abschnitt).

Dachbelagteiche

Die Dachbelag-Abdichtung ist günstig für Teiche mit flach auslaufendem Ufer. Dachpappteiche haben eine lange Tradition. Sie entstanden aus dem Bestreben heraus, große Teiche materialsparend herzustellen und haben oft eine Haltbarkeitsdauer von über 30 Jahren. Heute werden sie weitgehend durch Folie verdrängt.

Die heutzutage wesentlich verbesserten Dachbeläge, z. B. glasfaserbewehrtes Dachvlies oder Dachbelag mit Aluminium-Trägerschicht übertreffen in ihrer Qualität und Haltbarkeit die früher verwendete Dachpappe, die geteert werden mußte, bei weitem, und so kann auch ein Dachbelagteich durchaus in nähere Erwägung gezogen werden. Man sollte einen Preisvergleich zwischen Folie und Dachbelag durchführen. Dachbelag kann den Vorteil haben, daß man durch das Verarbeiten mehrerer Lagen zu einer erheblichen Wandstärke kommen kann. Ein weiterer Vorteil ist, daß nur für die ersten beiden Lagen einwandfreie Bahnen verlegt werden müssen. Die weiteren Lagen können aus Rest- und Abfallstücken bestehen. Von extremer Haltbarkeit ist das Aufschweißen von Polymerbitumen-Schweißbahnen (PYE-PV 200-S5 52 133) auf die erste Dachbelagslage. In diesem Fall sind insgesamt nur zwei Lagen erforderlich.

Vorteile:

- Preislich etwa vergleichbar mit Folien.
- Es können bei 4 Lagen etwa 50 % Rest- und Abfallstücke verwendet werden.
- Aufgrund der größeren Materialstärke gegenüber Folien besteht eine bessere mechanische Stabilität.

Nachteile:

- Wesentlich größerer Arbeitsaufwand beim Bau im Vergleich zu Folienteichen.

Wie geht man beim Bau vor?

Die Teichgrube wird so ausgehoben, daß das verbleibende Erdreich nicht aufgelok-

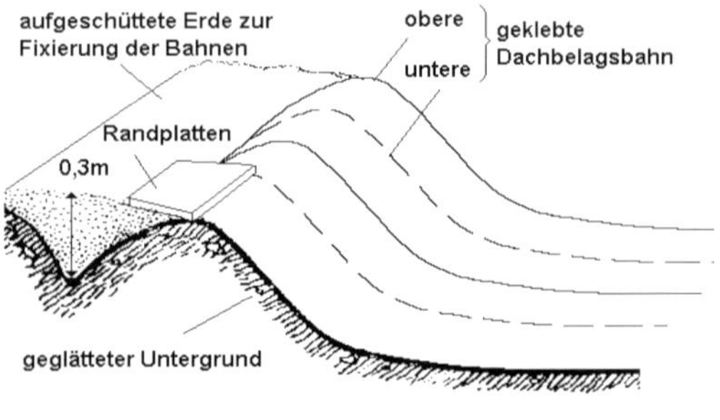

Dachbelagteich

kert wird und der Teichrand genau waagerecht ist. In Höhe des künftigen Wasserspiegels wird ringsherum, wie aus der Zeichnung ersichtlich, ein 30 bis 40 cm breiter Erdstreifen abgegraben. Das feuchte Erdreich glättet man durch Aufschlagen mit der Schaufel.

An einem möglichst warmen Tag verlegen wir nun die Dachbelagsbahnen parallel verlaufend und sich jeweils um 10 cm überlappend in der Grube. Die sich überlappenden Stöße werden mit Heißbitumen verklebt.

Danach wird die zweite Dachbelagslage um halbe Bahnbreite versetzt und parallel verlaufend zur ersten Lage auf dieser vollflächig mit Heißbitumen aufgeklebt. Wiederum läßt man die Stöße etwa 10 cm überlappen.

Zwei Lagen Dachbelag sind im einfachsten Fall ausreichend. Vier Lagen geben jedoch eine größere Haltbarkeit. Wie bereits erwähnt, können für die weiteren Lagen kleinere Stücke verarbeitet werden. Den Abschluß bildet ein vollflächiger Bitumenanstrich, und der in der ringförmigen Grube liegende Dachbelagsrand wird durch Verfüllen mit Erde gesichert.

Betonteiche

Betonteiche gehören bei sachgemäßer Ausführung zu den stabilsten, dauerhaftesten und sichersten Bauvarianten. Allerdings sollte man ihren Bau wirklichen Fachleuten überlassen, da sie bei unsachgemäßer Fertigung leicht zu Rißbildungen neigen. Sie müssen unbedingt stahlbewehrt und bei der für Koi erforderlichen Größe mit Dehnungsfugen versehen werden. Für eine winterfeste Ausführung ist es am besten, wenn man die inneren Seitenwände, wie aus der Zeichnung ersichtlich, nach oben schräg verlaufen läßt, damit der Eisdruck nicht zur Zerstörung des Teiches führen kann.

Zu bedenken ist, daß ein Betonteich ein absolut festes Bauwerk ist, das sich nachträglich kaum ändern und auch nicht ohne weiteres beseitigen läßt.

Vorteile:

- Eine im Vergleich zu den bisherigen Bauvarianten sehr stabile und trotzdem relativ preiswerte Bauausführung.

Nachteile:

- Hoher Arbeitsaufwand
- Absolute Ortsbeständigkeit

Wie geht man beim Bau vor?

Beim Bau muß man ähnlich exakt wie bei einem Hausbau vorgehen. Am besten für diese Variante sind klare geometrische Formen.

Zunächst fixieren wir die Größe und Form des Teiches im Gelände mit kleinen Holzpflöcken. Dann wird der Mutterboden in jeder Richtung 2 m größer als das Fertigmaß abgetragen und an geeigneter Stelle deponiert. Jetzt nimmt man die genaue Vermessung vor und setzt an den Ecken in mindestens 1,5 m Abstand sogenannte Schnurböcke (siehe Zeichnung), wobei darauf geachtet werden muß, daß die Bretter waagerecht und in gleicher Höhe an den Pfählen angeschlagen werden. Durch Spannen von Fluchtschnüren lassen sich dann die Bekkenfluchten festlegen und durch Kerben oder Nägel am Schnurbock kennzeichnen. An den Kreuzungspunkten der Schnuren können die Eckpunkte durch Lote jederzeit nachgemessen werden.

Nun heben wir das Erdreich so weit aus, daß um die geplante Teichgröße noch ein umlaufender Arbeitsraum von 40 bis 50 cm Breite zusätzlich des von der Bodenart abhängigen Böschungswinkels entsteht. Je sandiger der Boden, desto kleiner wird der Böschungswinkel.

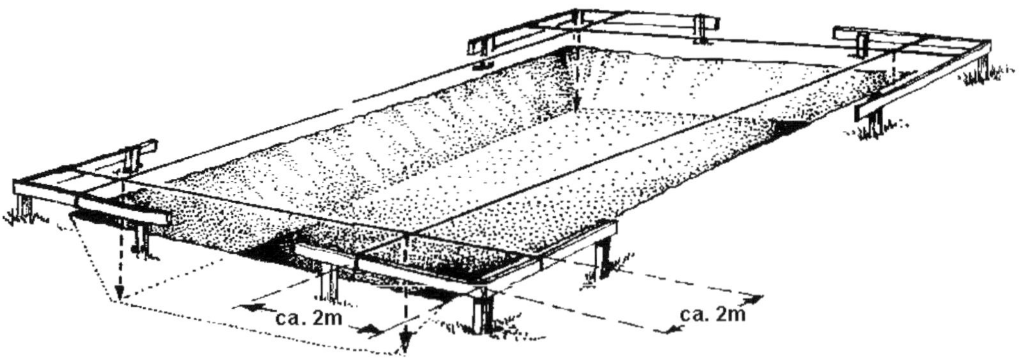

Baugrube mit Schnurböcken

Die Baugrube wird wegen einer später einzubringenden Kiesdränageschicht ca. 15 cm tiefer als das vorgesehene Bauwerk ausgehoben, ohne dabei den Baugrund unnötig aufzulockern. Die Kiesdränageschicht hält kein Wasser und verhindert dadurch, daß sich der Beckenboden durch Frost hebt. Liegt der zukünftige Teichboden über der Frostgrenze von einem Meter, wird ein Fundamentgraben für die Seitenwände erforderlich (siehe Zeichnung). Die Grabensohle dafür muß genau waagerecht sein. Auch dieser Graben soll wegen einer späteren Kiesschicht 15 cm tiefer ausgeschachtet werden.

Für das Gründungsfundament verwenden wir ein Zement: Kies-Sand-Gemisch im Mischungsverhältnis von 1:6. Dafür wird der Beton erdfeucht eingebracht und lagenweise eingestampft. Dabei sind in ca. 70 cm Abstand Anschluß-Armiereisen mit einzubetten. Die für die Abflußrohre notwendigen Durchbrüche im Gründungsfundament erhält man durch Einbetten entsprechend größerer PVC-Rohre. Alle Abflußleitungen aus PVC müssen dann vor

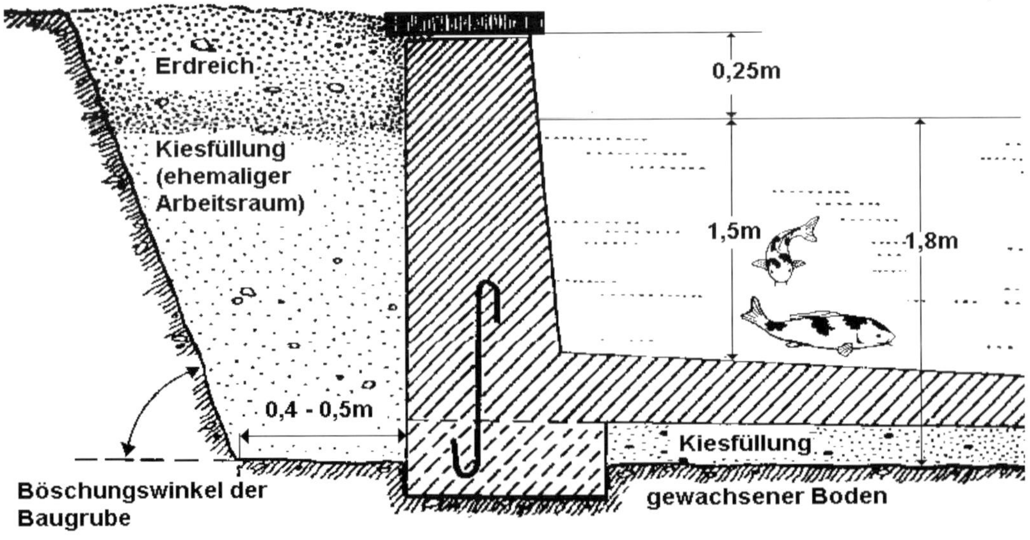

Steilwand-Bodenteich

Einbringen der Boden-Kiesschicht verlegt werden. Am besten sind dafür gemuffte und geklebte PVC-Rohre (HT-Abfluß-Rohre) von 100 mm Innendurchmesser geeignet. PVC-Rohre mit Gummidichtungen sind zwar leichter zu verlegen, bergen aber die Unsicherheit in sich, daß die Dichtungen im Laufe der Zeit porös werden.

Nun müssen alle Seitenwände eingeschalt werden, wobei man damit rechnen muß, daß auf der Schalung beim Einfüllen des Betons ein gewaltiger Druck lastet. Deshalb ist die Schalung sehr stabil auszuführen. Boden und Seitenwände sind gleichzeitig zu betonieren. Wo das nicht möglich ist, muß man Trennfugen vorsehen. Alle Trennfugen werden nach Abbinden und Aushärten (nach etwa 4 Wochen) mit Heißbitumen oder besser mit Silikonkautschuk abgedichtet. Die Betonmischung muß im Mischungsverhältnis von 1 : 3 oder 1 : 2 (Zement : Kies-Sandgemisch) eingebracht werden. Die Wand- und Bodenstärken sind, abhängig von der Tiefe des Teiches, vom Fachmann zu berechnen.

Der fertige Betonteich kann aus Sicherheitsgründen nach Aushärten noch mit einer Lage Glasvlies und Polyester mit Gelcoatschicht versehen werden.

Ein Betonteich ohne Polyesterlaminat muß vor dem Besatz mit Fischen gefüllt und längere Zeit gewässert werden, um schädliche Absonderungen, die den pH-Wert in den alkalischen Bereich verschieben, zu eliminieren. Danach ist das Wasser zu wechseln. Es besteht auch die Möglichkeit, den frischen Beton durch Einstreichen mit Essigwasser zu neutralisieren.

Betonteiche mit schräger Wandung

Betonteiche mit schräger Wandung haben den Vorteil, daß man jedem Winter bedenkenlos entgegensehen kann, denn bei Vereisung schiebt sich das Eis beim Aus-

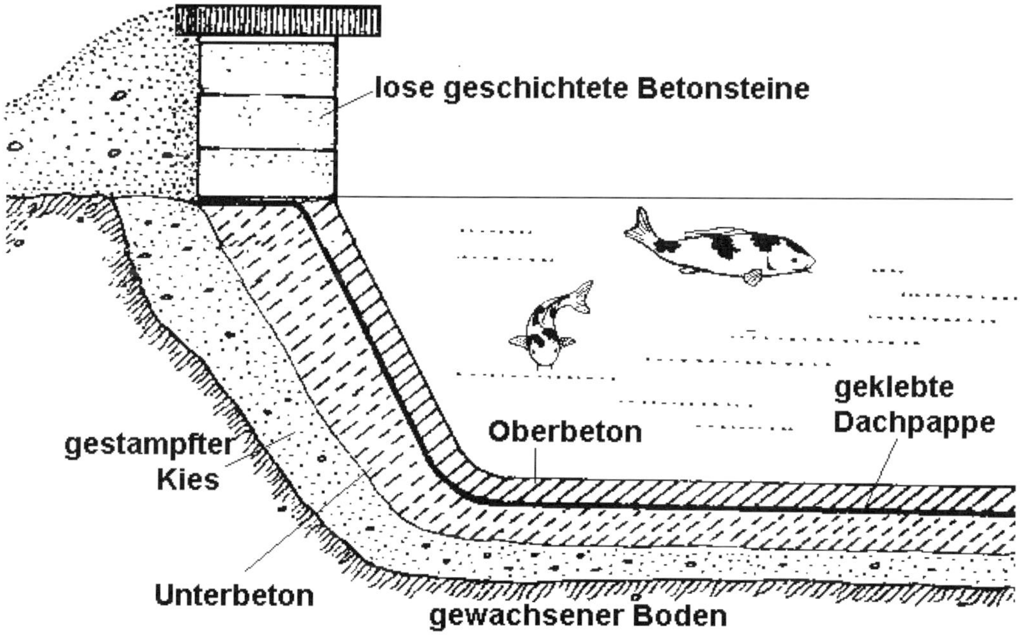

Schrägwand-Betonteich mit lose geschichtetem Rand aus Betonsteinen

dehnen an den schrägen Wandungen nach oben und kann so keinen Druck auf das Bauwerk ausüben.

Kleinere Teiche bis etwa 15 m^2 mit einer größten Längenausdehnung unter 6 Metern werden im ganzen betoniert, größere hingegen müssen Trennfugen erhalten.

Wie geht man beim Bau vor?

Zuerst wird die Muttererde abgestochen und die Grube ausgehoben. Dann verlegen wir die notwendigen Rohre für Abfluß und Filterung, und eine 15 cm dicke Kiesschicht wird in die Grube eingebracht, die man durch Stampfen verdichtet. Darauf kommt dann 10 bis 15 cm starker, erdfeuchter Unterbeton (1 :6), der ebenfalls durch Stampfen verdichtet wird. Nach Austrocknen des Unterbetons legen wir als Sperrschicht, gegen eventuelle Rißbildung, vollflächig eine dichte Plastikfolie (Gewächshausfolie ist ausreichend) aus, die nach unten gegen den Unterbeton und nach oben gegen den Oberbeton mit je einer Lage Ölpapier abgesichert wird. Man kann als Abdichtung auch eine geklebte Lage Dachpappe, wie bereits beschrieben, einsetzen.

Den Abschluß bildet eine mindestens 5 cm dicke Oberbetonschicht (1 :3), die sauber mit der Kelle geglättet wird.

Um auch bei Teichen mit schräger Wandung einen guten Katzenschutz zu haben, muß man den oberen Rand etwa 25 cm hoch senkrecht ausführen. Am einfachsten ist ein gemauerter Rand. An der Trennstelle zwischen schräger und senkrechter Wand müssen sicherheitshalber mehrere Überlaufrohre installiert werden, die garantieren, daß bei Vereisung das Wasser niemals höher als bis zur Schräge steht.

Gemauerte Betonsteinteiche

Mit Großblock-Betonsteinen gemauerte Teiche bringen gegenüber dem Betonteich den Vorteil, daß ein solcher Teich leichter im Selbstbau durchgeführt werden kann. Diese Bauweise ist die heutzutage in England am häufigsten durchgeführte Variante. Man beachte aber auch hier die Druckverhältnisse, die die Mauerdicke bestimmen.

Vorteile:

- Relativ einfache und kostengünstige Bauvariante

Nachteile:

- Wie beim Betonteich besteht die Gefahr des späteren Reißens, dem man durch entsprechendes Verputzen bzw. durch Laminieren vorbeugen muß.

Wie geht man beim Bau vor?

Die Vorarbeiten für den Bau eines gemauerten Teiches sind dieselben wie beim Betonteich: Ausheben, Schnurböcke usw.

Dann sind zunächst alle notwendigen Rohre im Boden zu verlegen. Nach Einbringen einer etwa 15 cm dicken Kiesschicht auf den Boden wird die Bodenplatte mit

Betonsteinteich im Bau

Stahlarmierung aus Beton gegossen. Nach Aushärtung des Bodens kann dann mit dem Mauern der Seitenwände begonnen werden.

Wände und Boden müssen zum Schluß mit einer Zement-Sandmischung im Mischungsverhältnis von 1:2 (Zement:Sand) unter Beimischung von Kurzfaser-Glaswolle verputzt werden. Nach Aushärten des Putzes brennt man die herausstehenden Glasfasern mit einer Lötlampe ab und streicht das ganze Teichinnere mit einer schwarzen Epoxidharzfarbe.

Die andere Variante des Abdichtens besteht darin, daß man die Fugen sauber verschmiert und nach Aushärtung das Ganze mit Glasvlies bzw. Glasgewebe und Polyester laminiert und anschließend mit einer schwarzen Gelcoatschicht versiegelt.

Gemauerte Teiche aus Ziegelsteinen mit Sperrschicht

Bei dieser Ausführung werden, wie aus der Zeichnung ersichtlich, die Seitenwände in der von der Tiefe des Teiches abhängigen Mauerstärke auf die vorher gegossene Beton-Bodenplatte gesetzt und innen mit einem einlagigen Zementputz im Mischungsverhältnis 1:3 (Zement:Sand) versehen. Die Außenwände müssen zweilagig mit einem Zementsperrputz 1:3 gegen Feuchtigkeit von außen isoliert werden.

Die weiteren Arbeiten können erst etwa 4 Wochen später nach völligem Austrocknen des Putzes und des Betons durchgeführt werden: Wir streichen die Innenwände und den Boden mit Kaltbitumen ein. Auf diesen werden nach dem Trocknen Dachbelagsbahnen, etwa 10 cm überlappt, mit Heißbitumen aufgeklebt. Statt Dachbelag kann man selbstverständlich auch eine zusammenhängende, dichte Plastikfolie einbringen.

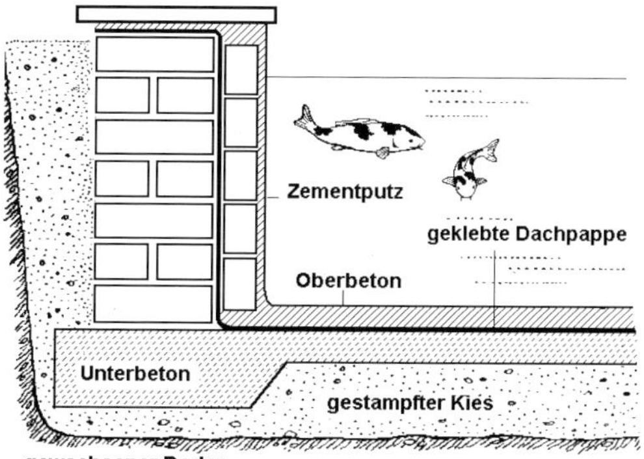

Gemauerter Teich aus Ziegelsteinen

Nun wird zum mechanischen Schutz der Dichtungsbahnen bzw. der Folie an die Seitenwände eine 7 cm dicke Ziegelmauer angeblendet, die wir anschließend zweilagig mit Zementputz 1:3 verputzen. Gleichzeitig wird auf dem Teichboden eine 5 cm dikke Estrichschicht (1:3 = Zement : Kies-Sand) eingebracht und mit der Kelle geglättet.

So haben wir weitgehend alles für eine dauerhafte und hundertprozentige Dichtheit unseres Teiches getan.

Vorteile:

- Eine sehr sichere Bauvariante, die oft bei Swimmingpools angewendet wird.

Nachteile:

- Der Bauaufwand ist recht hoch und der Bau deshalb nicht gerade billig.

Teiche aus Natursteinen

Gut gesetzte Natursteine verfehlen auch beim Teichbau ihre Wirkung nicht. Das wasserdichte Verfugen von Natursteinen bringt jedoch Probleme, und es gibt heutzutage nur noch wenige Bauhandwerker,

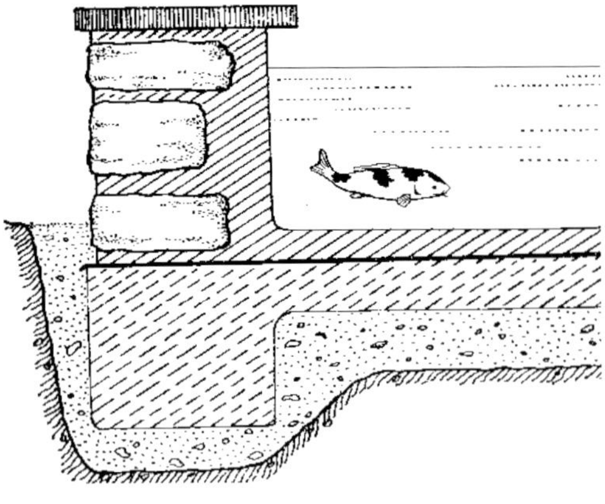

Bruchstein-Beton-Kombination

die mit Natursteinen fachmännisch umgehen können.

Deshalb empfehle ich, die gesetzte Natursteinmauer durch Einschalen innen mit armiertem Beton zu verstärken und dadurch abzudichten.

Angelegte Naturteiche

Grundwasserteiche

In manchen Grundstücken ist der Grundwasserstand so hoch und über die Jahreszeiten so stabil, daß man kein zusätzliches Wasser benötigt, sondern nur ein Loch auszuheben braucht, um einen schönen Naturteich zu haben.

Die einzige Sorge ist die Uferbefestigung. Am schönsten und elegantesten geschieht sie durch geeignete Bepflanzung. Ansonsten kann man als Uferbefestigung auch lose geschichtete Steine oder gepreßtes Reisig verwenden.

Teiche mit Tonabdichtung

Die ursprüngliche Herstellung von großen Teichen durch Abdichten mit einer dicken Tonschicht ist heutzutage fast völlig

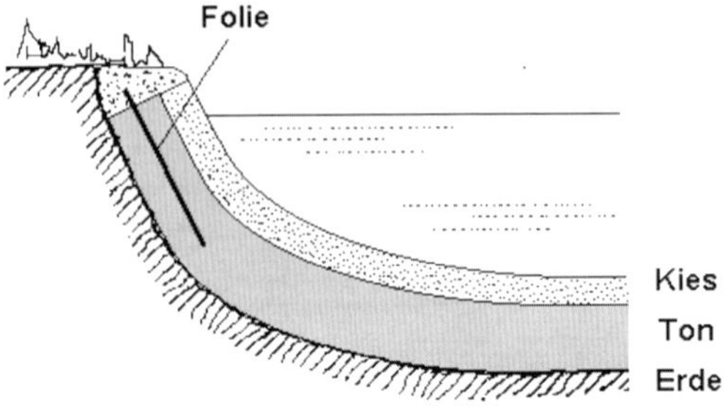

Teich mit Tonabdichtung

vergessen worden, und doch ist sie auch für Gartenteiche anwendbar. Zu diesem Zweck muß in den Teich eine 30 cm dicke, in drei Schichten gut verdichtete Tonschicht eingebracht werden, die dann mit einer mindestens 5 cm dicken Kiesschicht abgedeckt wird.

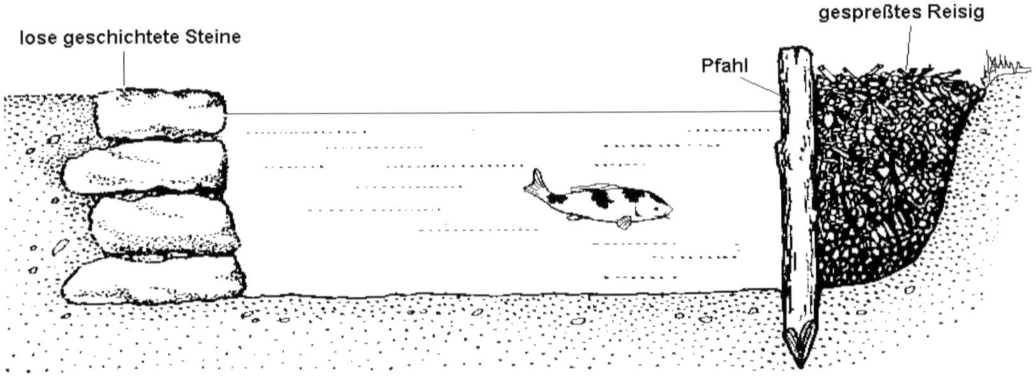

Uferbefestigung bei Naturteichen

Schwierigkeiten gibt es bei Tonabdichtungen stets am Ufer, wo der Ton durch die Sonne austrocknen kann und rissig wird. Am besten ist es, in der Uferzone eine Plastikfolie mit in die Tonschicht einzulegen.

Allgemeines zu Naturteichen

Naturteiche sind für das Wachstum von Karpfen und auch Koi ideal und durch nichts Besseres zu ersetzen. Allerdings sind solche Naturteiche durch das Gründeln der Fische ständig trübe und entsprechen dadurch nicht den Vorstellungen, die man von einem schönen Koiteich hat. Filtern hilft bei Naturteichen nicht!

Wie Teichwirtschafts-Wissenschaftler festgestellt haben, beruht das bessere Wachstum in Naturteichen nicht nur auf dem Gründeln der Koi, sondern auch auf der starken Trübung des Wassers, die den Koi Deckung bietet. Dadurch verringert sich der Streß der Tiere, sie fressen und wachsen besser.

Vorschlag für einen kombinierten Klarwasser-Schlammteich

Wie wir aus dem vorangegangenen Abschnitt ersehen konnten, hat ein Schlammteich für das Wachstum und die Gesundheit der Koi zweifellos große Vorteile, aber einen großen Nachteil, nämlich, daß man seine Fische in dem trüben Wasser nicht sehen kann.

Die beigefügte Zeichnung veranschaulicht, wie man einen Klarwasserteich mit einem Schlammteich kombinieren kann, so daß die Fische nach Belieben die Teiche wechseln können. Die Wirkungsweise beruht darauf, daß sich beide Teiche unmittelbar nebeneinander befinden und durch eine nicht allzu große Öffnung, die von den Koi durchschwommen werden kann, verbunden sind.

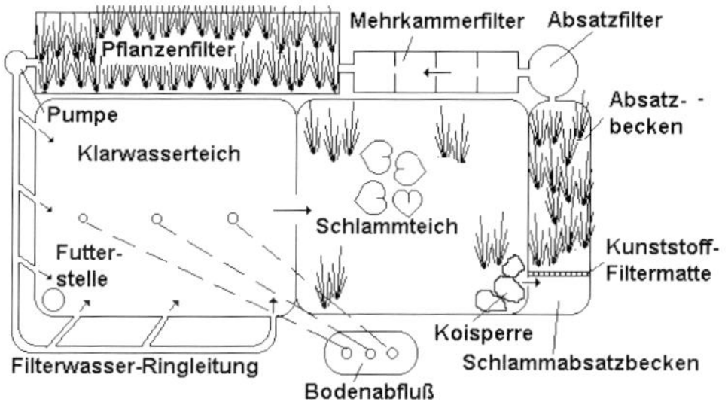

Vorschlag für eine Teichkombination

Dabei entspricht der Klarwasserteich den üblichen, bodengrundlosen Koiteichen mit Bodenabflüssen und Einspritzdüsen, die eine Wasserzirkulation herbeiführen und weitestgehend das Ablagern von Sinkstoffen auf dem Teichboden verhindern. Der Schlammteich dagegen ist auf seiner ganzen Fläche etwa 10 cm dick mit Bodengrund aus gewaschenem Kies in Körnung von 0 bis etwa 5 mm bedeckt, in dem Sumpfpflanzen wachsen.

An den Schlammteich schließt sich ein teilweise mit kräftigen Sumpfpflanzen besetzter Absatzgraben an, in dem sich das Teichwasser vorklären und Schlamm sich absetzen kann. Einige größere Steine verhindern, daß die Koi in den Graben gelangen können.

Das Wasser durchfließt dann einen Absatzfilter (Vortex) sowie einen großen Mehrkammerfilter (6 Kammern) und gelangt in einen verbreiterten, längeren Graben mit Kiesbodengrund, der dicht mit kräftigen Sumpfpflanzen (Rohr, Wasseriris, Kalmus, Igelkolben o.ä.) besetzt ist. Das so mechanisch und biologisch gereinigte Wasser wird von einer Pumpe durch die Ringdüsen wieder in den Klarwasserteich gefördert und strömt dann durch die Verbindungsöffnung in den Schlammteich, so daß der Wasserkreislauf geschlossen ist. Die Strömung in der Verbindungsöffnung zwischen den beiden Teichen ist so groß, daß kein schmutziges Wasser vom Schlammteich in den Klarwasserteich gelangen kann. Die Koi dagegen kann man nach Gewöhnung mit Futter aus dem Schlammteich in den Klarwasserteich locken.

Die Teichrandgestaltung

Eine gute Randgestaltung beeinflußt wesentlich das Aussehen der gesamten Teichanlage.

Waren der Bau und die Auswahl des Materials weitgehend von dessen Qualität und Festigkeit sowie von ökonomischen Gesichtspunkten bestimmt, so ist die Randgestaltung eine mehr geschmackliche Angelegenheit und deshalb so äußerst wichtig, weil sie das Aussehen des ganzen Teiches bestimmt.

Man muß dem Teich an seinem Rand nämlich nicht unbedingt ansehen, woraus er gefertigt wurde. So darf man am Rand keinesfalls erkennen, wie hoch der Betonaufwand beim Bau des Teiches war.

Der Teichrand bildet den Übergang vom Wasser zum Land. Man kann ihn möglichst unauffällig gestalten, aber auch betonen. Welche Form man wählt, hängt von der Umgebung ab.

Befindet sich der Teich z.B. in der Nähe eines Hauses oder einer Terrasse, so kann sich der Rand nach diesen architektonischen Gegebenheiten richten – er kann mit Platten oder Natursteinen betont werden.

Teichrandgestaltung bei Folienteichen

Abgesehen vom Aussehen ist die richtige Teichrandgestaltung bei Folienteichen besonders wichtig, damit die Folie eine möglichst hohe Lebensdauer erreicht. Überall,

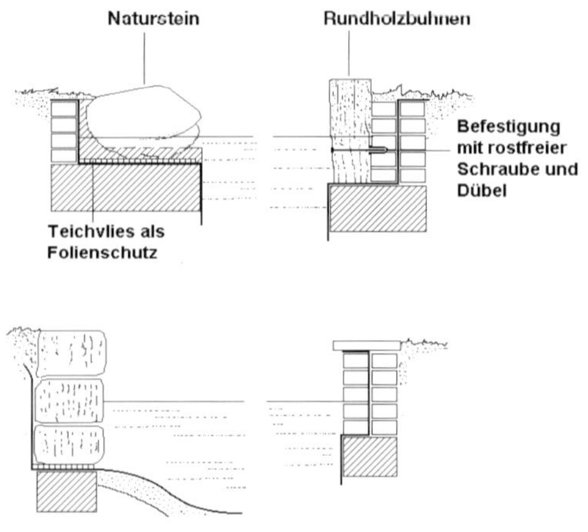

Verschiedene Teichrandgestaltungen

wo Folie dem Sonnenlicht ausgesetzt ist, hat sie etwa die garantierte Lebensdauer. Wenn man aber vermeidet, daß das UV-Licht herankommt, hält sie wesentlich länger. Deshalb muß man dafür sorgen, daß die Folie bis mindestens 30 cm unterhalb des Wasserspiegels vor Sonnenlicht geschützt ist.

Es gibt verschiedene Möglichkeiten dafür (siehe Zeichnung auf Seite 38).

Anbau eines Sumpfbeckens – Gestaltung eines Bachlaufs

Sumpfpflanzen sind die natürlichste dekorative Ufergestaltung eines Teiches. Sie bilden den stufenlosen Übergang zwischen der Wasser- und Landbepflanzung.

Setzt man sie unmittelbar in den Teich, so kann dieser sehr schnell verkrauten und verlanden, wie das auch in der Natur geschieht. Deshalb müssen alle im Wasser wachsenden und stark wuchernden Pflanzen von Zeit zu Zeit gelichtet oder von vornherein in Pflanzgefäße gesetzt werden. Besser ist es, wenn man die Pflanzen in einem vom Teich abgetrennten, aber mit ihm in Verbindung stehenden Sumpfbecken unterbringt. Dadurch wird auch verhindert, daß die Koi in die Uferzone schwimmen, sich eventuell in den Pflanzen verfangen und so ein leichtes Opfer von Katzen und anderen Räubern werden. Sumpfpflanzen sind in der Lage, die Wasserqualität durch Entzug von für die Koi schädlichen Stoffen, wie Nitraten, Phosphaten, Metallverbindungen

Ein Pflanzenfilter mit Seerosen grenzt direkt an den Koiteich an und wird vom Filterwasser durchflossen

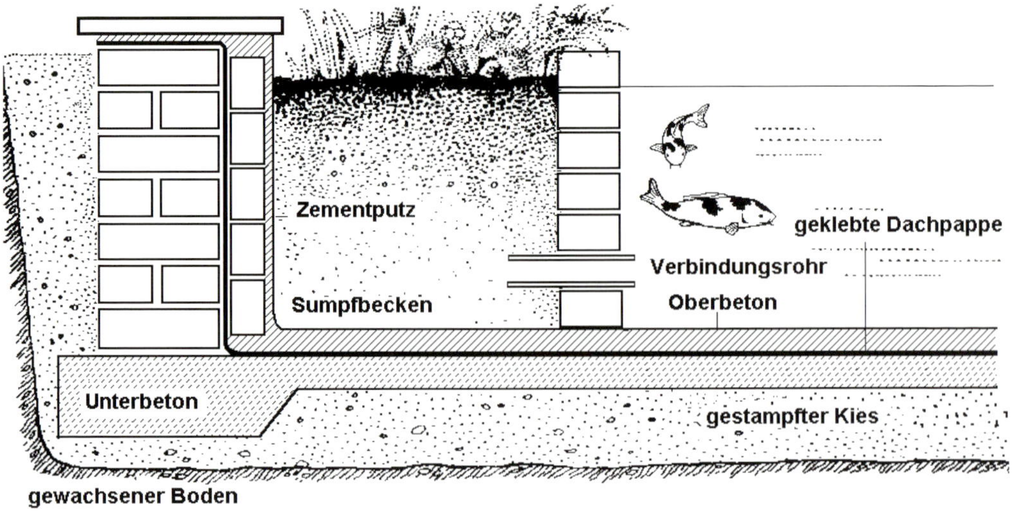

Gemauerter Ziegelsteinteich mit Sumpfbecken

u.ä., günstig zu beeinflussen. Deshalb kann man die getrennte Uferzone auch vom Filterwasser durchströmen lassen und hat dadurch einen zusätzlichen pflanzlichen Filter.

Man kann für die Sumpfpflanzen auch einen größeren flachen Teil des Teiches vorsehen, der ebenfalls durch Steine abgetrennt ist.

Das Sumpfbecken muß etwa 40 cm tief sein und wird als Pflanzenfilter nur mit Kies in einer gemischten Körnung von 0 bis 10 mm gefüllt. Die Nährstoffe sollen die

Koiteich mit Sumpfbecken im Vordergrund

Pflanzen dem durchströmenden Wasser entnehmen.

Künstliche Bachläufe, die bei ausreichend Gefälle das ganze Grundstück durchziehen können, sind sehr dekorativ und fungieren auch als Pflanzenfilter. Der von einer Pumpe entsprechender Leistung mit Teichwasser bzw. Filterwasser gespeiste Bachlauf muß aber im Gegensatz zu natürlichen Bächen aus einzelnen waagerechten Bachbetten bestehen, die miteinander über kleine Wasserstufen (Kaskaden) in Verbindung stehen. Dadurch benötigt man nicht so große Wassermengen für einen überzeugenden Bachlauf, und er bleibt auch gefüllt, wenn die Pumpe einmal abgestellt ist.

Für den Bau des Bachlaufs eignet sich neben Beton auch auf Sand gebettete Plastikfolie, die nicht zu schmal und nirgends sichtbar sein sollte.

Die Randgestaltung wird am besten wie aus der Zeichnung ersichtlich, ausgeführt. Auch ein Kaschieren mit großen Kieselsteinen ist möglich. Als Pflanzsubstrat ist Kies

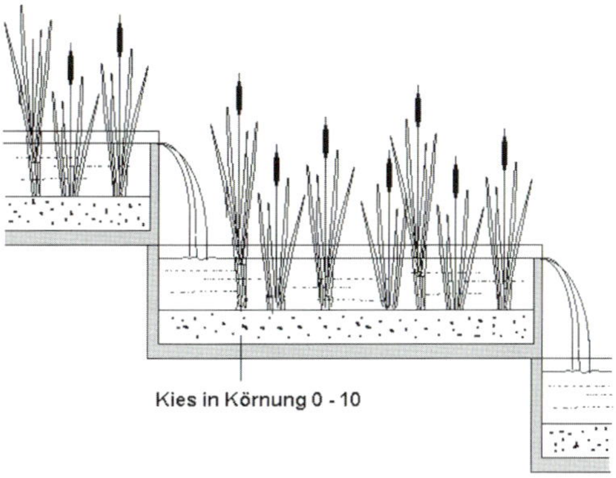

Längsschnitt eines Betonrinnen-Bachlaufs mit Kaskaden

in einer Dicke von 20 bis 30 cm ausreichend.

Ein solcher, als Pflanzenfilter fungierender Bachlauf wird dicht mit Sumpf- und Wasserpflanzen besetzt. Sehr geeignet sind dafür Wasser-Schwertlilien-Arten, wie *Iris pseudacorus, Iris laevigata* und *Iris versicolor.* Auch Kalmus *(Acorus calamus)* und

Naturnaher Bachlauf

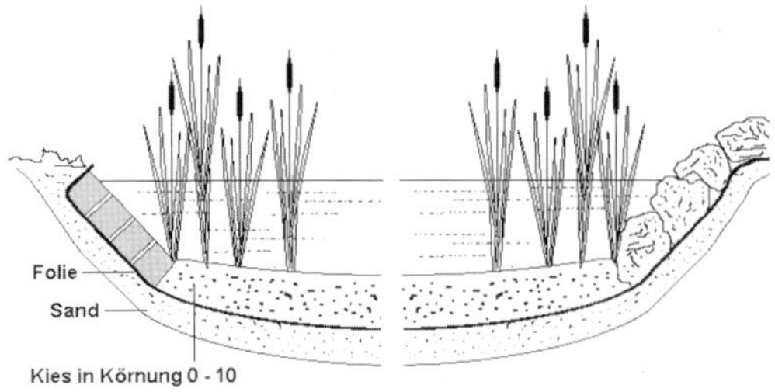

Querschnitt eines Bachlaufs mit Folienabdichtung und Pflasterstein- bzw. Natursteinkaschierung

Seesimse *(Scirpus lacustris)* sowie Sumpfsimse *(Eleocharis palustris)* und Nadelsimse *(Eleocharis acicularis)* sind gute Filterpflanzen. Weiterhin sehr brauchbar sind Brunnenkresse und Gauklerblumen-Arten, wie *Mimulus luteus, Mimulus cupreus* und *Mimulus guttatus.*

Von Schilf *(Phragmitis communis)* und großen Rohrarten, wie *Typha latifolia* und *Typha angustifolia* sollte man im Garten Abstand nehmen, diese Pflanzen werden zu wuchtig. Empfehlenswert sind dagegen Phragmitis communis 'Variegatum', *Typha laxmannii, Typha minima* und *Typha shuttleworthii.*

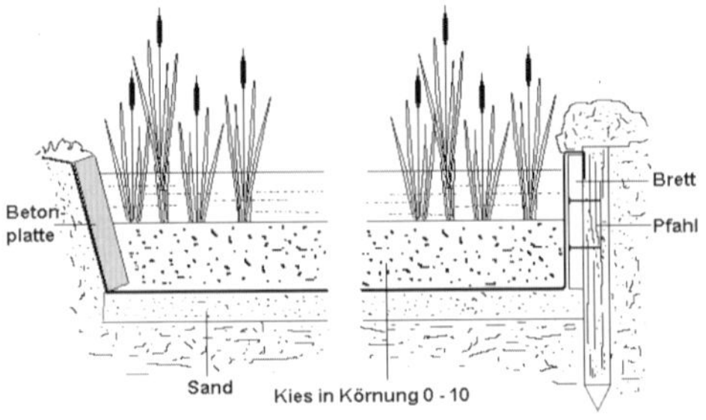

Querschnitt eines Bachlaufs mit Folienabdichtung und Betonplattenkaschierung bzw. Brettbegrenzung

Zulauf-, Überlauf- und Ablaufeinrichtungen

Zuläufe erfolgen in den meisten Fällen beim Koiteich mittels einer Pumpe oder direkt aus der Wasserleitung, reguliert durch ein Schwimmerventil. In beiden Fällen kann das Wasser über der Teichwandung eingeleitet werden, und es bedarf keiner besonderen Wanddurchbrüche.

Für jeden Wasserzulauf benötigt man im Teich eine Überlaufeinrichtung, die den Wasserstand (auch bei starken Regenfällen) in der richtigen Höhe hält.

Überlaufeinrichtungen müssen durchdacht sein: Sie sollen die Koi sicher zurückhalten, dürfen nicht verstopfen und werden in manchen Fällen durch die Teichwandung hindurch installiert. Bei Folienteichen kann man auch an einer Stelle den Teichwall bzw. das Ufer einschneiden und die Folie eine Falte bilden lassen, durch die das Wasser abfließt. Damit keine Fische mit hinausgeschwemmt werden, verschließt man in diesem Fall den Überlauf mit lose eingelegten größeren Steinen.

Als Überlauf kann aber auch ein Standrohr fungieren. Die Funktion eines solchen Standrohres ist durch das Prinzip der kommunizierenden Röhren (gleicher Wasserstand im Teich und im Filter) gewährleistet.

Ablaufeinrichtungen und Filteranschlüsse installieren wir am besten im Teichboden. Seitliche Filteranschlüsse werden nach neuesten Erkenntnissen kaum noch ange-

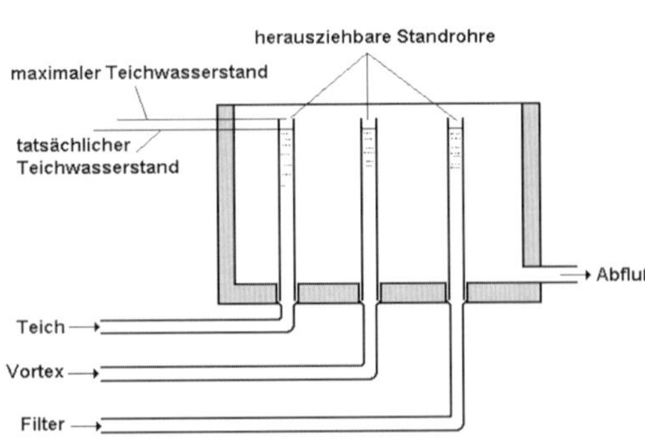

Entleerungskammer mit Standrohren

wendet. Durch einen oder mehrere trichterförmige Bodenanschlüsse erspart man sich nämlich weitgehend das Reinigen des Teichbodens.

Sehr günstig für die Sauberhaltung der Teichoberfläche von schwimmenden Verunreinigungen (Blättern o.ä.) ist die zusätzliche Installation einer Oberflächenabsaugung. Solche Einrichtungen sind an Swimmingpools unter dem Namen Skimmer bekannt. Die verschiedenartigen Konstruktionen von Skimmern sind Teichüberlaufeinrichtungen, die sich automatisch an die Wasserstandshöhe im Teich anpassen. Über ihre Ausführung und Wirkungsweise informiere man sich am besten bei Swimmingpoolherstellern. Es gibt auch spezielle Skimmer für Koiteiche.

Das an der Teichoberfläche abgesaugte Wasser wird ebenfalls dem Filter zugeführt.

Alle Teichabflüsse und Filteranschlüsse sind mit Rohrflanschen und druckfesten, geklebten PVC-Rohren von 100 mm lichtem Durchmesser auszuführen. Für Plastikfolienteiche gibt es handelsübliche Abflüsse, die mit Flanschen, Dichtungen und Schrauben angeschlossen werden, entsprechend abgedeckt sind und trotzdem ausreichend Wasser hindurchlassen (siehe Zeichnung auf Seite 30). Mit dem Abdichten von Rohren in Betonteichen kann man wegen der sehr unterschiedlichen Ausdehnungskoeffizienten zwischen Beton und Plastikmaterial Schwierigkeiten bekommen. Ich schlage deshalb vor, am Kunststoffrohr eine Rille in den noch nicht abgebundenen Beton einzukratzen und später nach Abbinden des Betons diese Rille mit Silikonkautschuk auszufüllen.

In die Rohrleitungen eingesetzte Ventile dürfen bei voller Öffnung den Rohrquerschnitt nicht verringern. Deshalb sind vor allem Flachschieber- und Kugelventile geeignet.

Notwendige Wasserklärungsanlagen

Naturteiche mit Karpfen sind stets sehr trübe und undurchsichtig, denn Karpfen und natürlich auch Koi gründeln und wühlen den Schlamm ständig auf. Trotz des trüben Wassers gedeihen und wachsen diese Fische in solchen Teichen aber bestens.

Anders in einem glasklaren, typischen Koiteich. Hier kommt es oft zu großen Problemen mit der chemischen Qualität des Wassers. Die Koi werden dadurch in ihrer Gesundheit und im Wachstum negativ beeinflußt.

Wo liegen die Probleme? – Karpfen und auch Koi sind sehr groß werdende Fische mit einem erheblichen Stoffwechsel. D.h. solche Fische fressen sehr viel und entsprechend sind auch ihre Ausscheidungsprodukte, die aus festem Kot, aber auch großen Mengen von Urin (Harnstoff und Wasser) bestehen. Allein die Urinabgabe beträgt täglich etwa das 12fache des Körpergewichts. – Leicht vorstellbar, wann die Koi in ihrem eigenen Urin schwimmen. – Außerdem geben die Fische über ihre Kiemenmembranen Ammoniak ab. Ammoniak ist ebenfalls ein stickstoffhaltiges Abfallprodukt aus dem Abbau von Eiweißen, das bei einer Konzentration ab 2 mg/l und gleichzeitigem Ansteigen des pH-Wertes über 7 giftig auf Fische wirkt.

In einem natürlichen Gewässer mit mäßigem Fischbesatz werden alle diese Stoffe durch das große Wasservolumen sehr stark verdünnt, und das Wasser regeneriert sich durch Bewegung, Bakterien, Pilze und Pflanzen weitgehend von selbst. Diese natürlichen Abläufe sind in einem mehr oder weniger sterilen und oft dicht besetzten Koiteich ungenügend. Hier müssen entsprechend große Filtersysteme diese Aufgabe übernehmen. In jedem Filter laufen mechanische, biologische und chemische Vorgänge gleichzeitig ab. Trotzdem gibt es Filtervariationen, die vorzugsweise mechanisch, biologisch oder chemisch arbeiten. Wesentlich ist, daß alle Filter lieber größer als zu klein gewählt werden.

Es gibt eine Unmenge verschiedener Filterkonstruktionen, fast jeder Koi-Halter hat dazu eigene Ideen und infolgedessen eigene, abweichende Lösungen. An dieser Stelle beschreibe ich die derzeit besten Varianten. Wenig wirksame Kleinfilter und solche mit schlechtem Wirkungsgrad bleiben unberücksichtigt.

Mechanische Schnellfilter

Mechanische Filter sind in erster Linie notwendig für das Klarhalten des Wassers. Alle Filter erfüllen mehr oder weniger gut die Funktion der mechanischen Filterung, sie filtern die Schwebeteile aus dem Wasser heraus.

Unter mechanischen Schnellfiltern versteht man z. B. sogenannte Swimmingpoolfilter. In Japan gibt es solche Filter auch speziell für Koiteiche. Sie bestehen aus einem Edelstahlbehälter, der mit feinem Kies gefüllt ist. Die Größe des Filters richtet sich nach der stündlich zu filternden Wassermenge. Mit einer starken Kreiselpumpe wird das Wasser durch den Kies gedrückt und dadurch auch von kleinsten Schwebestoffen befreit. Die chemische Beeinflussung des Wassers ist dabei gering, denn nitritabbauende Bakterien können sich bei der hohen Fließgeschwindigkeit und dem relativ geringen Volumen des Filtermaterials nur in geringem Maße ansiedeln. Das Reinigen dieser Filter geschieht durch Rückspülung unter gleichzeitigem Umrühren des Filterkieses mit einem eingebauten Rührwerk. Da ihre mechanische Filterwirkung unübertroffen ist, schalten besonders die Engländer solche Schnellfilter oft einem großen Mehrkammerfilter nach, um das Filterwasser restlos zu klären.

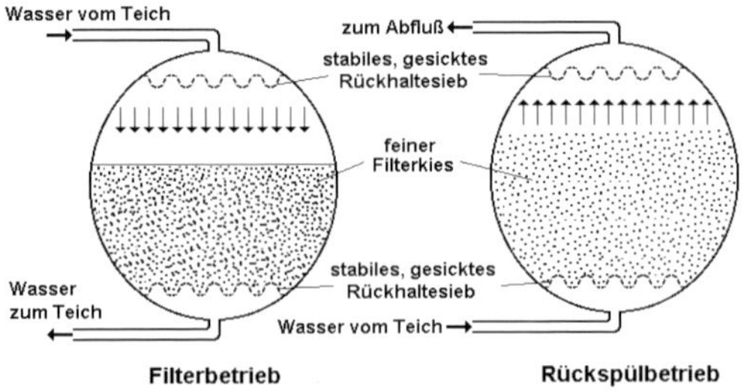

Sand-Druckfilter

Nachteil dieser Art Filter ist, daß wegen des erforderlich hohen Drucks große Kreiselpumpen erforderlich sind, die einen hohen Stromverbrauch haben. Außerdem müssen sie bei dem hohen Schmutzanfall eines Koiteiches täglich gereinigt werden. Der Vorteil dieser Filter besteht darin, daß die Reinigung sehr schnell durch Rückspülen möglich ist.

Auf jeden Fall ist es günstig, mindestens einen zentrifugal wirkenden Absatzfilter (auch Vortex genannt) vorzuschalten, um den mechanischen Schnellfilter nicht mit allem anfallenden Schmutz zu belasten.

Biologische Filter

Unter biologischen Filtern versteht man solche mit einer großen Filtermasse und damit großen Filteroberfläche, auf der sich nitrifizierende Bakterien ansiedeln und ihre Arbeit verrichten, indem sie, wie in freien Gewässern auch, die gefährlichen Abbauprodukte in weniger schädliche Stoffe umwandeln. An diesem natürlichen Stickstoffzyklus sind mehrere Bakteriengruppen beteiligt: Sogenannte nitrifizierende Bakterien (z. B. Nitrisomas) wandeln Ammoniak (NH_3) durch Oxidation in Nitrit (NO_2) um. Dieses Nitrit wird durch eine zweite Gruppe nitrifizierender Bakterien (hauptsächlich Nitrobakter) weiter zu Nitrat (NO_3) oxidiert. Voraussetzung ist das Vorhandensein von genügend Sauerstoff. Nitrat ist in niedriger Dosierung unschädlich. Allerdings darf nicht übersehen werden, daß es in sehr hoher Konzentration ein starkes Wachstumsgift ist, durch das Koi nicht wachsen und Wasser- und Sumpfpflanzen sogar eingehen können. Deshalb wird allgemein empfohlen, trotz Filterung wöchentlich einen etwa 10%- bis 20%igen Wasserwechsel vorzunehmen.

Beim Wasserwechsel ist der Nitratgehalt im Ausgangswasser (z. B. im Leitungswasser) zu berücksichtigen, der in Deutschland nach DIN bis 50 mg/l betragen darf.

Nitrate in niedriger Konzentration können, da sie einen Pflanzen-Düngemittel darstellen, durch einen nachgeschalteten Pflanzenfilter weitgehend abgebaut werden. Liegt die Konzentration allerdings zu hoch, so werden die Pflanzen absterben!

Mehrkammer-Filtersysteme

Solche biologischen Filter bestehen meistens aus einem bis zwei, am besten parallel geschalteten Absatzfiltern (sogenannten Vortex), in denen sich die meisten Schmutzpartikel absetzen und möglichst täglich abgelassen werden. Diesen Absatzfiltern folgt eine Reihe (3,4 und mehr) hintereinander geschalteter Filterkammern. Alle diese Filterkammern werden von unten nach oben durchströmt, so daß sich auch hier der Hauptschmutz unten absetzt und abgelassen werden kann. Dadurch wird der gesamte Mehrkammerfilter nicht so sehr mit Schmutz belastet, und man erspart sich weitgehend das Reinigen des Filtermaterials.

Um eine möglichst günstige biologische Filterung zu erreichen, sollten solche Filter langsam durchflossen werden, damit eine hohe Verweildauer geschaffen wird. Da aber die Filter meistens gleichzeitig zur mechanischen Filterung eingesetzt werden, ist ihre Durchflußgeschwindigkeit eigentlich zu hoch. So gibt es nur den einen Ausweg, möglichst viele Kammern hintereinander zu schalten.

Es hat sich bewährt, den biologischen Filter in seiner Oberfläche nicht kleiner als ein Drittel der Teichoberfläche anzulegen. Je größer, desto besser. Japaner gehen oft bis zu einer Filteroberfläche, die der Teichoberfläche entspricht. Die Durchflußmenge berechnet man so, daß der gesamte Teichinhalt 10 bis 12 mal täglich den Filter passiert. Dementsprechend muß die Pumpe ausgelegt sein.

Äußerst wichtig für Filter, auch im besonderen für Kammerfilter ist, daß sie niemals abgestellt werden dürfen, da es dadurch im Filter zu Sauerstoffmangel kommt, und die Bakterienkulturen absterben. Es entstehen dann große Mengen giftiger Stoffe, wie z. B. Schwefelwasserstoff. Beim Wiederanstellen eines solchen Filters gelangt das giftige Wasser in den Teich, und die Fische werden geschädigt oder sterben. Deshalb muß man

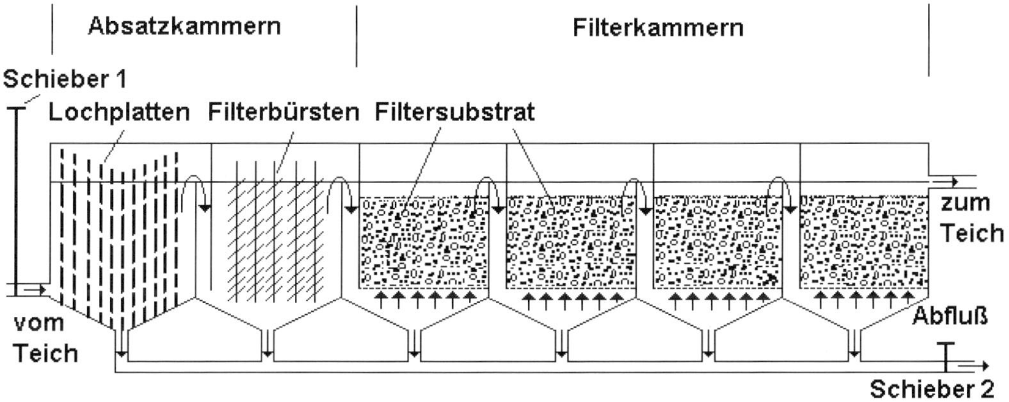

Mehrkammerfilter

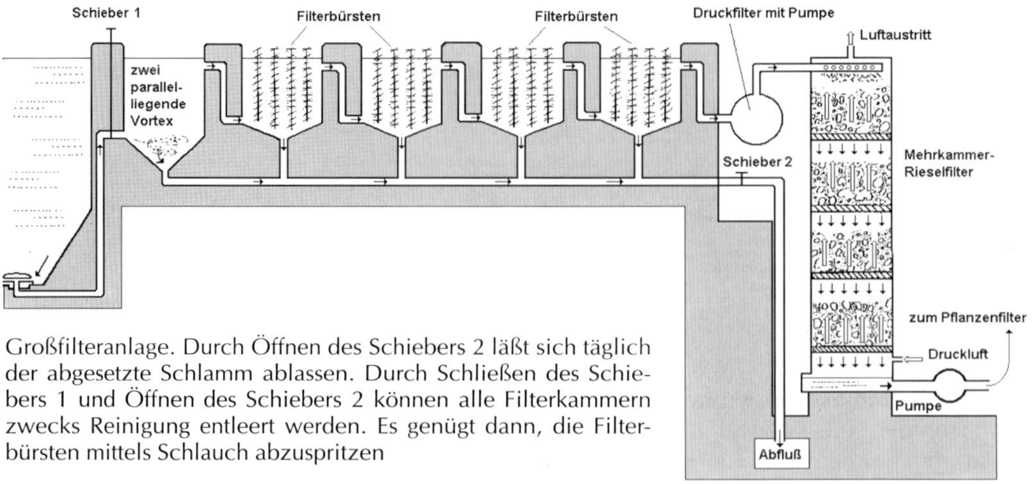

Großfilteranlage. Durch Öffnen des Schiebers 2 läßt sich täglich der abgesetzte Schlamm ablassen. Durch Schließen des Schiebers 1 und Öffnen des Schiebers 2 können alle Filterkammern zwecks Reinigung entleert werden. Es genügt dann, die Filterbürsten mittels Schlauch abzuspritzen

einen für längere Zeit abgestellten Filter stets reinigen, bevor er wieder in Betrieb gesetzt wird.

Welche Filtermaterialien finden Anwendung?

Bei der Auswahl von Filtermaterialien sollte man davon ausgehen, daß sie eine möglichst große Oberfläche haben müssen, an der sich der Schmutz absetzen bzw. die Bakterien ansiedeln können. Verwendet werden: Grober Kies, Blähton (schwimmt, da leichter als Wasser), Filtermatten aus Kunstfasern, Filterbürsten, kurze Plastikröhrchen, Plastik-Lockenwickler, Kunststoff-Drehspäne, Nylon-Topfputzer, Schaumstoffmatten, Nylon-Filterwatte oder gebrauchte (neue) Nylon-Fischernetze.

Schwierigkeiten hat man mit Filterwatte, Schaumstoff und Kies, weil sich diese Materialien schlecht bzw. nur mit großem Aufwand reinigen lassen.

Bodengrundfilter

Bodengrundfilter sind Innenfilter und heute kaum noch im Betrieb. Ihre Wirkung beruht darauf, daß ein Teil oder der gesamte mit einer dicken Kiesschicht bedeckte Teichboden selbst den Filter bildet. Das Teichwasser wird durch die Kiesschicht hindurchgezogen und so gereinigt. Da hierbei aber das Wasser von oben nach unten strömt, ist der Kies nach relativ kurzer Zeit hoffnungslos verdreckt und muß dann gereinigt bzw. ausgetauscht werden. Eine harte Arbeit! Deshalb haben sich diese Filter nicht bewährt.

Für die Koi selbst ist die Kiesschicht günstig, sie ermöglicht ihnen das Gründeln und so wachsen sie annähernd so gut wie in ei-

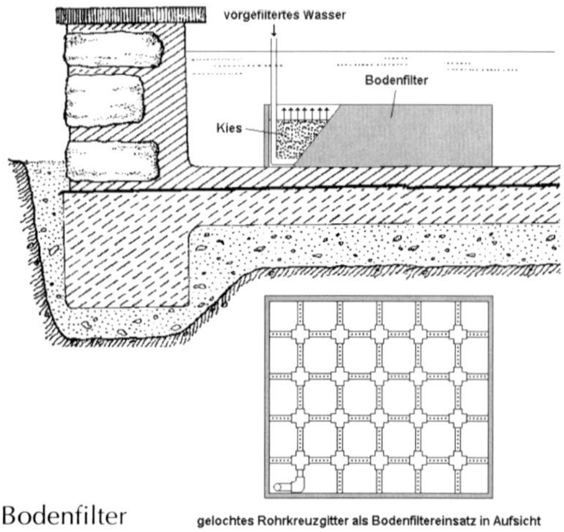

Bodenfilter

gelochtes Rohrkreuzgitter als Bodenfiltereinsatz in Aufsicht

nem Naturteich mit schlammigem Boden. (Das haben auch eigene Versuche im Aquarium mit anderen barbenähnlichen Fischen ergeben: Die Fische wachsen mit Bodengrund besser, als ohne!)

Eine Alternative besteht darin, die Kiesschicht im Teich nur für die biologische Filterung zu verwenden: Man filtert das Teichwasser zunächst über einen Schnellfilter oder Mehrkammerfilter und läßt es dann durch den Bodengrundfilter von unten nach oben fließen. Dadurch verdreckt die Kiesschicht nicht, sie bildet aber eine große Oberfläche für das Ansiedeln von nitrifizierenden Bakterien.

Rieselfilter

Rieselfilter sind hochwirksame biologische Filter, die man entwickelte, damit die nitrifizierenden Bakterien ein Optimum an Sauerstoff erhalten. Es sind turmartige Behälter, die in Warmwasser-Fischzuchtanlagen der Binnenfischerei oft 2 m Durchmesser und 5 m Höhe haben. Diese Behälter sind mit leicht zu reinigendem Filtermaterial, wie „Raschidringen" aus grobporiger Keramik, Blähton, kurzen Plastikröhrchen, grobem Kies, Kunstfaser-Filtermatten o. ä. gefüllt.

Das zu filternde Wasser wird im oberen Teil des Behälters durch Düsen versprüht und rieselt oder tropft durch das Filtermaterial.

Damit Rieselfilter nicht zu schnell verschmutzen, sollte man ihnen ebenfalls einen Schnellfilter oder Absatzfilter (Vortex) und Mehrkammerfilter vorschalten.

Abschäumfilterreaktor

Seit knapp 25 Jahren wird in der Meerwasseraquaristik sehr erfolgreich der sogenannte Eiweißabschäumer eingesetzt und hat dort alle herkömmlichen Filtermethoden mit Ausnahme des Rieselfilters verdrängt.

Das Prinzip des Eiweißabschäumers beruht darauf, daß Luftblasen aufgrund ihrer Oberflächenspannung in der Lage sind, feinsuspendierte Substanzen und kolidale Verunreinigungen in Form einer Kahmhaut zu binden. Die Eiweißabschäumung ist eine hochwirksame Wasseraufbereitungsmethode, bei der das belastete Seewasser in einem sogenannten Abschäumreaktor im Gegenstromprinzip von vielen, feinen Luftblasen durchströmt wird, an die sich die Abfallstoffe anlagern. Sie bilden an der

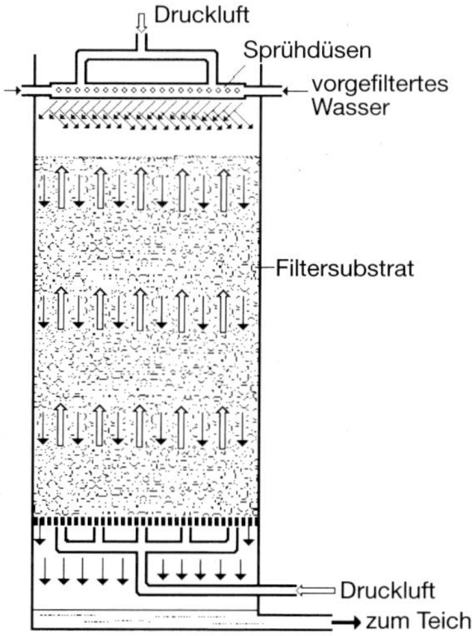

Rieselfilter

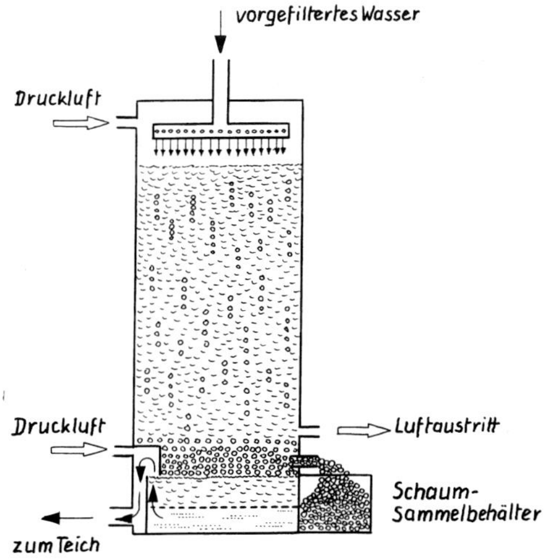

Abschaumfilterreaktor

Oberfläche eine dicke Schaumschicht, die von Zeit zu Zeit abgeschöpft werden kann.

Im Süßwasser versagte das Verfahren, weil es nicht möglich war, eine stabile Schaumbildung zu erreichen.

Nach vielen Jahren vergeblichen Bemühens ist es nun gelungen, diese Technik durch Kombination eines bakteriell arbeitenden Rieselfilters mit einem Eiweißabschäumer auch für Süßwasser brauchbar zu machen.

Wie aus der Zeichnung ersichtlich, wird das zu filternde Wasser über die Filtermasse eines Rieselfilters geleitet, wodurch das Wasser fein verteilt wird und sich mit der zugeführten Luft vermischt. Die entstehenden Luftblasen sind bestrebt, aufzusteigen, werden aber durch das Filtermaterial weitgehend daran gehindert und durch das nachströmende Wasser mehr und mehr nach unten gedrückt, wodurch sich die Kontaktzeit mit dem Wasser erheblich verlängert. Um die Luftblasen bildet sich schließlich eine Kahmhaut, die vermehrt organische und anorganische Substanzen aufnimmt, und so entsteht schließlich ein stabiler Schaum. Der Schaum wird durch das nachströmende Wasser weiter nach unten gerissen, sammelt sich auf der Wasseroberfläche des sogenannten Sammlers, tritt aus der Auslaßöffnung aus und kann dort aufgefangen werden. Die in Höhe des Sammlers zugeführte Luft vermehrt die Schaumbildung und beschleunigt den Austritt des Schaums. Die Luftaustrittsöffnung oberhalb der Schaumauslaßöffnung verhindert, daß sich ein unerwünschter Überdruck im Reaktor aufbaut und dient zusätzlich als Schaumaustritt. Der Abschäumfilterreaktor vereint die Vorteile eines Rieselfilters, einer UV-Lampe, eines Sandfilters und eines Meerwasser-Eiweißabschäumers. Er entfernt sicher organische Stoffe, wie Proteine, Lipide, Zellulose, Bakterien, Fischparasiten, Algen und unbenetzte Teilchen, aber auch anorganische Stoffe, wie z.B. Eisenoxide. Auch die toxischen Abbauprodukte der im Rieselfilter arbeitenden, aeroben Mikroorganismen werden mit dem Schaum ausgefiltert.

Pflanzliche Filter

Während bakterielle Filter nur schädliche Stoffwechsel-Abbauprodukte in unschädliche Verbindungen umwandeln, sind pflanzliche Filter in der Lage, sie völlig dem Wasser zu entziehen. So nehmen Pflanzen neben Stickstoff- und Phosphorverbindungen sogar Metallverbindungen wie Eisen und auch Kupfer auf.

In England habe ich häufig gesehen, daß man die Mehrkammerfilter nicht abgedeckt, sondern auf den Kammern Sumpfpflanzen, wie z.B. Brunnenkresse oder Gauklerblumen wachsen läßt, die darauf prächtig gedeihen.

Pflanzenfilter finden heute großtechnische Anwendung, um Abwässer ganzer

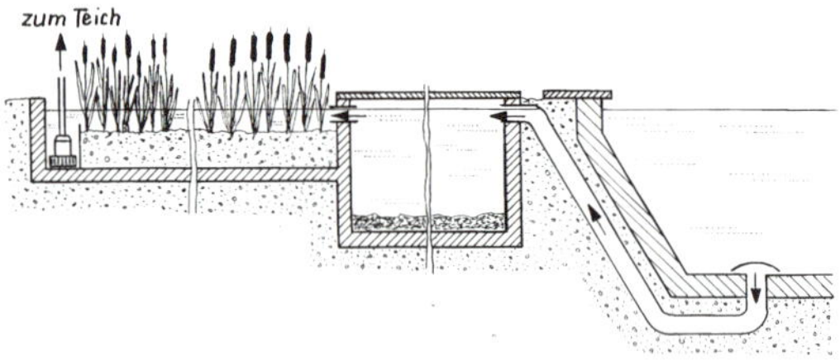

Sehr wirksamer Pflanzenfilter mit vorgeschaltetem Absetzbecken

Sumpfpflanzen auf einem Mehrkammerfilter

Dörfer zu klären. Es hat sich gezeigt, daß sie wesentlich besser arbeiten als alle übrigen Filter. Selbst während der Ruhezeit der Pflanzen im Winter besteht eine Wirkkombination von Pflanzenwurzeln und Bakterien im Bodengrund. Bisher wurden für die Koiteich-Filterung weltweit kaum Pflanzen verwendet. Dabei ist es allein mit einem Absatzbecken und entsprechend großen Pflanzenfilterbecken möglich, einen Koiteich mechanisch und biologisch zur vollen Zufriedenheit rein zu halten. Außerdem ist ein Pflanzenfilter im Gegensatz zu anderen Filtern kein notwendiges technisches Übel sondern verschönert den Wassergarten. Die Wirkungsweise ist aus der Zeichnung ersichtlich.

Das Absatzbecken wird am besten aus Beton gefertigt und kann bei Bedarf von Zeit zu Zeit gereinigt werden. Statt des Absatzbeckens ist auch ein Vortex verwendbar, das erspart Reinigungsarbeit. Der Pflanzenfilter kann großflächig oder in Form eines Bachlaufs angelegt werden (vergleiche: „Anbau eines Sumpfbeckens" und „Gestaltung eines Bachlaufss", S. 39). Für die Bepflanzung des Filters verwendet man am besten verschiedene Pflanzenarten, denn jede Art hat eine arttypische Nährstoffaufnahme. Die Pflanzenarten sollten voneinander abgegrenzt sein, damit sie sich nicht gegenseitig überwuchern. Am besten verwendet man mehrere Sumpfbecken mit einer Kiesschicht von 30 bis 60 Zentimetern hintereinander.

Um einen noch höheren Reinigungsgrad zu erzielen, kann das bereits vorgefilterte Wasser dem letzten Pflanzenbeet auch über ein Drainagerohr im Kiesboden zugeführt werden.

Chemische Aufbereitungsanlagen

Chemische Filter haben sich für größere Koiteiche bisher nicht durchgesetzt, weil das geeignete Filtermaterial neben verschiedenen anderen Nachteilen zu teuer ist.

Als Filtermaterial für chemische Filter kommen Aktivkohle und Zeolith in Frage. Beide Materialien gibt man am besten in die letzte Filterkammer eines Mehrkammerfilters. Aktivkohle bindet infolge ihrer hohen Porosität und damit großen Oberfläche Ammoniak und andere organische Abfallprodukte und entfernt sie so aus dem Wasser. Bei Erschöpfung kann sie nur durch neue ausgetauscht werden.

Für größere Teichanlagen ist es besser Zeolith, ein Mineral aus hydratisiertem Kalzium- und Aluminiumsilikat zu verwenden, am besten in Stücken von etwa 10 cm Durchmesser, da es sehr leicht zerfällt. Allerdings ist auch dieses Material nicht billig, und man braucht für 50 l Teichwasser etwa 10 kg Zeolith. Es hat aber den Vorteil gegenüber Aktivkohle, daß es mit Salzwasser regeneriert werden kann. Das Regenerieren muß außerhalb des Filters geschehen, so daß es am besten ist, wenn man das Zeolith in Säckchen aus Plastikgewebe abpackt. Diese Säckchen können wir dann zum Zweck des Regenerierens 24 Stunden in eine Kochsalzlösung von 6 g Kochsalz auf 1 l Wasser legen. Anschließend ist das so wieder verwendungsfähig gemachte Zeolith gründlich mit Süßwasser abzuspülen und erneut in den Filter einzusetzen. Die Verwendung von Zeolith hat einen wesentlichen Nachteil: Es kann keine Krankheitsbehandlung mit Salz im Teich durchgeführt werden, weil dadurch die vom Zeolith gebundenen giftigen Substanzen wieder freigesetzt werden.

Einsatz von Ionenaustauschern

Für das chemische Herausfiltern sind auch sogenannte Ionenaustauscher für Salze starker Säuren anwendbar. Diese haben ebenfalls den Vorteil, daß sie regenerierbar sind. In der Aquaristik werden seit langer Zeit Ionenaustauscher eingesetzt. Mit ihnen ist es ohne weiteres möglich, Nitrite und Nitrate zu binden. Allerdings sind auch die Ionenaustauscher sehr teuer, was wohl ein Grund sein dürfte, weshalb sie bisher noch nicht in größerem Umfang verwendet werden.

Vorrichtungen zur Sauerstoffanreicherung des Wassers

Ein solcher großer Wasserfall in einem japanischen Garten erfordert eine große Pumpenleistung

Kaskaden, Wasserfälle und Fontänen

Ganz natürliche Einrichtungen zur Sauerstoffanreicherung des Teichwassers sind Kaskaden und Wasserfälle. Sie beleben die Szenerie am Teich, und das herabstürzende Wasser reißt eine Menge Sauerstoff mit. Die Wasserspeisung dieser Einrichtungen erfolgt mittels einer Kreiselpumpe geeigneter Förderleistung (mindestens 100 l/min). Kaskaden oder Wasserfälle können sich auch innerhalb oder am Ende eines als Pflanzenfilter fungierenden Bachlaufs (siehe dort) befinden.

Verschiedene Wasserfallformen

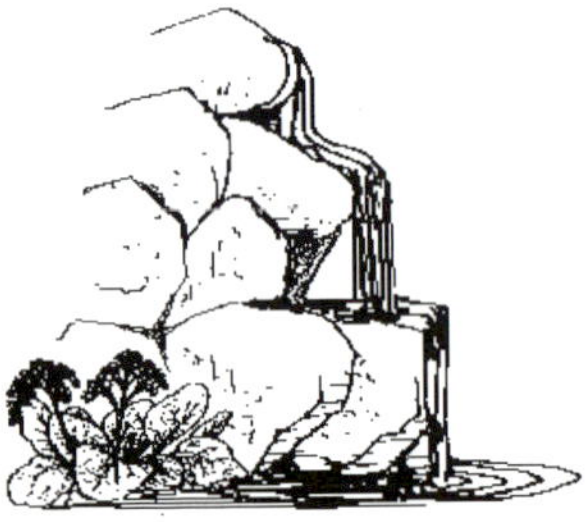

Stufenwasserfall

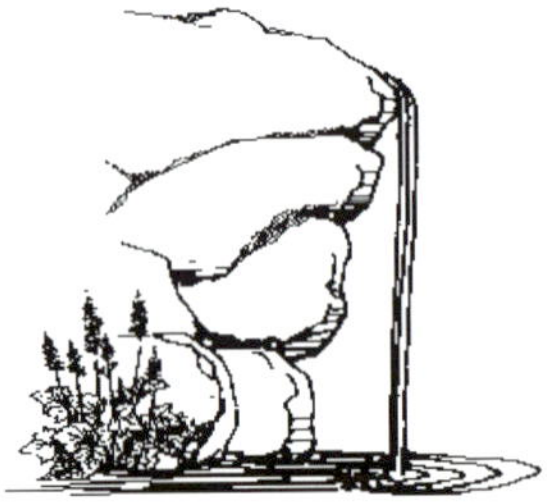

überhängender Wasserfall

Zweietagen-Wasserfall

Gardinenfall

gleitender Wasserfall

Wie aus der Zeichnung ersichtlich, unterscheiden die naturliebenden Japaner sehr verschiedene Arten von Wasserfällen (Stufenwasserfälle, Gardinenfälle, überhängende Wasserfälle, Zweietagen-Wasserfälle und gleitende Wasserfälle), die sie durch entsprechende Steinarrangements gestalten. Dabei wird zunächst die lose aufgebaute Szenerie ausprobiert, um festzustellen, ob der Wasserlauf den Vorstellungen entspricht. Erst danach wird das Ganze mit Mörtel fixiert.

Auch Wasserfontainen bieten eine Möglichkeit, das Teichwasser mit Sauerstoff anzureichern. Sie sind in einem Koiteich jedoch kaum üblich. Ein vom Filterwasser betriebener Springbrunnen kann aber auch abseits vom Teich, z. B. in der Nähe des Sitzbereichs installiert werden und so im Sommer Kühle spenden.

Wasserfall aus Fertigteilen

Einblasen von Luft und Luftinjektoren

Allgemein ist es üblich, den Sauerstoffgehalt des Teichwassers durch Einblasen von Luft mittels einer handelsüblichen Aquarien-Membranpumpe oder eines Kompressors, über einen Luftschlauch und einen oder mehrere Ausströmer zu erhöhen.

Spezielle Ausströmerdome oder mehrere Ausströmersteine auf den Filterzufluß am Teichboden gesetzt, sind geeignet, eine für die Reinigung des Teiches günstige Strömung zu erzeugen (siehe Zeichnung).

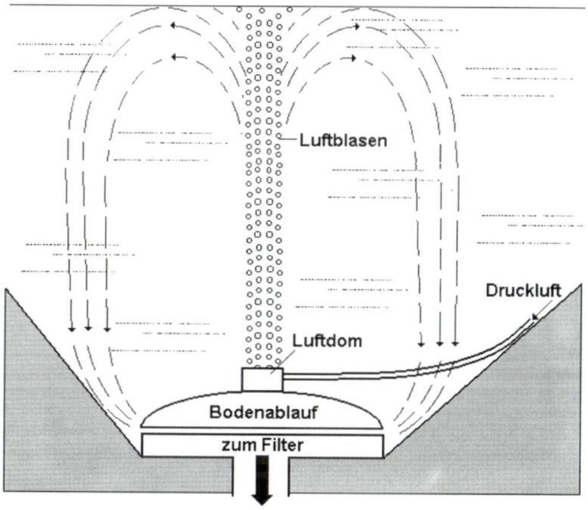

Ein Luftdom (Ausströmerstein) auf dem Abfluß erzeugt eine für die Reinigung des Teichbodens günstige Wasserströmung

Eine wirkungsvolle Sauerstoffanreicherung wird erzielt, indem man einen speziellen, auch käuflichen Luftinjektor in die Druckleitung des Filterwassers einbaut (siehe Zeichnung). Ein solcher Injektor beruht auf dem Venturiprinzip: Das durch eine Düse gepreßte Wasser reißt infolge des entstehenden Unterdruckes sehr viel Luft mit und reichert so das Teichwasser mit Sauerstoff an.

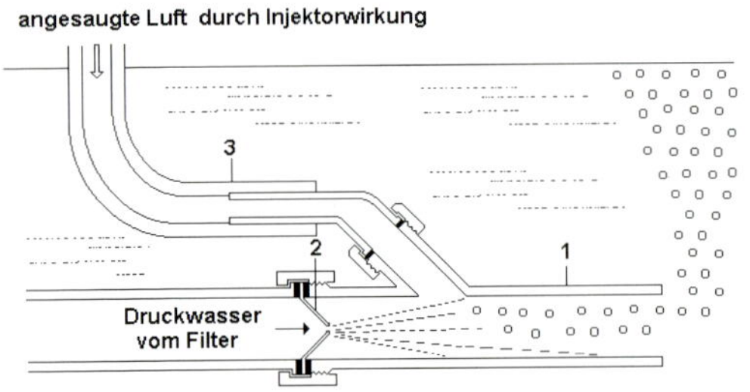

Selbstbau eines Luftinjektors aus Teilen, die man im Baumarkt erwerben kann

1 Anschlußstück für eine Spül- oder Waschmaschine am Traps
2 Kleiner Trichter, Einfüllstutzen nach Bedarf gekürzt
3 Schlauch, der über die Wasseroberfläche hinausgeführt und befestigt wird

Luftturbulenz-Türme

Diese industriell gefertigten Einrichtungen kann man in Japan kaufen. Wie aus der Zeichnung ersichtlich, wird dabei das Teichwasser fein versprüht und außerdem zusätzlich durch einen Ventilator im Gegenstromprinzip mit Luft und damit Sauerstoff angereichert.

Luftturbulenztürme sind besonders geeignet, um sauerstoffarmes Tiefenwasser aus Brunnen fischverträglich zu machen.

Belüftungsmaschinen

Solche, besonders in der Binnenfischerei üblichen Apparaturen schwimmen auf dem Teich. Sie bestehen aus einem in das Wasser eintauchenden Schaufelrad, das von einem Elektromotor angetrieben wird. Das Schaufelrad schleudert das Wasser weit durch die Luft und reichert es dadurch mit Sauerstoff an.

Belüftungsmaschine

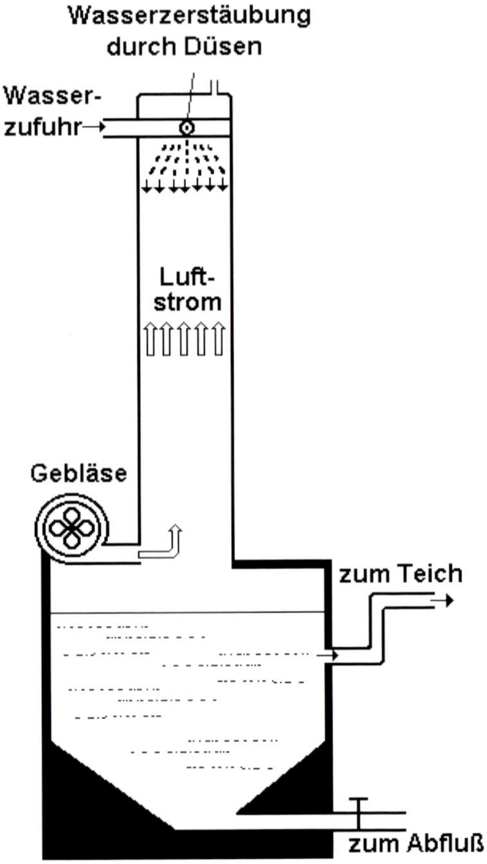

Luftturbulenzturm

Luftturbulenzturm

Rohrgitterkaskaden

Kaskadengerüste sind Einrichtungen, die in der Binnenfischerei gebräuchlich sind.

Dabei fließt das von einer großen Pumpe geförderte Teichwasser über ein hohes und enges Gittergerüst. Das Wasser wird dadurch in viele Tropfen zerlegt, die sich mit Sauerstoff anreichern.

UV-Strahler

UV-Licht kann Wasser in dünnen Schichten sterilisieren. Das ist lange bekannt und wurde deshalb in manchem Trinkwasserwerk zur Entkeimung angewendet.

Diese Technik hat seit längerer Zeit auch in der Aquaristik und im Gartenteich-Hobby Einzug gehalten. Es gibt im Handel entsprechende Geräte verschiedener Leistungsgrößen, die an der Höhe ihrer elektrischen Leistung erkenntlich sind. Über die erforderliche Größe solcher Geräte im speziellen Fall lasse man sich am besten vom Hersteller oder Vertreiber beraten. Um die Fließgeschwindigkeit durch den UV-Strahler zu verringern, ist es besser, statt nur eines, mehrere parallel zu schalten.

Empfehlenswert ist die Installation eines solchen Gerätes am Quarantänebecken,

Mehrere UV-Filter sind einem Schnellfilter nachgeschaltet

um die Anzahl der Keime im Wasser gering zu halten.

Der wirkliche Effekt dieser Geräte ist allerdings bis heute teilweise umstritten. Es wird gesagt, daß sie bei der hohen Fließgeschwindigkeit und dadurch geringen Verweildauer des Wassers im UV-Strahler kaum einen Einfluß auf das Wasser haben könnten.

Viele Koiliebhaber schwören auf ihre positive Wirkung gegen die mikroskopisch kleinen Algen der Wasserblüte. Es gelingt in vielen Fällen, durch UV-Strahler das Teichwasser zu klären.

Welche Pumpen werden gebraucht?

Pumpen für Luftförderung

Für die Durchlüftung des Teiches werden Pumpen benötigt, die Druckluft erzeugen. Es gibt verschiedene Luftförderpumpen:

- Membranpumpen: sind im allgemeinen sehr sparsam im Energieverbrauch und fördern meistens auch ausreichend Luft. Wichtig ist darauf zu achten, daß ihr erzeugter Druck ausreichend für die vorhandene Teichtiefe ist.

- Drehschiebergebläse: haben gegenüber Membranpumpen gewöhnlich eine höhere Energieaufnahme, eine höhere Luftleistung und bringen ausreichend Druck.

- Kompressoren: erzeugen im allgemeinen höhere Drücke, dafür aber geringere Luftmengen. Sie liegen bei gleicher Fördermenge im Energieverbrauch am höchsten.

Alle Geräte für die Drucklufterzeugung müssen an trockener Stelle und oberhalb des Wasserspiegels installiert werden, damit sie bei eventuellem Stromausfall oder beim Abschalten nicht voll Wasser laufen und dadurch zerstört werden.

Beim Kauf von Luftpumpen ist auf folgendes zu achten:

- Sie müssen den Gegendruck der Wassersäule (abhängig von der Teichtiefe) überwinden.

- Sie müssen dabei eine entsprechende Luftmenge von mindestens 80 l/h bis 100 l/h je Ausströmer liefern.

Wasserpumpen

Im allgemeinen werden Kreiselpumpen eingesetzt, die auf verschiedenen Konstruktionsprinzipien beruhen.

Grundsätzlich unterscheiden wir für unsere Belange Kreiselpumpen, die unter Wasser (Unterwasserpumpen) oder außerhalb des Wassers betrieben werden müssen.

Unterwasserpumpen sind elektrisch so isoliert, daß sie mit ihrem ganzen Gehäuse im Wasser liegen können, ihre Lagerung und Kühlung erfolgt durch Wasser. Sie saugen das Wasser direkt an. Nachteilig ist dabei, daß solche Pumpen häufig zum Säubern aus dem Wasser herausgenommen werden müssen, weil ihre Schmutzrückhaltesiebe durch Schmutz und Algen verstopfen.

Alle anderen Kreiselpumpen müssen vor Wasser geschützt, am besten in einem trokkenen und gut belüfteten Raum (eventuell Schacht) unterhalb des Wasserspiegels installiert werden, da sie im allgemeinen nicht selbstansaugend sind. Unterhalb der Wasseroberfläche fließt ihnen das Wasser von selbst zu.

Außerdem unterscheidet man je nach Einsatzgebiet Schmutzwasser- und Klarwasserpumpen. Die ersten können vor, und die zweiten müssen nach dem Filter eingebaut werden. Schmutzwasserpumpen erreichen wegen ihrer Konstruktion bei gleicher elektrischer Aufnahmeleistung nur eine geringere Förderhöhe als Klarwasserpumpen.

Prinzipiell können Kreiselpumpen mittels eines Schiebers bis auf Fördermenge 0 gedrosselt werden. Eine längere, vollkommene Abschieberung sollte aber vermieden werden, da diese zu einer unzulässigen Erwärmung der Pumpe führen kann. Saugseitige Drosselung (auch Aufstecken eines Filters auf die Saugseite) führen zur Schädigung bis Zerstörung der Pumpe durch sogenannte Kavitation, das wird leider von vielen Herstellerfirmen nicht beachtet.

Welche Angaben sind wichtig beim Kauf einer Wasserpumpe? Neben der richtigen elektrischen Spannung (z.B. 220V) sind folgende Daten besonders wichtig:

- Fördermenge
- Förderhöhe
- Energieverbrauch

Die benötigte Fördermenge ergibt sich aus der beabsichtigten Durchflußmenge pro Stunde. Sie ist direkt abhängig von der Förderhöhe. Seriöse Pumpenhersteller liefern zu ihrem Produkt eine sogenannte Kennlinie mit. Aus dieser Kennlinie kann man ablesen, wie hoch die Fördermenge der Pumpe bei jeweiliger Förderhöhe ist. Die Fördermenge ist bei Förderhöhe 0 am höchsten, nimmt dann mit zunehmender Förderhöhe schnell ab, bis bei einer bestimmten Förderhöhe die Fördermenge gleich 0 ist. Mit Hilfe dieser Kennlinie ist man in der Lage, ohne unnötige Investitionen und Erprobungen festzustellen, ob eine angebotene Pumpe für den vorgesehenen Zweck geeignet ist. Allerdings ist zu berücksichtigen, daß sich die angegebene Fördermenge als Ausflußmenge aus dem Druckstutzen ohne jegliche Rohrleitungen, Krümmer oder Bogen versteht. Es ist wichtig, zu wissen, daß die Fördermenge durch Reibung in der Leitung stark zurückgeht. Deshalb sollte man keine zu engen Rohrquerschnitte wählen und möglichst wenig Bogen (keine 90°-Winkel) verwenden. Trotzdem sollte man von vornherein mit etwa 30% Verlust durch die Rohrleitung rechnen und die Pumpe entsprechend größer nehmen. Bei der Beurteilung der elektrischen Leistung ist folgendes wichtig zu wissen: Die auf dem Typenschild angegebene Leistung in Watt ist meistens die Abgabeleistung und nicht die Aufnahmeleistung, die von uns letztendlich bezahlt werden muß. Da kleine Pumpen einen sehr schlechten Wirkungsgrad haben, ist die Aufnahmeleistung oft doppelt so hoch, wie die Abgabeleistung. Das heißt, daß eine Pumpe mit 100 Watt Abgabeleistung durchaus 200 Watt verbrauchen kann. Beim Kauf einer Pumpe orientiert man sich also nach ihrer Förderhöhe, ihrer dabei erreichten Fördermenge und ihrer elektrischen Leistung.

Ein japanischer Garten in der Draufsicht

Wie gestaltet man einen Wassergarten japanischer Art?

Allgemein ist es heutzutage üblich, einen Garten von einem Fachmann bzw. einer dafür spezialisierten Gartenbaufirma anlegen zu lassen. Das ist auch in Japan nicht anders. So findet man oft in frisch angelegten Gärten jahrhundertealte (200 bis 300 Jahre alte) perfekt gerichtete und geschnittene Bäume. Vom Alter der jeweiligen Bäume wurde mir von den Gartenbesitzern immer stolz berichtet. Wie kommen diese in den neuen Garten? Ganz einfach, man gibt in Japan einer spezialisierten Gartenbaufirma den Auftrag, die dann alles weitere durchführt: Die Planung, die notwendigen Erdarbeiten, den Aushub und die Fertigstellung des Teiches, den Bau eines Teehäuschens und die Dekoration mit riesigen Steinen, Steinlaternen, Pagoden, Brücken und Trittsteinen, das Anlegen von Wegen sowie die Bepflanzung, auch mit jahrhundertealten Bäumen. Letztere werden mit großen Wurzelballen verpflanzt. Das Ganze ist nur eine Frage des Geldes.

Sicher kann man das gleiche auch außerhalb Japans tun, aber trotzdem wird dann oft nicht dasselbe Resultat erzielt werden, obgleich es vielleicht mehr als in Japan gekostet hat.

Bekanntlicherweise ist es ja so, daß manchmal nicht allein das Geld entscheidend ist, sondern daß es oft an Wissen und Können mangelt.

Ich würde Ihnen auf jeden Fall empfehlen: Versuchen Sie es selbst, und wenn Sie mit relativ kleinen Pflanzen anfangen, was allerdings in Japan nicht üblich ist, wird das Ganze auch erschwinglich sein. Aufwendig bleibt, die notwendigen großen und dekorativen Steine zu besorgen und zu setzen.

Aber auch hier gibt es viele Möglichkeiten einer Gestaltung mit geringerem Aufwand. Die Japaner selbst sind Meister in der Beschränkung.

Über die Baumöglichkeiten des Teiches als wichtigstes Element eines Wassergartens habe ich Sie schon informiert. Neben dem Teich müssen auch die Filterung, der Bachlauf, Wasserfall u.a. eingeplant werden.

Die architektonische Anlage

Am Anfang steht der Plan! Dazu brauchen wir gewisse Vorstellungen, wie unser

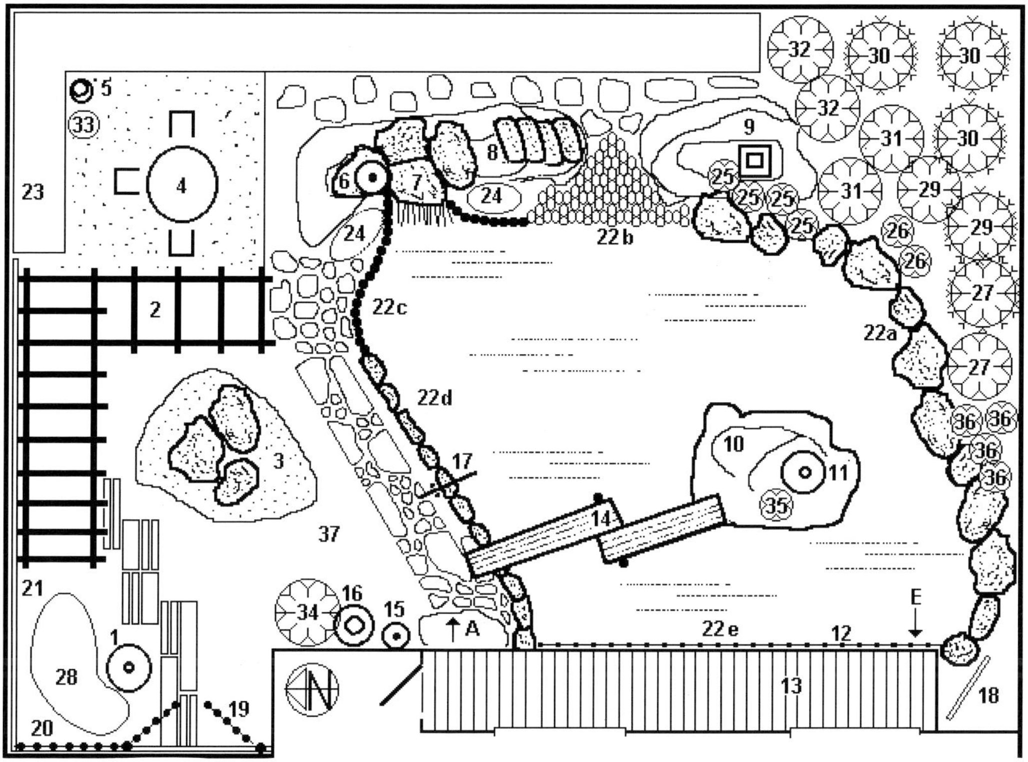

Beispiel eines Wassergartens in japanischer Art: 1 Sockellaterne (Tachi-gata), 2 Pergola mit Wistarie, 3 Haupt-Steingruppe auf Kiesfläche, 4 Sitzplatz auf Kiesfläche, 5 Statue, 6 Schneebetrachtungslaterne (Yukimi-gata) auf Hügel und Stein, 7 Wasserfall, 8 Treppenstufen, 9 Pagode auf Hügel, 10 Insel, 11 Eingegrabene Laterne (Ikekomi-gata), 12 Geländer, 13 Filter mit Filterabdeckung als Terrasse, 14 Holzbohlen-Brücke, 15 Sockellaterne (Tachi-gata), 16 Tsukubai, 17 Shishi-Odoshi, 18 Ärmelzaun, 19 Pforte (Chumon), 20 Vieraugen-Zaun (Yotsume-gaki), 21 Bretterzaun (Itabai), 22 Ufergestaltung mit: a Natursteinen, b gepflasterten Flußkieseln, c Rundholz-Buhnen, d gemauerten Natursteinen, e gemauerter Filterwand, 23 geschnittene Hecke aus Ligustrum (Liguster), 24 Juniperus horizontalis (Kriech-Wacholder), 25 Buxus (Buxbaum), 26 Ilex aquifolium (Stechpalme), 27 Pinus mugo (Berg-Kiefer), 28 Sasa palmata (Bambus), 29 Larix kaempferi (Japanische Lärche), 30 Tsuga canadensis (Kanadische Hemlockstanne), 31 Cryptomeria japonica (Japanische Sicheltanne), 32 Pinius densiflora (Japanische Rotkiefer), 33 Comtonia peregrina var. asplenifolia (Farnmyrte), 34 Acer palmatum ‚Atropurpureum' (Roter Ahorn), 35 Acer negundo ‚Aureovariegata' (Goldgelber Ahorn), 36 Juniperus squamata (Schuppiger Wacholder), 37 Bodendecker oder Rasen, E Filtereingang, A Filterausgang mit Rohr zum Wasserfall bzw. für Winterbetrieb mit Ausfluß in der Nähe des Wasserfalls unterhalb der Wasseroberfläche

Einer der bekanntesten Koiteiche in Japan

fertiger japanischer Wassergarten aussehen soll, und dementsprechend fertigen wir eine Zeichnung in der Draufsicht. Das kann jeder mehr oder weniger gut. Zeichentalenten ist es möglich, zusätzlich auch Zeichnungen in perspektivischer Ansicht zu erstellen, um das dreidimensionale Endresultat schon im voraus zu veranschaulichen.

Woher nun die Vorstellungen nehmen? Am besten ist es, möglichst viele Anlagen zu besichtigen. Da das in den meisten Fällen nicht möglich ist, können nur Bilder helfen. Ich hoffe, daß Sie in diesem Buch genügend Anregungen finden, um Ihren eigenen Garten entwerfen zu können.

Wichtig ist aber in jedem Fall die Kenntnis der Gestaltungselemente. Deshalb möchte ich diese zunächst vorstellen.

Ufergestaltung und -befestigung

Der Teichrand japanischer Koiteiche ist im Gegensatz zu vielen englischen immer vergleichend mit der Umgebung. Man fin-

Ufergestaltung mit großen Steinen (Foto: S. Field)

Vorbildlicher japanischer Garten (Foto: Zen Nippon Airinkai)

det nur selten über den Erdboden durch Mauern hinausgeführte Teiche.

Es gibt verschiedene Uferbefestigungen, die beim Bau eines japanischen Teiches meistens nicht einheitlich sind, sondern sich scheinbar planlos abwechseln.

Allgemein üblich ist eine Ufergestaltung mit großen Steinen, die sowohl bei Beton- als auch bei Folienteichen auf einem entsprechend stabilen Betonfundament ruhen müssen (siehe Teichrandgestaltung).

Gern verwendet man für die Ufergestaltung auch senkrechte Holzpfähle. Mit diesen wird eine für Naturteiche übliche Uferbefestigung nachgeahmt. Das Einschlagen solcher Pfähle ist natürlich in Beton- und Folienteichen nicht möglich, deshalb befestigt man sie, wie aus der Zeichnung auf Seite 38 ersichtlich. Oft verwendet man statt Holzpfählen auch Nachbildungen aus Beton, die gegenüber Holz eine längere Lebensdauer haben und in den Beton des Teiches eingegossen werden.

An den Stellen, wo man bis an den Teich herantreten kann, oder wo Brücken über den Teich führen, werden normale Uferbefestigungen aus Steinplatten, gelegten Flußkieseln oder auch Trittsteinen verwendet.

Inseln

Typisch für ostasiatische Wassergärten (sowohl chinesische als auch japanische) sind Inseln. Besonders größere Teiche sind

Koigarten mit Insel (Foto: W. Bookless)

ohne Inseln nicht denkbar. Bei kleineren Teichen können diese durch einige aus dem Wasser herausragende Steine gebildet werden.

Inseln machen die Wasseroberfläche übersichtlicher und ermöglichen es, die Koi leichter zu fangen und auch von Hand zu füttern.

Brücken

Brücken haben in japanischen Wassergärten verschiedene Gestalt und befinden sich meistens dicht über dem Wasser. Sie dienen nicht nur der Dekoration, sondern sie sollen dem Betrachter das Wasser näherbringen. Vor allem sind sie auch für die Handfütterung der zahmen Koi vorgesehen.

Auf jeden Fall machen Brücken in japanischen Gärten immer einen sehr stabilen Eindruck, und oft setzt man in ihre Nähe eine Steinlaterne.

Bohlenbrücken

Die einfachsten und doch recht dekorativen Brücken bestehen aus dicken Bohlen, die, wie aus der Zeichnung ersichtlich, ver-

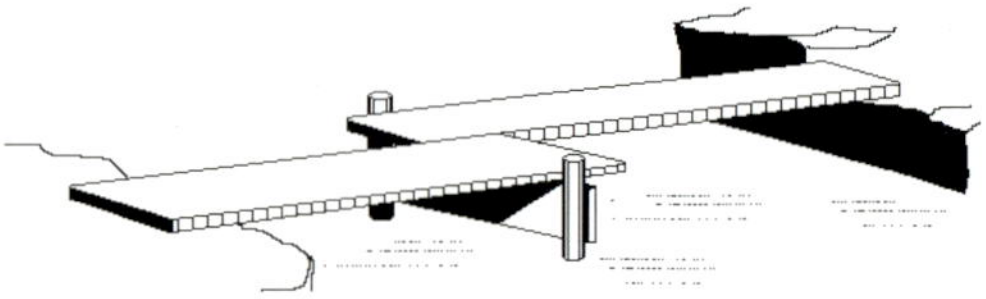

Versetzte Bohlenbrücke

setzt oder im Zickzack über das Wasser führen.

Die Bauform der Zickzackbrücken stammt aus dem Alten China. Mit ihr sollte verhindert werden, daß Unheil bringende Geister ihren Weg über das Wasser finden. Solche Geister können nämlich nur geradeaus gehen! Aus demselben Grund findet man in China auch die sogenannten Geisterwände vor Türen und Eingängen. Diese sind breiter als der Eingang, so daß die Menschen um sie herumgehen müssen, um einzutreten. Die Geister aber müssen draußen bleiben.

Zick-Zack-Brücke aus Stein

Brücke aus Natursteinplatte

Trittsteine führen den Besucher durch den Garten und über das Wasser

Steinplatten und Trittsteine

Häufig verwendet man auch versetzte, dicke Steinplatten, die mit Trittsteinen abwechseln. Trittsteine sind eine sehr schöne und dekorative Lösung, um das Wasser zu überqueren.

Freitragende Steinplatte

Sehr exquisit wirkt eine Brücke, die aus einer Natursteinplatte besteht und auf beiden Uferseiten auf Steinen ruht. In jüngster Zeit werden dafür auch leicht gewölbte Spannbetonplatten verwendet.

Freitragende Steinplatte

Knüppelbrücke

Knüppelbrücken

Wie die Abbildung zeigt, sind auch Knüppelbrücken sehr dekorativ. Sie können mit Rasensoden belegt sein und heißen dann Erdbrücken.

Steinerne und hölzerne Bogenbrücken

Solche Brücken haben ebenfalls ihren Ursprung im Alten China. Sie eignen sich besonders für große Gärten. Hölzerne

Eine aus Beton nachgebildete chinesische Bogenbrücke

Hölzerne chinesische Bogenbrücke, typisch rot gestrichen

Chinesische Bogenbrücke in einer alten Gartenanlage

Brücken sind entweder wie in China rot lackiert oder typisch japanisch naturfarben, d.h. holzbetont.

Wege in Form von Trittsteinen und Pflasterungen

Ich glaube, das Wichtigste und das Reizvollste an japanischen Gärten sind die Wege. Sie führen den Besucher auf sehr geschickte Weise durch das sich auf Schritt um Schritt ändernde Szenarium.

Gleichviel, ob gerade oder geschlungen, die Japaner nutzen unvorstellbar viele, ständig wechselnde Möglichkeiten, Wege durch den Garten interessant zu gestalten. Niemals wird wie in anderen Gärten eine gleichmäßige Gestaltung oder gleichartiges Material gewählt.

Die Wege sind meistens so angelegt, daß man nur einzeln und hintereinander gehen

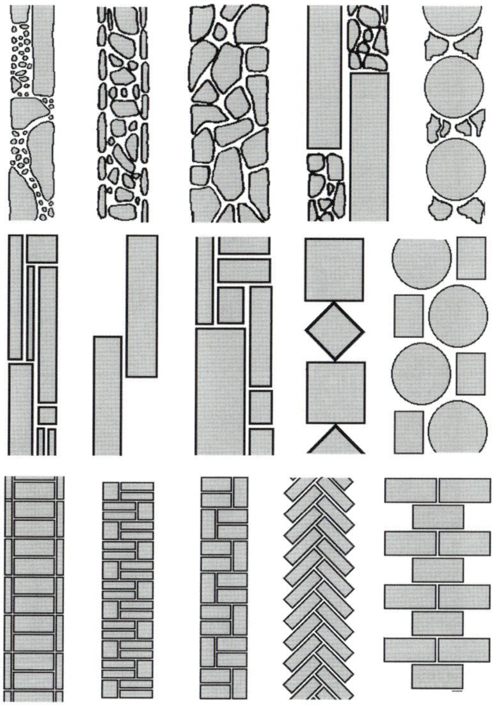

Beispiele für Weggestaltungen

Weg zum und über den Teich

Interessante Weggestaltung

Sich kreuzende Wege

Je größer die Steine, desto größer die Zwischenräume

Wegpflasterungen wechseln mit Trittsteinen und Treppen ab

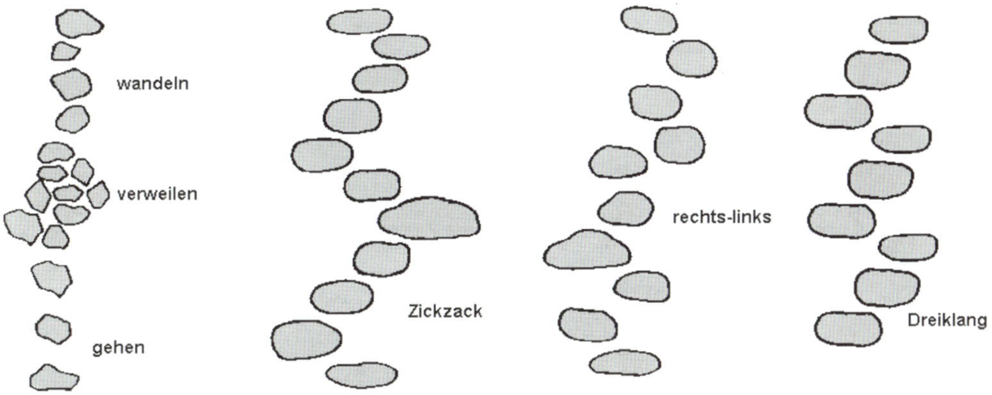

Beispiele für Trittsteinanordnungen

kann, und sie führen den Besucher unauffällig zu den schönsten Punkten des Gartens.

Es gehört sehr viel Geschick und Übung dazu, die Steine zueinander ins richtige Verhältnis zu bringen. Mit der Trittsteinlegung kann man beeinflussen, ob ein Spaziergänger bestimmte Teile des Gartens schnell oder langsam durchwandern soll: Eng liegende Trittsteine verursachen ein

Ein Gartenweg aus Trittsteinen

Trittsteine in japanischen Gärten sind nach unseren Anforderungen nicht sehr unfallsicher

langsames und weit auseinander liegende ein schnelleres Gehen. Ruheplätze schafft man durch Verbreiterung des Weges und vermehrtes Legen von Trittsteinen.

Es gibt auch Wege aus Trittsteinen, die so gelegt sind, daß die Fußfolge – rechter und linker Fuß – bestimmt ist.

Alle Trittsteine müssen sicher liegen und dürfen nicht kippeln. Sie sollen teilweise eingegraben oder in Beton verlegt werden.

Bei Pflasterungen ist man stets bestrebt, Abwechslung in den Weg zu bringen. Selten wird ein längerer Weg im gleichen Muster gebaut. Die Zwischenräume zwischen den Steinen nehmen mit der Größe der Steine zu.

Laternen, Pagoden, Stelen, Wegweiser, Plastiken und Buddhas

Typisch für japanische Gärten sind diese als Höhepunkte geschickt plazierten kleinen und größeren Kunstwerke. Sie bilden eine Einheit mit der reizvoll nachgebildeten Naturlandschaft und stellen gleichzeitig kleine Überraschungen für den Betrachter dar.

Laternen

Die ursprünglich aus China kommenden, großen Bronzelaternen findet man heute noch in japanischen Tempelanlagen. Wegen der Vorliebe der Japaner für natürliche Materialien, wie Stein und Holz, gibt es hauptsächlich eine große Menge von Steinlaternen, die sich in Form und Größe unterscheiden. Die wertvollen sind gediegene Steinmetzarbeit aus Granit. Billige Varianten sind aus Beton, Kunststein oder auch Plastik.

Häufig werden Steine zu einer Laterne zusammengefügt

Allerdings ist ihre Funktion als Beleuchtung weitgehend verloren gegangen, trotzdem stellt man sie stets dort auf, wo eine Beleuchtung notwendig wäre, z. B. beim Hauseingang, bei einer Wegbiegung oder an einem Teich. Eine lichtspendende Laterne ist stets eine Attraktion. Traditionsgemäß wirkt der Einsatz einer Kerze am besten. Bei elektrischer Beleuchtung sollte darauf geachtet werden, daß die Laterne nicht zu grell ist und nicht zu viel beleuchtet. Das Abschirmen mit Papier oder einer Mattglasscheibe bringt gute Effekte.

Die vielfältigen Formen der Laternen veranschaulichen am besten die Fotos.

Die kleinen Laternen, japanisch Oki-gata, findet man in kleinen Höfen, am Wege und auch an Teichen.

Schneebetrachtungslaternen (Yukimi-gata) brauchen, da sie auf drei oder vier Füßen

Oki-gata

Ikomi-gata

Yukimi-gata

Tachi-gata

stehen, einen festen Stand auf einer Steinplatte oder auf anderem festen Untergrund. Sie haben ebenfalls nur eine geringe Größe und eignen sich für denselben Einsatz wie die Oki-gata. Wegen ihrer großen Dächer sammelt sich Schnee auf ihnen, was zu ihrem Namen führt.

Eingegrabene Laternen (Ikomi-gata) werden mit ihrem unteren Ende in die Erde eingesetzt, und man verwendet sie bei Häusern und Tsukubais.

Sockellaternen (Tachi-gata) sind 1,50 bis 3 m hoch und deshalb besonders für große Gärten geeignet. Wegen ihres großen Gewichts müssen sie unbedingt auf einem Fundament stehen, das frostsicher ist.

Pagoden

Steinpagoden sind größere Dekorationselemente in japanischen Gärten. Sie sind Nachbildungen der Pagoden bei buddhistischen Tempeln. Die Anzahl der einzelnen Etagen ist stets eine ungerade und die Anzahl der Ecken immer eine gerade Zahl. Am häufigsten sind 5etagige Pagoden. Es gibt aber z. B. auch 13etagige.

Um eine solche Pagode richtig zur Geltung zu bringen, setzt man sie am besten auf einen künstlichen Hügel. Sie wirkt aber auch interessant, wenn sie sich im Teich spiegelt oder teilweise durch Büsche verborgen ist.

Wegweiser

Wegweiser mit senkrechter Beschriftung setzt man normalerweise direkt an den Weg, um die Richtung bekannt zu geben. Sie sind deshalb an Weggabelungen richtig plaziert.

Pagoden werden auf einem künstlichen Hügel plaziert oder so aufgestellt, daß sie durch Sträucher teilweise verdeckt sind bzw. sich im Wasser spiegeln

Stele in einem japanischen Garten

Plastiken

Plastiken aus Stein, Bronze oder Kunststoff stellen meistens Symbolfiguren dar. So sind Kraniche Glücksbringer, Schildkröten das Symbol für langes Leben, Koi das Symbol für Liebe, große Stärke, Männlichkeit und Glück.

Man findet Plastiken häufig dicht am Teich, auch als Wasserspeier.

Stein-Buddha

Buddhas

Buddha-Statuen und -Abbilder dienen in japanischen Gärten religiösen Zwecken und werden deshalb an einem stillen Platz des Gartens plaziert.

Plastiken an einem japanischen Koiteich (Foto: Zen Nippon Airinkai)

Wie man Steine setzt und gruppiert

Japanischer Wassergarten mit gewaltigen Steinen (4)

Steine sind bekanntlich die wichtigsten Gestaltungselemente im japanischen Garten, sie symbolisieren die zerklüftete Landschaft Japans.

Für das Steinesetzen sowie für die Gestaltung des ganzen Gartens haben die Japaner ganz bestimmte Gesetze, die im Saku-teiki, einer uralten Anweisung, verankert sind. Japanische Gärten dienen ja hauptsächlich der Meditation, und natürlich ist an allem auch der alte Shintoglaube beteiligt. Danach kann in jedem, auch unbelebten Ding, so auch Steinen, ein Gott wohnen. Man beziffert die Zahl solcher Götter auf etwa acht Millionen. Schon im Altertum entstand in Japan ein Steinkult: Steine sind das Symbol für Ewigkeit, Beständigkeit, Kraft und Stärke.

Sie werden so gruppiert, daß bestimmte Blickpunkte entstehen. Mit Steinen kann man aber auch die Position eines Blickpunktes, wie einer Steinlaterne oder einer größeren Pflanze ins Gleichgewicht bringen. Moosbewachsene Steine und solche mit rötlich-braunem oder grünlich-blauem Farbton sind besonders beliebt. Sie geben dem Garten die notwendige Patina des Alters. Damit Steine Moos ansetzen, werden

Koi-Wassergarten mit gewaltigen Steinen

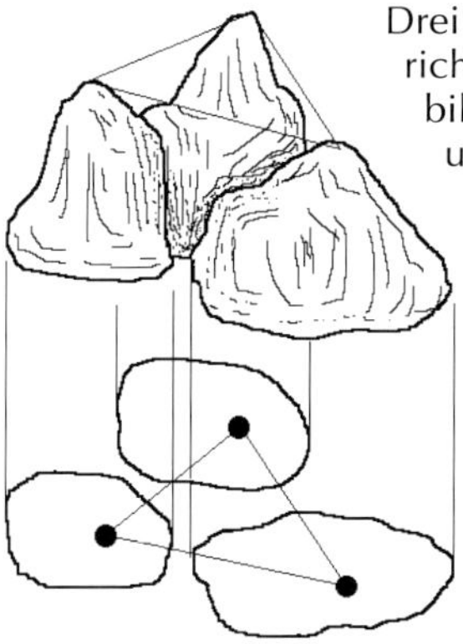

Drei Steine in richtiger Anordnung bilden stets ein ungleichschenkliges Dreieck

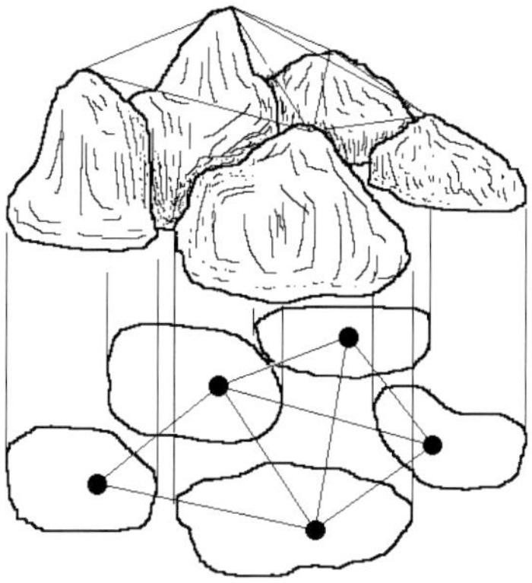

Richtige Anordnung von fünf Steinen. Die Zuordnung der einzelnen Steine erfolgt in ungleichschenkligen Dreiecken

sie mit einer Kuhmist-Wasser-Lösung bestrichen.

Die Steine sollen nach japanischen Vorstellungen zueinander in Beziehung stehen. Von alten, raffiniert ausgeklügelten Gärten wird behauptet, daß nicht ein Stein entfernt werden kann, ohne das gesamte Gleichgewicht zu stören. Geübte japanische Gartenfachleute wissen beim Betrachten eines Steines sofort, wie er zu plazieren ist, und welche Seite nach vorn gesetzt wird. Vor allem muß man erkennen, wie weit ein Stein einzugraben ist, damit er stabil erscheint. Ein großer Teil soll sich unterhalb des Bodens befinden, damit der Eindruck erweckt wird, als würden Felsen aus der Erde herauswachsen. Große Steine wirken wuchtiger, wenn man vor sie eine kleine Pflanzengruppe setzt.

Das Steineplazieren ist harte Arbeit, deshalb sollte im eigenen Interesse vermieden werden, sie allzuoft probeweise umzusetzen. Zeichnungen und Dekorationshilfen in Form von aufgeblasenen Plastiksäcken sind weniger schweißtreibend!

Günstig ist es, die Natur zu beobachten. Sie zeigt uns, wie Steine in bestimmten Gegenden aussehen, liegen oder stehen: Steine in oder an einem Flußbett sind glatt, abgerundet und liegen. Steine dagegen, die im Gebirge durch Verwitterung stehengeblieben sind, ragen aufrecht, bizarr und scharfkantig empor. Steine in der Steppe wurden vom Wind und Sand glatt und dreikantig gescheuert.

Zwei Steine werden zueinander stets diagonal angeordnet, drei dagegen, in der Draufsicht gesehen, in Form eines ungleichschenkligen Dreiecks.

Bei der Gruppierung von Steinen teilt man die Gruppe in Dreiecke auf: Von drei Steinen befindet sich der größte in der Mitte, die beiden anderen flankieren ihn in unterschiedlicher, aber niederer Höhe.

Eine Fünfer-Steingruppe läßt sich ebenfalls in Dreiecke unterteilen, wie aus der Zeichnung ersichtlich ist. Wir sehen an der Zeichnung aber auch, daß sich der Hauptstein im Goldenen Schnitt befindet. Der Goldene Schnitt kann auch für das Plazieren einer Hauptgruppe angewendet werden. Deshalb die Hauptgruppe niemals genau in die Mitte, sondern etwas mehr rechts oder links und etwas mehr in den Vordergrund setzen! Letzteres läßt den Garten größer erscheinen.

Tsukubai, Shishi Odoshi und Wasserrad

Tsukubai

Der Tsukubai ist ein steinerner Wasserbehälter, der entweder mit stehendem Wasser gefüllt ist, meistens aber aus einem Bambusrohr mit fließendem Wasser gespeist wird. Auf seinem Rand ruht auf zwei Bambusstöcken eine ebenfalls aus Bambus gefertigte Schöpfkelle. Der Tsukubai ist ursprünglich ein Teil des Teegartens, steht beim Teehäuschen und dient der rituellen

Tsukubai, ehemals zur rituellen Reinigung beim Teehäuschen, sind heute ein typisches Zubehör des japanischen Gartens

Reinigung vor der Teezeremonie. In Tempelanlagen erfüllt er diese Aufgabe auch heute noch. Im Garten stellt er dagegen ein kleines, dekoratives Wasserreservoir dar, das in niedriger Höhe auf einem steinernen Sockel genau waagerecht ausgerichtet ist, damit das Wasser gleichmäßig überläuft. Um die Einrichtung herum befinden sich Kieselsteine zum besseren Versickern des Wassers und größere Steine zum Betreten.

Da ein solcher Tsukubai sehr angenehm wirkt, kann er verschiedenartig eingesetzt werden, z. B. am Hauseingang oder in der Nähe des Teiches. Dabei ist es günstig, den Untergrund mit einer Plastikfolie abzudichten, um so das abfließende Wasser wieder aufzufangen. Durch Kies gefiltert, kann es dann mit einer kleinen Kreiselpumpe (eventuell Aquarienpumpe) und einem daran angeschlossenen Plastikschlauch durch das Bambusrohr wieder zurück in den Tsukubai gepumpt werden. Wenn der Abfluß des Tsukubai mit dem Teich in Verbindung steht, ist es auch möglich, ihn mit gefiltertem Teichwasser oder auch mit Frischwasser zu speisen und so als Quelle fungieren zu lassen.

Shishi Odoshi (Wildscheuche)

Diese Einrichtung wurde ursprünglich auf den Reisfeldern zum Verscheuchen des schadenanrichtenden Wildes verwendet. Auch am Koiteich kann sie z. B. zum Vertreiben der Reiher eingesetzt werden. Im allgemeinen hat das Shishi Odoshi im japanischen Garten nur symbolische Bedeutung. Durch sein in gleichmäßigen Abständen ertönendes Klacken symbolisiert es die verstreichende Zeit.

Das Odoshi besteht aus einem dicken, hohlen Bambusstück, das wie aus dem Foto ersichtlich, am vorderen Teil schräg abgeschnitten und etwa im zweiten Drittel seiner Gesamtlänge drehbar gelagert ist. Das hintere Ende liegt auf einem Stein oder auf einem Bambusstück auf. Durch ein darüber befindliches, dünnes Bambusrohr fließt

Das Shishi Odoshi symbolisiert in japanischen Gärten das Verstreichen der Zeit. Es vertreibt aber auch Reiher

Wasser in das zunächst aufwärts gerichtete, drehbar gelagerte dicke Bambusrohr. Dieses füllt sich und wird durch das zunehmende Gewicht zum Kippen gebracht. Infolge des Kippens entleert sich das Bambusrohr, fällt zurück auf den Stein bzw. das Bambusstück und erzeugt dadurch das typische, klackende Geräusch.

Das Odoshi kann mit einer kleinen Kreiselpumpe, aber auch mit dem Druckwasser aus dem Filter betrieben werden.

Wasserrad

In manchen großen japanischen Gartenanlagen findet man am Zufluß des Teiches oder innerhalb eines Bachlaufs ein durch Wasserkraft angetriebenes, oberschlächtiges Wasserrad. Es ist nicht nur Dekoration, sondern reichert das Wasser auch mit Sauerstoff an. Die prinzipielle Anordnung ist aus der Zeichnung ersichtlich.

Oberschlächtiges Wasserrad

Tee- und Gartenhäuschen

Beides sind Bauwerke, die zur Architektur eines japanischen Gartens gehören. Teehäuschen sind in ihrer Einrichtung und ihrem Gebrauch streng auf die Teezeremonie spezialisiert und deshalb außerhalb Japans kaum sinnvoll.

Ein kleines, rundum offenes und nur mit einem geschwungenen Dach bedecktes

Gartenhäuschen am Teich

Gartenhäuschen ist dagegen eine echte Bereicherung. Es lädt zum Sitzen und stillen Beobachten ein, und von hier aus kann man die wohltuende Stille genießen. Außerdem läßt sich das Häuschen eventuell dazu verwenden, um darunter die Filteranlage des Teiches unterzubringen. Der hölzerne Fußboden ist dann gleichzeitig die Abdeckung der Filterkammern.

Einfriedungsmöglichkeiten

Die Einfriedung ist für japanische Gartenarchitekten das erste und wichtigste Gestaltungselement, das den gesamten Garten wesentlich bestimmt.

Ein typisch japanisches Haus kann nach allen Seiten geöffnet werden, denn seine Außen- und Innenwände bestehen lediglich aus papierbezogenen, großen Holzrahmen-Schiebetüren. Bei großer Sommerhitze ist es üblich, das Haus völlig zu öffnen, so daß es eigentlich dann nur noch aus einem Dach besteht und mit dem umgebenden Garten eine Einheit bildet.

Deshalb ist für einen japanischen Wassergarten eine äußere Begrenzung durch eine Mauer oder einen dichten Zaun wichtig, denn dies ist dann der einzige Sichtschutz.

Aber auch innerhalb des Grundstücks werden Gartenteile durch Einfriedungen abgeteilt.

Leider lassen sich nicht alle diese Einfriedungsformen ohne weiteres bei uns verwirklichen, schon weil das dazu notwendige Bambusmaterial fehlt. Trotzdem möchte ich hier viele anführen, die in Japan üblich sind. Wenn man das Prinzip kennt, findet man sicher auch Möglichkeiten für Ersatzwerkstoffe.

Mauern

Private japanische Grundstücke sind von außen meistens nicht einsehbar. Sie sind in vielen Fällen von einer hohen Mauer und manchmal noch durch eine direkt dahinterstehende und die Mauer überragende, geschnittene Hecke umgeben. Diese Hecke scheint wie eine grüne Mauer die Fortsetzung zu bilden.

Oft sind diese Mauern aus großen, runden Steinen gefügt, und die darüber befindliche Hecke ist dann in derselben Struktur geschnitten. Die Abdeckung der Mauern besteht meistens aus den typischen, hartgebrannten und glasierten, grauschwarzen Dach- und Firstziegeln.

Auf dem Lande findet man auch Umfassungsmauern aus Lehm mit eingebetteten und außen sichtbaren Bruchsteinen und Dachziegeln. Sie sind bei einer Höhe von drei Metern 30–40 cm dick und oben ebenfalls dachförmig mit First- und Dachziegeln gedeckt.

Einfriedungen, bestehend aus einer Mauer und einer darüber befindlichen Hecke sind in Japan typisch

Drachenkopf mit Fischschwanz am Dachfirst

Fischschwänze am Ende des Dachfirsts symbolisieren Glück für das Haus und deren Bewohner

Anfang und Ende eines Dachfirstes bilden oft Drachenköpfe mit Fischschwänzen, ein Symbol für Glück.

Mauern, Zäune und Hecken bilden aber auch gleichzeitig von innen her gesehen, den Hintergrund einzelner Gartenteile.

Zäune

Itabei – Bretterzaun

Dabei handelt es sich um einen abgeflammten oder braun gestrichenen, völlig sichtabschließenden, hohen Bretterzaun,

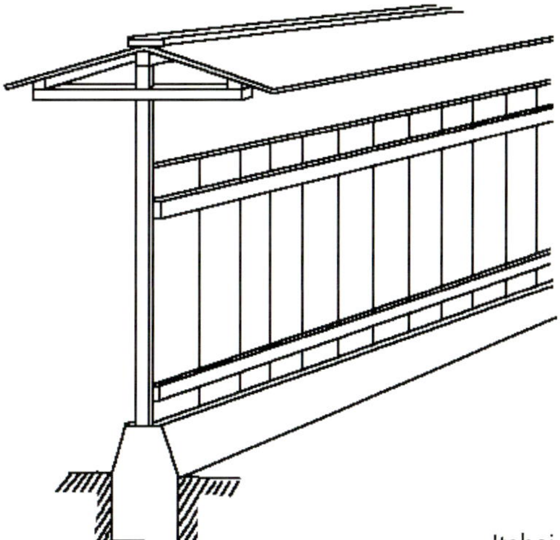

Itabei

der normalerweise aus 30 cm breiten und 1,2 cm starken Zedernholz-Brettern besteht und gegen Witterungseinflüsse durch ein kleines Bretterdach geschützt ist.

Bambus- und Reisigzäune

Sehr häufig und in Japan billig und relativ haltbar ist das Baumaterial Bambus. Manche Bambusarten wachsen in Japan wie bei uns die Brennesseln. Da es dort auch viele subtropische Gebiete gibt, gedeiht sogar eine bis 30 m hoch werdende Art, die bestes Baumaterial liefert. Deshalb ist es allgemein üblich, Bambus auch als Zaunmaterial zu verwenden.

Leider ist bei uns der Zaunbau aus Bambus sehr kostenaufwendig und oft auch weniger haltbar, weil wir keinen grünen Bambus verwenden können.

Es gibt sehr verschiedene Bambuszäune, die alle spezielle japanische Namen haben.

Der Teppo-gaki (Pfeifenrohr-Zaun)

Ein Teppo-gaki ist ein bis zwei Meter hoch und sehr dicht. Er wird deshalb besonders als Trennzaun zum Nachbargrundstück oder als Trennzaun innerhalb des Grundstücks verwendet.

Beim Bau setzt man zunächst die Außen- und Zwischenpfähle aus Zedern- oder Kiefernholz. Daran werden die Querriegel aus Bambus, wie aus der Zeichnung ersichtlich, befestigt. Für niedrige Zäune reichen einfache Querriegel, für höhere verwendet man doppelte. Nun werden die senkrechten Bambusstangen mit einem Durchmesser

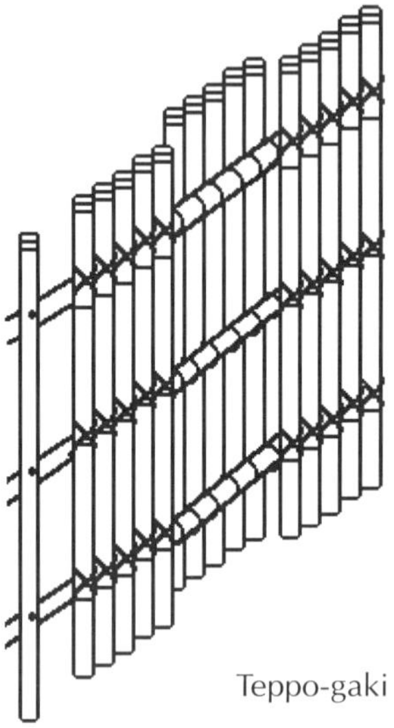

Teppo-gaki

von vier bis sechs Zentimetern mit verrottungsfester Schnur in Gruppen von ungeraden Zahlen (z. B. 5 Stück) abwechselnd vor und hinter den Querriegeln angebunden.

Bei allen senkrechten Bambusstangen, die wie bei diesem Zaun dem Wetter ausgesetzt sind, ist darauf zu achten, daß ihre oberen Enden ganz kurz über einem Knoten abgesägt werden, weil sich sonst Regenwasser in dem oberen hohlen Teil sammelt und die Bambusstange zerstört.

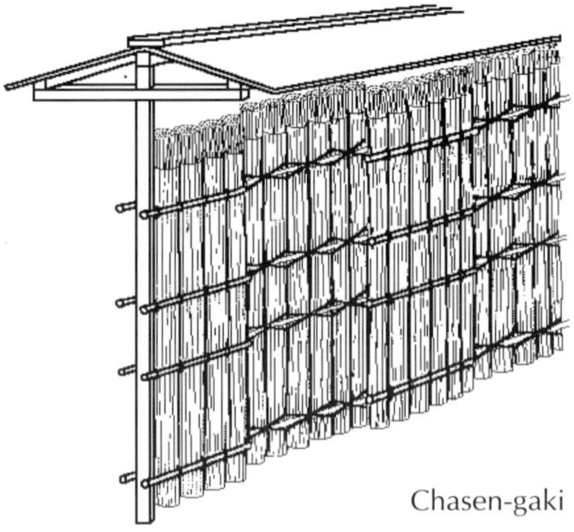

Chasen-gaki

Chasen-gaki (Teerührer-Zaun)

Der Chasen-gaki ist in seinem Aufbau dem Teppo-gaki sehr ähnlich, nur daß an die Stelle der senkrechten Bambusstangen teebesenartige Gebilde treten, wonach der Zaun auch seinen Namen trägt. – Ein Teebesen ist ein kleines Gerät aus feingespaltenem Bambus, das bei der Zubereitung des Tees während der Teezeremonie verwendet wird.

Beim Zaun bestehen diese Besen aus einem Holzstab, um den Bambusreisig (es geht natürlich auch anderes Reisig) oder Rohr mit Draht oder Schnur gebunden wird, so daß ein Bündel von 6 bis 7 cm Stärke entsteht.

Diese Bündel werden nun genau wie beim Teppo-gaki in ungeraden Gruppen (3 oder 5 Stück) wechselweise so an die Querriegel angebunden, daß die besenartigen Verästelungen nach oben stehen. Den ganzen Zaun schützt ein darüber befindliches Dach.

Katsura-gaki (Katsura-Zaun)

Der Katsura-gaki ist ein dichter Sichtschutzzaun aus gestapeltem Reisig. Dazu ist zum Beispiel auch Rohr von Rohrmatten oder im Frühjahr abgeschnittenes, trockenes Chinaschilf (*Miscanthus floridulus* oder

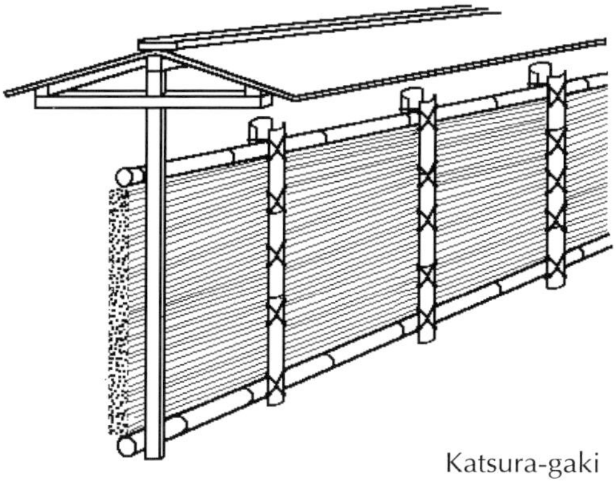

Katsura-gaki

Miscanthus chinensis) verwendbar. Beim Bau werden zunächst die senkrechten Zaunpfähle gesetzt. Diese können aus genutetem Vierkantholz (10x10 cm), aber auch aus einer Leiste mit beidseitig gegengenagelten Brettern bestehen. – Gute Imprägnierung und verzinkte Nägel verlängern die Haltbarkeit! In die Nut werden oben und unten die Querriegel aus rechteckigen Leisten eingesetzt und angenagelt. Nun befestigt man daran an der Rückseite in Abständen die senkrechten Spaltbambusstangen. Anschließend wird das Reisig von der Vorderseite her eingestapelt und zunächst provisorisch hier und da angebunden. Zum Schluß setzt man auch von vorn senkrechte Spaltbambusstangen vor und bindet sie mit Schnur an den hinteren fest, so daß das Reisig fest eingeklemmt ist. Eine kleine Dachkonstruktion aus Brettern schützt den Zaun gegen Regenwasser.

Shiba-gaki (Reisigzaun) und Daitoku-ji-gaki

Beide Zaunarten sind gute Sichtschutzzäune. In ihrem Bau gleichen sich beide, nur daß der Daitoku-ji-gaki praktisch ein doppelter Shiba-gaki ist, und seine Endpfähle mit Reisig umwickelt sind.

Ein Shiba-gaki wird wie folgt gebaut: Zuerst setzt man wie üblich die senkrechten Zaunpfähle. Daran werden in die Pfähle eingelassene Querriegel aus Brettern befestigt. Nun stellt man das etwa 1 cm starke Reisig senkrecht vor den so entstandenen Rahmen und bindet Spaltbambus-Querriegel dagegen, so daß sich das Reisig im fertigen Zustand zwischen den Brett-Querriegeln und Spaltbambus-Querriegeln befindet. Die letzte Arbeit besteht im Gleichschneiden der oberen Reisigkante.

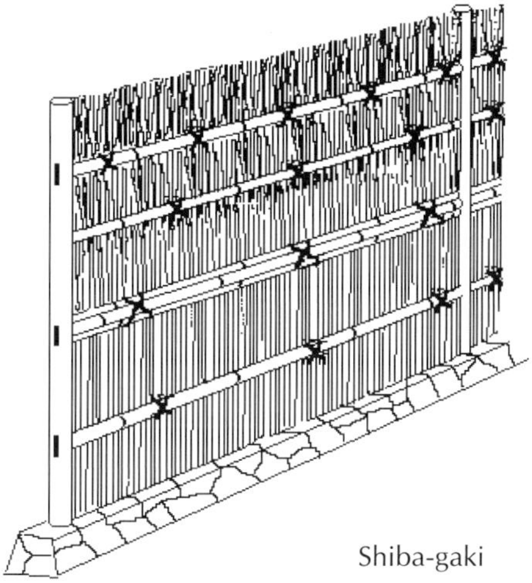

Shiba-gaki

Amida-gaki (Buddha-Zaun)

Der Amida-gaki ist ebenfalls ein Sichtschutzzaun. Er besteht aus senkrecht eingesetzten Zaunpfählen, die in bestimmten Ab-

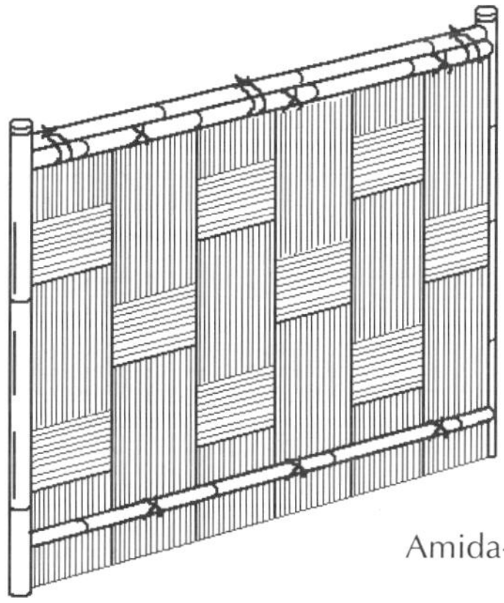

Amida-gaki

ständen mit jeweils drei Schlitzen versehen sind. In diese Schlitze werden drei Querreihen aus dünnem (1 cm) Spaltbambus eingesteckt. Nun webt man den senkrechten, dünnen Spaltbambus entsprechend der Zeichnung ein. Zum Schluß werden oben und unten Querriegel aus dickerem Spaltbambus angebunden, und ganz oben zum Schutz gegen Regenwasser wird ein dicker Spaltbambusstab befestigt.

Einen Ersatz für den Amida-Zaun könnten die bei uns allgemein angebotenen Lamellen-Zäune bilden.

Yarai-gaki. (Palisaden-Zaun)

Diese Zaunvariante entspricht unserem Scherengitterzaun.

An die vorher gesetzten, senkrechten Zaunpfähle werden drei Querriegel aus Spaltbambus angenagelt. Auf diese heftet man die diagonalen Bambusstäbe und bindet zum Schluß Blendquerriegel von vorn auf, indem man an jedem Kreuzungspunkt den angenagelten Querriegel mit den sich kreuzenden Bambusstäben und dem Blendquerriegel mit einer Schnur verknotet.

Yotsume-gaki (Vieraugen-Zaun)

Der Yotsume-gaki ist ein einfacher Bambus-Gitterzaun. An den senkrechten Zaunpfählen werden die Querriegel aus Bambus befestigt. Die senkrechten Zaunteile befinden sich abwechselnd vor und hinter den Querriegeln.

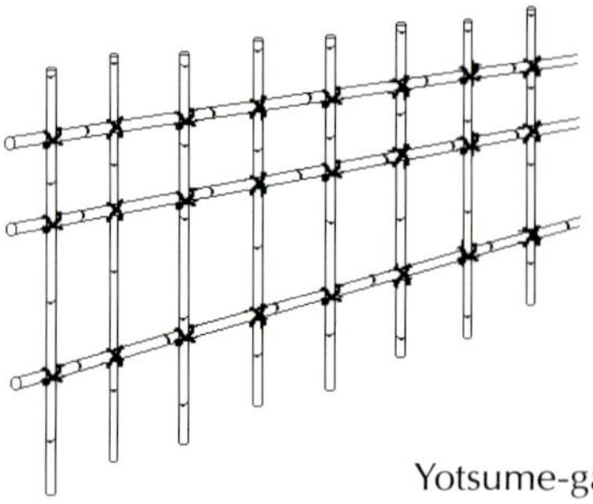

Yotsume-gaki

Ärmelzäune

Während dichte und hohe Zäune als Sichtblenden dienen und durchsichtige oder niedrige Zäune Bereiche mit unterschiedlichen Funktionen trennen, hat man in Japan weitere Zaunarten geschaffen, die auf gekonnte Weise Unansehnliches dem Auge entziehen sollen oder auch eine Brükke bilden, um einen bestimmten Bereich mit einzubeziehen. Das sind die verschiedenen Arten von Ärmelzäunen. Mit einem Ärmelzaun ist es auf einfache Weise möglich, eine Nische für eine bestimmte Funktion zu schaffen, z.B. für einen Tsukubai

Narihira sode-gaki

oder für eine Laterne. In diesem Fall trennt er einen Funktionsbereich, ohne abzuschirmen. Solche Ärmelzäune heißen Koetsu sode-gaki oder Narihira sode-gaki.

Die Fertigung eines Koetsu sode-gaki (Koetsu-Ärmelzaun)

Der Koetsu sode-gaki ist ein niedriger, maximal 1m hoher und langgezogener Ärmelzaun, der im Aufbau dem Koetsu-gaki ähnelt. Er dient im Garten zum Abteilen unterschiedlicher Bereiche.

Sein Bau ist aus dem Foto ersichtlich. Der senkrechte Pfahl und der Handlauf be-

Koetsu sode-gaki

stehen in Japan aus gebündeltem Spaltbambus oder Buschklee. Es ist auch möglich, dafür grünes Schilf zu verwenden.

Narihira sode-gaki (Narihira-Ärmelzaun)

Der Narihira sode-gaki ist ein hoher und schmaler Ärmelzaun, der freien Durchblick gewährt. Sein Grundgerüst besteht aus dünnem (2 cm) Bambus. Um solchen Bambus biegen zu können, werden an der Innenseite des Biegeradius in kurzen Abständen kleine Keile herausgeschnitten. Dadurch läßt sich Bambus biegen, ohne zu platzen. Das Außengerüst ist meistens etwa 1,80 m hoch und sollte wegen der notwendigen Stabilität nicht breiter als 1 m sein. Das kreuzweise Flechtgitter fertigt man in Japan aus gedrehten Glyzinientrieben, Buschklee oder Farnkraut und bindet es an dem Außengerüst fest. Zuletzt wird das Gerüst dick mit Glyzinientrieben (oder auch grünem Schilf) umwickelt und mit Schnur festgebunden.

Eingänge und Torrii

Eingänge in den Außenmauern sind oft die einzige Möglichkeit, einen Blick in japanische Grundstücke zu werfen. Die Sicht reicht aber bestenfalls bis zum Hauseingang. In den meisten Fällen verhindern geschlungene und mit Hecken eingefaßte Wege den tieferen Einblick. Das Foto zeigt einen typischen Eingang.

Es gibt aber auch Innenpforten, sogenannte Chumon. Diese trennen zum Beispiel den Teegarten oder einen Hof vom übrigen Garten ab.

Ein Chumon ist ein zweiflügliches und überdachtes Tor, das aus Rahmen besteht, auf die in Abständen Bambusstäbe aufgenagelt sind.

Den gleichen Zweck erfüllen auch leichte Türen mit diagonalem Kreuzgitterwerk, die

Der Eingang läßt nur den Blick bis zum Haus oder bis zur ersten Wegbiegung frei

Ein solches überdachtes Gartentor nennt man Shiorido

man Shiorido nennt. Das Gitter besteht meistens aus geschältem, grünen Bambus, der sich durch seine Elastizität um den Außenrahmen der Tür winden läßt.

Torrii findet man in Japan bei Shinto-Schreinen und Buddhistischen Tempeln. In Holzausführung sind sie entweder holzfarben oder nach chinesischem Vorbild mit leuchtend rotem Lack überzogen. Noch wesentlich häufiger, aber für uns weniger schön, sind sie in derselben Form aus grauem Beton. Torriis bilden den Eingang zu Tempel- und Schrein-Grundstücken, und sie befinden sich oft in großer Zahl hintereinander. Nach den Torrii stehen dann am Wege zum Tempel oder Schrein rechts und links die beiden typischen, steinernen Wächterhunde und dicht am Eingang Stein- oder Bronzelaternen.

Bei nachgebildeten japanischen Gartenanlagen im Ausland werden häufig solche Torrii als Eingang verwendet.

Torrii vor einer Tempelanlage

Wächterhunde, wie sie in vielen Variationen stets paarweise vor Tempeln und Schreinen zu finden sind

Pflanzen im japanischen Wassergarten

Es gibt viele Menschen außerhalb Japans, die nur natürlich gewachsene Bäume und Sträucher in ihrem Garten haben möchten und die japanische Gartenkunst ablehnen. Sie behaupten, die Japaner würden die Bäume verstümmeln und wie Bonsai verzwergen.

Ohne genaue Kenntnisse der japanischen Gartentechnik scheint das so zu sein, und nur wer sich mit der japanischen Gartenkunst beschäftigt, wird eines Besseren belehrt:

Die Japaner gestalten eine Naturlandschaft im Garten, und dazu studieren sie die Natur sehr genau. Sie nehmen sich die Natur zum Vorbild, überlassen es ihr aber nicht, ob ein Baum typisch aussieht oder nicht, sie helfen nach. Nur wer die Gärten in Japan gesehen hat, wird das wirklich ganz verstehen. Das Richten und der Schnitt sind die Voraussetzung für die typische Gestaltung, und bei genauerem Hinsehen wird man feststellen, daß die Japaner mit beidem in den meisten Fällen nur den natürlichen Wuchs unterstreichen. Für die Form und Gestaltung nimmt man sich Bäume zum Vorbild, wie sie in Gegenden zu finden sind, wo rauhe Naturgewalten herrschen, z. B. am Meer oder in den Bergregionen.

Geschnittene Bäume

Das Formgestalten und der Schnitt

Die künstlichen Eingriffe des Gärtners sind es, die den japanischen Garten auf den Betrachter so anziehend wirken lassen.

Für das Gestalten sind am besten schnittverträgliche Arten geeignet, wie z.B. Eibe oder Japanische Stechpalme, aber auch der immergrüne Liguster. Am häufigsten finden wir verschiedene Arten von Kiefern.

Bei der Gestaltung geht man wie folgt vor:

1. Den Baum schräg einpflanzen.
2. Die quirlständigen Äste so weit entfernen, daß jeweils abwechselnd links und rechts einer stehen bleibt.
3. Den Stamm des Baumes in S-Kurve biegen und durch Anbinden an Pfähle fixieren.

Japanische Baumgestaltung einer Kiefer

Perfekt geformte Bäume

4. Alle Äste nach unten biegen und mit Stangen, Stricken und eventuell Steinen in dieser Stellung festhalten.
5. Zweige und Nadeln an den Ästen entfernen und am Ende durch Schnitt und Auszupfen zu einer kugeligen Gestalt formen.

Damit die angestrebte Form bleibt, läßt man die Pfähle und Richtstangen mindestens zwei Jahre am Baum. Erst dann können sie abgebaut werden.

Letztendlich entsteht durch Ausschneiden der überzähligen Äste und durch Schneiden und Zupfen der Nadelpolster ein Baum mit der gewünschten Gestalt, wie sie in den Fotos zu sehen ist. Die Äste und Nadelpolster an den Innenbiegungen des Stammes werden kürzer gehalten als an den Außenbiegungen.

Man schneidet die Bäume nicht nur wegen der Form, sondern genau wie bei Obstbäumen, damit sie mehr Luft und Sonne erhalten. Das gibt den Bäumen Kraft für höhere Lebensdauer, gegen Krankheiten und Schädlinge und für bessere und größere Blüten und Früchte.

Das Schneiden kann zu jeder Jahreszeit durchgeführt werden, hauptsächlich aber im späten Frühjahr und zeitigen Sommer. Schnittstellen über 5 mm Durchmesser bestreicht man mit dunklem Baumwachs, damit sie nicht auffallen.

Blühende Bäume und Büsche werden erst nach der Blüte geschnitten.

Prinzipiell entfernt man alle nicht ins Bild passenden Äste und Zweige, Schößlinge und sich kreuzenden Triebe, auch im Wurzelbereich.

Büsche und Hecken werden in Japan nicht anders geschnitten als bei uns. Wie bereits erwähnt, kann man sich die Schnittarbeit erleichtern, wenn man Gehölzarten wählt, die von Natur aus die angestrebte Form haben.

In Japan werden im allgemeinen Gehölze bevorzugt, die zu Wuchsvariationen neigen.

Öffentliche, mit Thermalwasser gespeiste Anlage in Beppu mit typisch geschnittenen Büschen

Pflanzenliste

Für einen japanischen Garten können eine Unmenge an Pflanzen eingesetzt werden. Bei einem kleinen Wassergarten wird man jedoch kaum genügend Platz dafür haben. In sehr rauhen Klimaten sollte man sich beim Kauf Auskunft über die Winterhärte der Pflanzen geben lassen. Auch sind stets nur solche Pflanzen einzusetzen, die mit dem Gartenstandort in bezug auf Bodenart, Bodenfeuchtigkeit, Temperatur und Licht zurechtkommen.

Nadelgehölze für japanische Gärten (Übersicht)

Bei der Vielzahl der Möglichkeiten ist es im Rahmen dieses Buches leider nur möglich, eine grobe Zusammenstellung zu geben. Nähere Einzelheiten müssen aus spezieller Fachliteratur entnommen oder beim Kauf erfragt werden.

In der nachfolgenden Tabelle werden folgende Buchstaben eingesetzt:

Für Wuchs: s = schnell; m = mittel; l = langsam.

Für Standort: n = normaler Gartenboden; t/s = trocken und sonnig; f = feucht.

Name	Blattfarbe	Wuchs	Standort	Form	Höhe
Chamaecyperus obtusa Feuer- oder Hinoki-Scheinzypresse – – 'Formen'	glänzend-grün	m	n	kegelförmig	15 m
Cryptomeria japonica Japanische Sicheltanne – – 'Formen'	dunkelgrün	m	n, f	kegelförmig	20 m
Gingko biloba Ginkgo-Baum – – 'Pendula'	hellgrün	m l	n n	kegelförmig hängend	20 m 5 m
Juniperus chinensis Chinesischer Wacholder	grün	m	n, t/s	breit-säulen-förmig	10 m
– – 'Japonica'	hellgrün	l	n	breitkronig	1,5 m
– – 'Kaizuka'	tiefgrün	m	n, t/s	kegelförmig	5 m
– – 'Pfitzeriana'	grün	s	n, t/s	breitkronig	4 m
– *communis* Gemeiner Wacholder	grün	m	t/s	säulenförmig	12 m
– *horizontalis* Kriech-Wacholder	blaugrün	s	n, t/s	bodenanliegend	0,4 m
– *sabina* Sadebaum – – 'Formen'	grün	m	n, t/s	kriechend bis schräg aufsteigend	1,2 m

Chamaecyparis obtusa 'Nana Grazilis'

Chamaecyparis lawsonianus

Chamaecyparis pisifera 'Squareosa Intermedia'

Cryptomeria japonica

Name	Blattfarbe	Wuchs	Standort	Form	Höhe
– *squamata* Schuppiger Wacholder	grün	m	n ,t/s	meist nieder- liegender Strauch	
– *virginiana* Virginische Zeder – – 'Formen'	grün	m	n, t/s	schmal kegelförmig	30 m
Larix kaempferi Japanische Lärche	blaugrün	s	n	kegelförmig	30 m
Pinus contorta Dreh-Kiefer	grün bis dunkelgrün	l	t/s	breitkronig	8 m
Pinus densiflora Japanische Rotkiefer – 'Umbraculifera'	blaugrün	l	n, t/s	anfangs kegelförmig, dann kugelförmig	5–6 m
- *mugo* Berg-Kiefer – – 'Formen'	glänzend- grün	l	n, t/s	breit kegelförmig	5 m
– *parviflora* Mädchen-Kiefer	blaßgrün	l	n	breit kegelförmig	15 m
– *ponderosa var. scorpulorum* Felsen-Gelbkiefer	grün	l	t/s	kegelförmig	8 m
– *pumila* Zwerg-Kiefer	grün	l	n	strauchig	4 m
– *sylvestris* Gemeine Kiefer – – 'Formen'	graugrün	m	n, t/s		
– *thunbergiana* Japanische Schwarz-Kiefer	hellgrün	m	n, t/s	kegelförmig, später unregelmäßig breit	20 m
Sciadopitys verticillata Japanische Schirmtanne	dunkelgrün glänzend	l	n	kegelförmig	10 m
Taxus baccata Gemeine Eibe – – 'Formen'	dunkelgrün glänzend	m	n, f	breitkegelförmiger Baum bis großer Strauch	20 m
– *cuspidata* Japanische Eibe	grün	l	n	breit eiförmig	10 m
Thuja koraiensis Koreanischer Lebensbaum	mittelgrün	l	n	strauchig bis kegelförmiger Baum	9 m
– *occidentalis* Abendländischer Lebensbaum	dunkelgrün	m	n, f	kegelförmig	20 m
– – 'Ericoides'	graugrün	m	n, f	buschig	2 m
– *standishii* Japanischer Lebensbaum	dunkelgrün	m	n, f	kegelförmig	20 m
Thujopsis dolabrata Beilförmiger Lebensbaum	glänzend dunkelgrün	l	f	breit-kegelförmiger Busch	10 m
Tsuga canadensis Kanadische Hemlocktanne	glänzend- grün	s	n, f	breit kegelförmig	25 m
– *sieboldii* Japanische Hemlocktanne	glänzend- grün	m	n, f	breit kegelförmig	15 m

Juniperus chinensis 'Hetzii'

Taxus cuspida

Aronia mellanocarpa

Pinus sylvestris 'Globosa'

Caragana arborescens

Laubgehölze für japanische Gärten (Übersicht)

Die Vielfalt ist sehr groß, deshalb kann nur eine grobe Zusammenstellung gegeben werden. Nähere Einzelheiten, wie Kalkverträglichkeit, Lichtansprüche, Blattform, Blühzeit, Blütenfarbe, eventueller Winterschutz müssen aus spezieller Fachliteratur entnommen oder beim Kauf erfragt werden.

In der nachfolgenden Tabelle werden folgende Buchstaben eingesetzt:

Für Wuchs: s = schnell; m = mittel; l = langsam.

Für Standort: n = normaler Gartenboden; t/s = trocken und sonnig; f = feucht.

Name	Blattfarbe	Wuchs	Standort	Anmerkungen	Höhe
Acer campestre Feld-Ahorn	mattgrün	m	n, t/s	verträgt Schnitt	15 m
– *carpinifolium* Hainbuchen-Ahorn	grün	l	n	breiter Busch für hohe Hecken	10 m
– *circinatum* Rundblatt-Ahorn	grün	l	n	großer bis baumartiger Strauch	10 m
– *cissifolium* Cissusblättr. Ahorn	mittelgrün, im Herbst scharlachrot	m	n	großer Strauch	8 m
– *davidii* Davids Ahorn	grün, im Herbst gelb und rot	m	n	großer Strauch	15 m
– *ginnala* Feuer- oder Mandschur. Ahorn	dunkelgrün, im Herbst purpurrot	l	n, t/s	Strauch	8 m
– *japonicum* Japanischer Ahorn – – 'Aconitifolia'	frischgrün	l	n	Strauch bis kleiner Baum	8 m
- *mono* Nippon-Ahorn	grün	m	n		10 m
– *negundo* Eschenahorn	grün	s	n	Strauch bis Baum	15 m
– – 'Aureovariegata'	goldgelb	l	n	Strauch	
– – 'Odessanum'	leuchtend-goldgelb	l	n	Strauch	
– *palmatum* Fächerahorn	grün, im Herbst rot	l	n		8 m
– 'Atropurpureum'	schwarzrot	l	n	kleiner Strauch	
– *sieboldianum* Siebolds Ahorn	grün mit roten Punkten	l	n	Busch	8 m
– *tataricum* Tatarischer Ahorn	hellgrün	l	n	großer Strauch	8 m
Alnus glutinosa Schwarzerle	dunkelgrün	s	f		25 m

Choenomeles japonica

Fothergilla gardenii

Cornus florida

Corylus avellan 'Contorta'

Forsithia intermedia

Name	Blattfarbe	Wuchs	Standort	Anmerkungen	Höhe
– *incana* Weiß- oder Grauerle – – 'Aurea' – – 'Laciniata'	graugrün gelborange 	s l l	n n n	 Strauch Strauch	20 m
– viridis Grün-Erle	grün	l	n		2 m
Amelanchier lamarelii Kupfer-Felsenbirne	grün, unter- seits weißlich	m	n, t/s	Busch	8 m
Aralia elata Japanische Aralie	grün	m	n	Strauch	4 m
Aronia arbutifolia Erdbeerbaumblättrige Apfelbeere	grün	m	n	Strauch	2 m
Artemisia abrotanum Eberraute	graugrün	m	t/s	Strauch	1 m
Aucuba japonica – – 'Formen'	immergrün gelbbunte oder weiße Zeichnung	m	n	Strauch	2 m
Azaleen-Arten	grün	m	n, f	Sträucher	bis 1 m
Berberis-Arten – 'Formen'	immergrüne und sommer- grüne Arten und Formen	m	n, t/s	Sträucher	2 m
Betula, klein- und geschlitztblättr. Arten und Formen	grün	m	n, t/s	Bäume Sträucher	
Buddleja alternifolia Wechselblättr. Sommerflieder	grau	m	n	großer Strauch	2 m
Buxus-Arten Buchsbaum – 'Formen'	immergrün	l	n	Sträucher sehr schnittverträglich	5 m
Calluna vulgaris Heidekraut – – 'Formen'	immergrün	m	n, t/s, f	stark verzweigter niedriger Strauch	0,5 m
Caragana arborescens Gemeiner Erbsenstrauch	grün	s	n	Strauch	6 m
Carpinus betulus Gemeine Hain- oder Weißbuche – – 'Incisa'	grün	m	n, t/s	Strauch/Baum besonders für Hecken sehr schnittverträglich	30 m
– *japonica* Japanische Hainbuche	grün	l	n, t/s	kleiner Baum	15 m
Cercis siliquastrum Gemeiner Judasbaum	bläulichgrün	m	n	großer Strauch bis kleiner Baum	10 m
Chaenomeles japonica Japanische Zierquitte	glänzend dunkelgrün	l	n, t/s	Busch	1 m
– *speciosa* – – 'Formen'	glänzendgrün	m	n	aufrechter Busch	2 m

Ilex aquifolium 'Agenteomarginta'

Magnolia liliiflora 'Nigra'

Mahonia aquifolium

Kerria japonica 'Pleniflora'

Mahonia bealei

Name	Blattfarbe	Wuchs	Standort	Anmerkungen	Höhe
Chionanthus virginicus Virginischer Schneeflockenbaum	dunkelgrau-grün, im Herbst gelb	m	n	hoher Strauch	6 m
Cladrastis lutea Gelbholz	grün	s	n	oft mehrstämmiger Baum	10 m
Clerodendrum trichotonum Losbaum	dunkelgrün	l	n	Strauch	1,5 m
Clethra alnifolia Erlenblättriger Scheineller	mittelgrün, im Herbst rot oder gelb	m	t/s	mittelgroßer Strauch	2 m
Colutea x media	bläulichgrün	m	t/s	Strauch	2 m
– orientalis Orientalischer Blasenstrauch	blaugrün	m	t/s	Strauch	1,5 m
Comtonia peregrina var. asplenifolia Farnmyrte	grün	m	t/s	Strauch	0,75 m
Cornus kousa Japanischer Blumen-Hartriegel	grün	m	n, f	großer Strauch	5 m
Corylopsis pauciflora Wenigblütiger Scheinhasel	grün	m	n	kleiner Strauch	1,5 m
Corylus avellana Wald-Haselnuß – – 'Contorta'	grün	s	n	Strauch	5 m
Cotinus coggygria Perückenstrauch	grün	s	n, t/s	Strauch	2-3 m
Cotoneaster bullatus Runzlige Zwergmispel – – 'Floribundus'	grün	m	n	Strauch	3 m
– salicifolius Weidenblättrige Zwergmispel – – 'Cornubia'	immergrün	m	n	Strauch	3 m
Crataegus laevigata Zweigriffliger Weißdorn	glänzend-olivgrün	m	n	Strauch bis kleiner Baum	4 m
– x lavallii Leder-Weißdorn	glänzend-grün	s	n	Baum	10 m
Daboecia cantabrica und Formen Irische Heide	grün dunkelgrün	m	n, f	niederliegender Strauch	0,2–0,5 m
Daphne, Arten und Formen Seidelbast	hellgrün	m	n	Sträucher	0,3–1,5 m
Deutzia-Arten	hellgrün	m	n	Sträucher	1,5–3 m
Elaeagnus angustifolia Schmalblättrige Ölweide	silbriggrün	s	t/s	Strauch/Baum	6 m
– commutata Silber-Ölweide	silbriggrün	m	t/s	Strauch	3 m
Enkianthus campanulatus Echte Prachtglocke	hellgrün	m	n, f	Strauch	3 m
– perulatus	sattgrün	s	f	Strauch	2 m

Rotblühende *Malus*-Art

Malus toringia

Paeonia Suffructiosa-Hybride

Prunus serrulata

Prunus lawsonianus 'Schipkaensis'

Name	Blattfarbe	Wuchs	Standort	Anmerkungen	Höhe
Erica aborea Baum-Heide	grün	m	n	Strauch	2 m
– *cinerea* und Formen Graue Heide	dunkelgrün	m	f	Strauch	0,5 m
– *tetralix* und Formen Glocken- oder Moorheide	graugrün	m	n, f	Strauch	0,5 m
Euonymus alatus Geflügelter Spindelbaum	grün	m	n	mittelhoher Strauch	3 m
– *europaeus* Echtes Pfaffenhütchen	grün	s	n, t/s	großer Strauch bis kleiner Baum	6 m
– *fortunei* und Formen Wurzelnder Spindelbaum	immergrün	m	n	Kletterstrauch oder Bodendecker	5 m
– *hamiltonianus var. yedonensis*	stumpfgrün, im Herbst rot	m	n, t/s	Strauch	5 m
– *nanus* Zwerg-Spindelbaum	grün	l	n	kleiner Strauch	1 m
Exochorda giraldi Prunkspiere	grün	m	n	Strauch	3 m
– *korokowii*	frischgrün	s	n	Strauch	4 m
Forsythia suspensa *var. fortunei* Hängende Forsythia	grün	m	n	Strauch	5 m
Fothergilla monticola Federbuschstrauch	frischgrün	l	n, t/s	Strauch	1,5 m
Fraxinus excelsior 'Pendula' Hänge-Esche	sattgrün	m	n	Baum als Veredlung	5 m
Halesia carolina Vierflügliger Schneeglöckchenbaum	sattgrün	s	n	Baum/Strauch	5 m
Halimodendron halodendron Salzstrauch	grün	m	n, t/s	Strauch	2 m
Hamamelis-Arten und Formen Zaubernuß	grün	s	n, t/s	Strauch	5 m
Hippophae rhamnoides Gemeiner Sanddorn	graugrün	m	n, t/s	großer Strauch	5 m
Holodiscus discolor Scheinspiere	graugrün	m	n, t/s	breiter Strauch	4 m
Hydrangea aspera *ssp. strigosa* Hortensie	grün	m	f		2 m
– *macrophylla* und Formen Gartenhortensie	graugrün	m	n, f	lockerer Strauch	1,5 m
– *quercifolia* Eichenblättr. Hortensie	grün	m	n, f	lockerer Strauch	1,5 m
Hypericum calicinum Kelchiges Johanniskraut	immergrün	m	n	Halbstrauch	0,5 m

Name	Blattfarbe	Wuchs	Standort	Anmerkungen	Höhe
Ilex x altaclarensis und Formen Stechpalme	immergrün und sommergrün	m	n	Bäume u. Sträucher	6 m
– *aquifolium* und Formen	immergrün	s	n	Bäume und Sträucher	8 m
– *serrata*	stumpfgrün	m	n, f	Strauch	2–3 m
Itea virginica Rosmarienweide	grün, im Herbst leuchtend rot	m	n, f	Strauch	1,5 m
Kalmia angustifolia Schmalblättrige Lorbeerrose	immergrün	m	f	Strauch	1 m
– *latifolia* Berg-Lorbeerrose	immergrün	m	n, f	Strauch	2 m
– *polifolia*	immergrün	m	f	Strauch	0,6 m
Kerria japonica Kerrie	grün	m	n, t/s	Strauch goldgelbe Blüten	1–2 m
– – 'Pleniflora'	grün	m	n, t/s	Strauch, gefüllte Blüten	2 m
Kolkwitzia amabilis Kolkwitzie	grün	m	n	Strauch	1,5–2,5 m
Ledum groenlandicum Porst	graugrün	l	n, f	Strauch	1 m
Lespedeza bicolor Zweifarbiger Buschklee	grün	m	n, t/s	Strauch	2 m
Leucothoe fontanesiana u. Formen Traubenheide	immergrün	l	n	Strauch	1,5 m
Leycesteria formosa	grün	m	n	meist Halbstrauch	1,5 m
Ligustrum-Arten Liguster	sommer- u. wintergrün	s	n, t/s	Sträucher gut schnittverträglich	bis 3 m
Lonicera-Arten Heckenkirsche, Geißblatt	sommer- u. wintergrün	m	n, t/s	Sträucher bzw. Schlinger	4 m
Maackia amurensis	grün	m	n	kleiner Baum	6–8 m
Magnolia-Arten	grün	m	n	Bäume/Sträucher Frühjahrsblüher	10 m
Mahonia aquifolium Gewöhnliche Mahonie	immergrün	l	n	kleiner Strauch	1 m
Malus-Arten Zierapfel	grün	s	n, t/s	Bäume/Sträucher	12 m
Morus alba Weißer Maulbeerbaum	grün	s	n, t/s	Baum, auch als Hecke	15 m
– – 'Pendula'	grün	l	n, t/s	Stammveredlung	2 m
Osmanthus-Arten und Formen Duftblüte	immergrün	m	n	Sträucher frostempfindlich	3 m
Ostrya carpinifolia Gemeine Hopfenbuche	grün	s	n, t/s	Baum	20 m
Oxydendrum arboreum Sauerbaum	grün, im Herbst scharlachrot	m	f	Strauch	2 m

Name	Blattfarbe	Wuchs	Standort	Anmerkungen	Höhe
Pachysandra terminalis Ysander	immergrün	l	n	Zwergstrauch, Bodendecker	0,2 m
Paeonia delavayi Strauch-Pfingstrose	grün	m	n	Strauch	0,6–1 m
Parrotia persica Eisenholz	glänzend- dunkelgrün	l	n	Strauch	6 m
Pernetya mucronata und Formen Torfmyrte	immergrün	l	n	Sträucher	1 m
Philadelphus-Arten und Formen Pfeifenstrauch	grün	m	n	Sträucher	max. 5 m
Photinia beauverdiana Glanzmispel	grün	s	n, t/s	Strauch	5 m
– *villosa*	grün	s	n, t/s	Strauch	3 m
Pieris japonica	dunkelgrün	m	n	Strauch	3 m
Potentilla fructiosa Fingerkraut	grün	m	t/s	Strauch	1,5 m
Prunus-Arten u. Formen Pflaume, Kirsche, Pfirsich, Mandel, Aprikose	meist grün	s	n, t/s	Bäume/Sträucher artverschieden	bis 15 m
Prunus lawsonianus und Sorten Kirsch-Lorbeer	dunkelgrün glänzend	m	n	Sträucher	bis 6 m
Japanische Zierkirschen: Gioko, Jo-nioi, Kiku-Shidara-Sakura, Kiku-zakura, Oshokun, Shimidsu- Sakura, Shirofugen, Shirotae, Tai-haku, Taki-nioi. Ukon, Umeniko					
Pseudosasa japonica Japanischer Scheinbambus	immergrün	m	n, f		1,5–2 m
Ptelea trifoliata Leder- oder Hopfenstrauch – – 'Aurea'	grün	m	n, t/s	Baum/Strauch	5 m
Pterostyrax corymbosa Doldiger Flügelstorax	grün	s	n, t/s	großer Strauch	5 m
Pyrus betulifolia Birkenblättrige Birne	glänzend- olivgrün	m	n, t/s	Baum	8 m
– *pyrifolia* Chinesische Birne, Sandbirne	mittelgrün	s	n, t/s	Baum	10 m
– *salicifolia* Weidenblatt-Birne – – 'Pendula'	grau	m	n, t/s	Baum	8 m
Quercus libani Libanon-Eiche	grün lanzettlich	l	n, t/s	Strauch/Baum	10 m
Rhamnus alpinus Alpen-Kreuzdorn	glänzend- dunkelgrün	m	n, f	Strauch	3 m
– frangula Gemeiner Faulbaum	glänzend- sattgrün	m	n, f	Strauch/Baum	5 m

Rhododendron mol. 'Apple Blossom'

Skimmia japonica

Rosa hugonus

Spirea nipponica

Ribes sanguineum 'Atrorubens'

Viburnum rhytidophyllum

Name	Blattfarbe	Wuchs	Standort	Anmerkungen	Höhe
– *imeretinus* Kaukasischer Faulbaum	glänzend- dunkelgrün	m	n, t/s	Strauch	3 m
Rhododendron-Arten	sommer-, winter-, immergrün	m	n	Sträucher	bis 4 m
Rhus glabra Scharlach-Sumach	mittelgrün, im Herbst scharlachrot	m	n, t/s	Strauch	3 m
– *thyphina* Essigbaum – – 'Laciniata'	mittelgrün, im Herbst orange bis scharlachrot	m	n, t/s	Strauch	1 – 2,5 m
Ribes alpinum Alpen-Johannisbeere	dunkelgrün	l	n	Strauch	2,5 m
– *sanguineum* Blut-Johannisbeere – – 'Formen'	dunkelgrün	l	n, t/s	Strauch	2,5 m
Robinia hispada Borstige Robinie – – 'Formen'	tiefgrün	l	n, t/s	Strauch	2 m
– *viscosa* Klebrige Robinie	sattgrün	s	n, t/s	Baum	12 m
Rosa canina Hunds-Rose	grün	s	n, t/s	Strauch, Blüte rosa, weiß oder rot	3 m
– *gallica* Gallische Rose, Essig-Rose	tiefgrün	m	n, t/s	Strauch, Blüte rosa oder rot	1,5 m
– *glauca* Rotblättrige Rose	bräunlich- purpurn	s	n, t/s	Strauch, Blüte blaß- karminrot	3 m
– *moyesii* Mandarin-Rose	hellgrün	s	n, t/s	Strauch, Blüte blutrot	3 m
– *multiflora* Vielblütige Rose	wintergrün	s	n, t/s	Strauch, klettert, Blüte weiß	3 m
– *nitida* Glanz-Rose	tiefsattgrün	m	n, t/s	Strauch, Blüte rosa	0,6 m
– *pimpinellifolia* Bibernell- oder Dünen-Rose	tiefgrün	m	n, t/s	Strauch, Blüte weiß	1 m
– *rugosa* Kartoffel-Rose – – 'Formen'	grün	m	n	Strauch, Blüte dunkelrot-purpurn	1,5 m
– *virginiana* Virginische Rose	glänzend- grün	m	n, t/s	Strauch, Blüte rosa	1,5 m
Ruscus aculeatus Stachliger Mäusedorn	glänzend- dunkelgrün	l	n, t/s	niedriger Strauch Unterholzbegrünung	1 m
Salix acutifolia Spitz- oder Kaspische Weide	glänzend- dunkelgrün	s	n	Strauch	4 m
– *auriata* Ohr-Weide	stumpfgrün	m	f	Strauch	3 m

Name	Blattfarbe	Wuchs	Standort	Anmerkungen	Höhe
– caprea Sal-Weide	sattgrün	m	n, f	Strauch/Baum	6 m
– daphnoides Reif- oder Schimmel-Weide	glänzend- dunkelgrün	s	n, f	Strauch/Baum	20 m
– hastata 'Wehrhahnii'	dunkelgrün	s	n, f	Strauch	1 m
Viburum opulus Gemeiner Schneeball	grün	m	n, f	Strauch	4 m
– plicatum Japanischer Schneeball	grün	m	n	Strauch	3 m
– rhytdophyllum Runzelblättriger Schneeball	immergrün	m	n	Strauch	4 m
Vinca major Großes Immergrün – – 'Formen'	immergrün	m	n	Bodendecker blau blühend	0,4 m
– minor Kleines Immergrün	immergrün	m	n, t/s, f	Bodendecker, blau blühend	0,15– 0,3 m
Weigelia coreaensis Koreanische Weigelie	glänzend- sattgrün	m	n	Strauch	3 m
– japonica	grün	m	n	Strauch	2 m
Zelkowa serrata Japanische Zelkowe	hellgrün	s	n	Baum	30 m

Der Garten dient in Japan der Meditation

Hecken und Büsche

Streng geschnittene Hecken und Büsche sind typisch für den japanischen Garten.

Während Hecken meistens für Abgrenzungen des Grundstücks und einzelner Gartenteile verwendet werden, bestimmen vor allem kugelförmig geschnittene Gehölze in verschiedener Größe das Bild des Gartens. In Japan werden dafür am häufigsten der Kleinblättrige Buxbaum *(Buxus microphylla),* Azaleen und Kamelien verwendet. Kamelien überleben die Winter noch in vielen Teilen Englands, sind aber für unser Klima bis auf einige neuere Züchtungen nicht brauchbar. Bei Azaleen gibt es gut harte Arten und Sorten, sie benötigen einen sauren bis leicht sauren pH-Wert.

Deshalb müssen wir häufig auf andere Pflanzen zurückgreifen:

Anstelle von Kamelien lassen sich z. B. kleinblättrige Rhododendron-Arten, wie Rhododendron forrestii, – wardi, – willi, – amsianum und viele Rhododendron-Wildarten einsetzen, die aber ebenfalls ein saures Bodenmilieu benötigen und gegen harte Winter empfindlich sind.

Gut geeignet sind *Ilex aquifolium* (Einheimische Stechpalme), *Mahonia aquifolium* (Gewöhnliche Mahonie) und *Pyracantha coccinea* (Feuerdorn).

Folgende Gehölze vertragen strengen Schnitt besonders gut:

Acer campestre, Berberis thunbergii, – 'Atropurpurea', *Buxus sempuvireus* 'Suffruticosa', *Carpinus betulus, Cornus mas, Crataegus coccinoides, Enonymus fortunei, Fagus sylvatica, – Forsithia*-Arten und Sorten, *Ligustrum vulgare* und Sorten, *Lonicera pileata, – nitida, Philadelphus lanonei*-Hybriden, *Ribes alpinum* 'Schmidt', *Taxus baccata* und – *inodorus var. grandiflorus.*

Stauden

Stauden werden im japanischen Garten nicht massiv, wie wir es gewöhnt sind, sondern sehr sparsam und einzeln eingesetzt. Ihre besondere Aufgabe ist es, die Wuchtigkeit eines Steinarrangements oder Bauwerks zu unterstreichen. Deshalb pflanzt man einzelne kleine Stauden am Fuße von Steinen, Laternen oder ähnlichem. Auf trokkenem Boden werden gern Heidekräuter und in der Nähe des Wassers und im Schatten Farne verwendet.

Bodendecker

Als Bodendecker findet man in Japan am häufigsten Torfmoos und *Ophiopogon japonicum,* davon besonders die kleinste Form *Ophiopogon japonicum* „Kyoto".

Für Moos ist in den meisten Fällen unser Klima zu trocken, und *Ophiopogon* ist bei uns nicht winterhart.

Deshalb müssen andere Bodendecker verwendet werden. Es kommen folgende Arten in Frage:

Calluna vulgaris, Cotoneaster congestus, – dammeri, Erica herbacea, Dryas octopetala, Enonymus fortunei, Gaulthaia migueliana, - procumbens, Hedera colchica, – helix, Hypericum calycinum, Lonicera japonica, – 'Aurea-Reticulata', *Padrysandra terminalis, Parthenocissus*-Arten und Formen, *Rubus henry, Vinca major* und *Vinca minor.*

Bambusarten

In Japan gibt es eine große Vielfalt von Bambusarten, von denen aber nur ganz wenige bei uns winterhart sind.

Es kommen vor allem die sogenannten Zwergbambus-Arten in Frage. Sie verlangen alle einen warmen, sonnigen Standort und vertragen keine Winternässe.

Sasa palmata – ausläuferbildender, 1 – 2 m hoher und dichter Busch.

Sasa pumila – wird bei uns nur etwa 60 cm hoch, vermehrt sich durch Sprosse.

Sasa pygmaea – maximal 50 cm hoher, stark wuchernder Bambus.

Sasa variegata – grün-weißer, 30 – 80 cm hoher und harter Zwergbambus, der sich bei halbschattigem Standort bodendeckend ausbreitet.

Die stark wuchernden Bambusarten können durch Eingraben von Betonplatten an unkontrollierter Standortveränderung gehindert werden.

Pseudosasa japonica – eine der schönsten Bambus-Arten

Wassergärten anderer Stilrichtungen

So schön, beeindruckend und ideal japanische Wassergärten für die Koihaltung auch sind, nicht überall paßt diese Stilart hin, und nicht jeder möchte einen solchen Garten haben.

Die Gestaltung des Wassergartens sollte sich immer nach der umgebenden Architektur, der Größe des Grundstückes und nach dem Geschmack seines Besitzers richten. Es gibt Gärten in verschiedenen anderen Stilrichtungen, in die sich ebenfalls ein schöner Koiteich einbauen läßt. Einige sollen hier erwähnt werden.

Koiteich mit vorbildlicher Uferbepflanzung

Sehr schön angelegter Wassergarten in Deutschland

Naturnaher Wassergarten im englischen Stil

Seit Fürst Pückler hat der Landschaftsgarten englischen Stils in Deutschland endgültig Einzug gehalten.

Ein englischer Garten ist stets sehr großräumig angelegt, hat parkähnlichen Charakter und eignet sich deshalb nur für große Grundstücke. Typisch für diesen Gartenstil sind die undulierenden Linien. In kleinen Gärten kommt diese Stilart nur schlecht zur Geltung.

Die Teiche in solchen Gärten werden naturnah und ebenfalls sehr groß angelegt. Die Ufergestaltung ist flach und entspricht einem natürlichen Teichufer. Für das Ufer eignet sich eine sparsame Bepflanzung mit großen Sumpfpflanzen, wie z. B. Breitblättrigem Rohr *(Typha latifolia)*, oder Schmalblättrigem Rohr *(Typha angustifolia)*, Ästigem Igelkolben *(Sparganium erectum)*, Kal-

Garten im englischen Stil

Garten im englischen Stil

mus *(Acorus calamus* oder *A. calamus* 'Variegatus') und Wasserschwertlilie *(Iris pseudacarus)*. Eine große Uferpartie in der Hauptblickrichtung sollte pflanzenfrei bleiben, damit der Wassergarten übersichtlich bleibt. Trotz natürlichen Aussehens dieser Teiche können es typische Koiteiche sein. D.h. keine naturnahen Schlammteiche, sondern sie können festen Bodengrund aus Folie oder Beton haben. Sie sind dann an der tiefsten Stelle wegen der gefahrlosen Überwinterung der Koi etwa 2 m tief und werden mit entsprechend großen Filtern klargehalten. Diese Filter müssen sich nicht unbedingt direkt am Teich befinden, sie können weiter ab, sehr versteckt angelegt werden.

Beispiele für englische Gärten gibt es genügend in unserem Land (z.B. Wörlitzer Park bei Dessau, Muskauer Park u.a.), so daß es an Ideenhilfen nicht fehlen dürfte.

Der moderne, farbenfrohe Wassergarten

Eine heutzutage sehr beliebte Gartenform ist der farbenfrohe Staudengarten, wie ihn auch der berühmte Gärtner Karl Foerster propagierte. Er besteht aus überwiegend mehrjährigen Blütenstauden, die gruppenweise so gepflanzt werden, daß sie lückenlos die Fläche füllen. So wird der Garten relativ pflegearm, und auch deshalb gibt es sicher viele Gartenliebhaber, die ihren Wassergarten in dieser Form anlegen möchten.

Die bunten Staudengärten kommen ebenfalls aus England. Sie sind eine „Blütenpracht am laufenden Band", ein lebendes, sich jahreszeitlich ständig änderndes Gemälde.

Sie werden am häufigsten als Staudenrabatten im Anschluß an den Rasen verwendet. Den Abschluß bildet meistens eine

Farbige Pflanzen bilden Blickfänge im Garten

Bunte Staudenrabatte an einem Teichufer in Deutschland

hohe, geschnittene oder freiwachsende Hecke an der Grundstücksgrenze. In diesem Fall ist der Teich von Rasen umgeben, und die Stauden bilden den farbenprächtigen Hintergrund.

Staudenrabatten sind in England allgemein 4,20 m breit und beliebig lang. Infolge der großen Breite kann man sie besonders gut gestalten. In unserem Fall ist 1,80 m Breite aber ausreichend.

Damit man eine saubere Rasenkante erhält und nicht beim Rasenmähen von sich ausbreitenden Stauden behindert wird, empfiehlt es sich, im Anschluß an den Rasen einen Plattenweg zu legen, auf den sich die im Vordergrund befindlichen, niederen Stauden auflegen können. Auch zwischen der abschließenden Hecke und der Staudenrabatte ist es günstig, einen Arbeitsweg anzulegen.

Eine andere Möglichkeit des Einsatzes farbenprächtiger Stauden besteht darin, daß man sie direkt an den Teich pflanzt. Auch hierbei ist es von Vorteil, einen umlaufenden Plattenweg um den Teich anzulegen. So hält man den Staudenabschluß mühelos sauber und hat gleichzeitig noch einen Pflegeweg für den Teich.

Sehr schön wirkt es auch, wenn sich die Stauden teilweise über den Teichrand „lehnen". Das Legen von Trittsteinen erleichtert hierbei das Pflegen der Stauden.

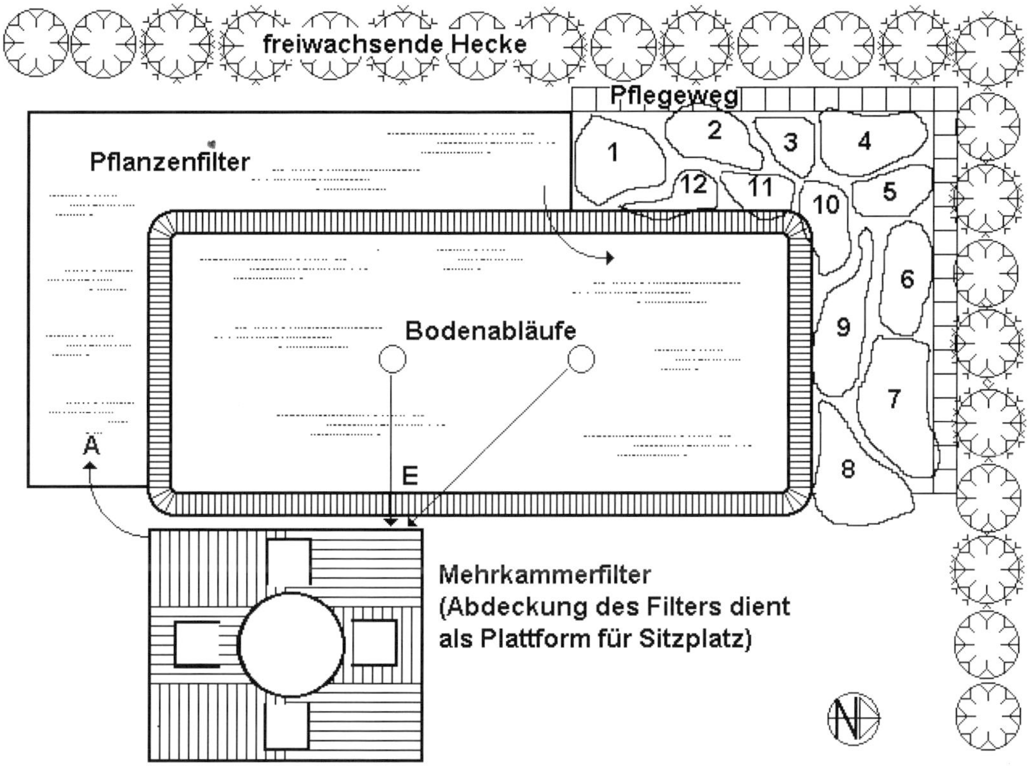

Beispiel eines farbenfrohen Wassergartens:
1 Herbst-Aster *(Aster novae-angliae* 'Alma Pötschke'), 2 Goldrute (*Solidago* 'Strahlenkrone'), 3 Nachtkerze (*Oenothera tetragona* 'Fyrverkeri'), 4 Indianernessel (*Monarda didyma* 'Cambridge Scarlet'), 5 Sonnenauge (*Heleopis* 'Karat'), 6 Salbei (*Salvia verticillata* 'Purple Rain'), 7 Mädchenauge (*Coreopsis verticillata* 'Moonbeam'), 8 Rotblättriges Purpurglöckchen (*Heuchera* 'Palace Purple'), 9 Wolfsmilch (*Euphorbia characias*), 10 Katzenminze (*Nepeta mussinii*), 11 Schleifenblume (*Iberis sempervirens* 'Schneeflocke'), 12 Polster-Glockenblume (*Campanula poscharskyana*)

Entwurf eines Staudengartens

Für die Planung ist ein maßstabsgerechter Grundriß wichtig.

Bei der Staudenpflanzung wendet man ebenfalls die im Kapitel „Welche gärtnerischen Gestaltungen finden Anwendung?" beschriebenen Gartengestaltungs-Gesetze der Kontraste, der Steigerung und der Reihung an. Dabei werden für die Kontraste nicht nur die Blattformen und Blattfarben, sondern vor allem auch die Blütenfarben berücksichtigt. Blütenstauden mit langzeitigem Blütenflor sind von besonders großem Wert. Bei vielen dieser Pflanzen kann man eine zweite Blühzeit erreichen, wenn die abgeblühten Blütenstengel rechtzeitig abgeschnitten werden.

Für die angestrebte Steigerung ist es günstig, das Gelände mit dem Aushub des Teiches nach hinten zu überhöhen.

Statt des üblichen, aber sehr pflegeaufwendigen Rasens sollte man sich überlegen, ob man nicht lieber niedrige Bodendecker verwendet.

Aufwendige Weggestaltungen werden am besten durch Trittsteine ersetzt.

Besonders abwechslungsreich ist eine gemischte Rabatte (mixed border). Hierbei werden Sträucher, Rosen, mehrjährige Stauden, Zwiebelblumen und einjährige Blumen gemischt.

Man pflanzt zunächst die Sträucher und niedrigen Gehölze und füllt dann die Zwischenräume mit den entsprechenden Blumen. Dabei ist darauf zu achten, daß alle Pflanzen genügend Licht bekommen.

Bei der Planung der Pflanzung kann man besonders mit dem Gestaltungsprinzip „Kontrast" arbeiten, indem die Pflanzen nach der Farbenlehre mit kräftigen Komplementärfarben gruppenweise nebeneinander gesetzt werden: Blau neben Orange, Violett oder Blau neben Gelb.

Auch im Dreiklang passen sie gut zueinander: Rot, Gelb und Blau. – Mit roten Blüten kann man das Auge des Betrachters führen.

Will man einen etwas ruhigeren Eindruck erzielen, so sind abgestimmte Pastellfarben zu empfehlen, z. B. Rosa-Purpur oder Weiß-Cremefarben.

Für mitteleuropäisches Klima sind folgende Pflanzen geeignet:

Pflegeleichter Koigarten (Foto: V. Frost)

Blaublühende Stauden

(Die Zahlen geben den Blühmonat an.)

Aconitum x arendsii	Eisenhut	9
Aquilegia vulgaris	Akelei	5 -6
Aster dumosus	Kissen-Aster	8-10
Aubrieta spec.	Blaukissen	4-5
Campanula latifolia	Glockenblume	6
Centaurea montana	Flockenblume	5-7
Echinops ritro	Kugeldistel	7-8
Erigeron 'Dunkelste Aller'	Feinstrahl	6
Iris sibirica	Wiesen-Schwertlilie	5-6
Lavandula angustifolia	Lavendel	7-8
Linum narbonense	Lein	6-8
Lupinus-Sorten	Lupine	6-7
Nepeta x faassenii	Katzenminze	5-9
Polemonium	Jakobsleiter	5-8

Pulmonaria angustifolia	Lungenkraut	3-4
Salvia nemorosa	Steppen-Salbei	6 u. 9
Scabiosa caucasica	Skabiose	6-9
Veronica longifolia	Ehrenpreis	6-7
Vinca major	Immergrün	4-5
Viola cornuta	Horn-Veilchen	4-8

Rosablühende Stauden

Anemone japonica best. Sorten	Herbst-Anemone	9
Armeria maritima	Grasnelke	5-7
Aster best. Sorten	Herbst-Aster	8-10
Astrancia maxima	Sterndolde	7-9
Bergenia	Bergenie	3-5
Chelone obliqua	Schlangenkopf	8-10
Delphinium 'Astolat'	Rittersporn	6-7
Dianthus best. Arten und Sorten	Nelke	6-7
Digitalis purpurea	Fingerhut	6-7
Echinacea purpurea	Purpur-Sonnenhut	7
Gaura lindheimeri	Gaura	6-10
Geranium best. Arten und Sorten	Storchschnabel	6-8
Heuchera	Purpurglöckchen	5-7
Linaria purpurea	Leinkraut	7-9
Lychnis coronaria	Lichtnelke	6-7
Lythrum salicaria	Blutweiderich	7-9
Malva moschata	Moschusmalve	6-9
Origanum 'Herrenhausen'	Dost	7-9
Paeonea best. Arten und Sorten	Pfingstrose	5-6
Phlox subulata best. Sorten	Polsterphlox	4-5
Physostegia virginiana	Gelenkblume	7-9
Saxifraga x arendsii	Moos-Steinbrech	5-6

Stachys grandiflora	Ziest	6-7
Tanaceum coccineum	Bunte Margarite	6

Rotblühende Stauden

Achillea millefolium best. Sorten	Schafgarbe	6-8
Alcea rosea	Stockrose	7-9
Antennaria 'Rubra'	Katzenpfötchen	5-6
Astilbe best. Sorten	Prachtspiere	7-8
Centranthus ruber	Spornblume	4-5
Epimedium x rubrum	Elfenblume	4-5
Euphorbia 'Fireglow'	Wolfsmilch	5-6
Hemerocallis best. Sorten	Taglilie	6-8
Helenium best. Sorten	Sonnenbraut	7-9
Helleborus best. Arten und Sorten	Christrose	2-4
Heuchera	Purpurglöckchen	5-7
Kniphofia best. Sorten	Fackellilie	7-9
Lychnis 'Vesuvius'	Lichtnelke	5-6
Paeonia best. Sorten	Pfingstrose	6
Phlox 'Starfire'	Flammenblume	7-8
Potentilla atrosanguinea	Fingerkraut	7
Primula japonica	Japanische Primel	5-6
Saxifraga x arendsii best. Sorten	Moos-Steinbrech	4-5
Tannacetum coccineum	Margarite	5-7

Gelbblühende Stauden

Adonis vernalis	Adonisröschen	4
Alchemilla mollis	Frauenmantel	4
Alyssum saxatile	Steinkraut	4-5
Anthemis tinctora	Färber-Kamille	5-9
Asphodeline lutea	Junkerlilie	5-6

Aster linosyris	Gold-Aster	8-9
Coreopsis verticillata	Mädchenauge	5-9
Euphorbia polychroma	Gold-Wolfsmilch	4-5
Helianthemum best. Arten und Sorten	Sonnenröschen	6-7
Heliopsis scabra	Sonnenauge	7-9
Hemerocallis best. Sorten	Taglilie	6-8
Hypericum	Johanniskraut	7-8
Inula magnifica	Alant	7-8
Lupinus 'Kronleuchter'	Lupine	6-7
Oenthera tetragona	Hohe Nachtkerze	6-10
Papaver alpinum	Alpenmohn	5-6
Potentilla aurea	Fingerkraut	6-7
Ranunculus acris	Hahnenfuß	5-6
Sedum acre	Mauerpfeffer	6-7
Verbascum	Königskerze	6-8
Waldsteinia ternata	Waldsteinie	3-5

Weißblühende Stauden

Achillea 'Schneeball'	Schafgarbe	6-9
Anaphalis triplinervis	Perlkörbchen	7-9
Anemone sylvestris	Frühlings-Anemone	5
Arabis caucasica	Gänsekresse	4-5
Aruncus dioicus	Geißbart	6-7
Aster ericoides	Myrten-Aster	9-11
Boltonia asteroides	Scheinaster	9-10
Campanula 'Weiße Clips'	Glockenblume	6
Cimicifuga	Silberkerze	7-10
Delphinium 'Casa Blanca'	Rittersporn	6-7
Dicentra spectabilis 'Alba'	Tränendes Herz	6
Gysophila paniculata	Schleierkraut	7
Hosta plantaginea	Funkie	8
Iberis sempervirens	Schleifenblume	3-5
Iris sibirica 'White Swirl'	Wiesen-Schwertlilie	6
Leucanthemum maximum	Margarite	7
Lysimachia clethroides	Schnee-Felberich	7
Phlox paniculata 'Pax'	Flammenblume	7
Tiarella cordifolia	Schaumblüte	4-5
Yucca glauca	Palmlilie	8-9

Für ein buntes Beet können folgende Pflanzen verwendet werden:

Aster novae angliae 'Alma Pötschke'	Herbst-Aster
Campanula poscharskyana	Polster-Glockenblume
Coreopsis verticillata 'Moonbeam'	Mädchenauge
Echinacea purpurea	Roter Sonnenhut
Euphorbia wallichii	Wolfsmilch
Heliopsis 'Karat'	Sonnenauge
Liatris spicata 'Kobold'	Prachtscharte
Monarda didyma 'Cambridge Scarlet'	Indianernessel
Nepeta mussinii	Katzenminze
Oenothera tetragona 'Fryverkeri'	Nachtkerze
Phlox paniculata 'Düsterlohe'	Flammenblume
Sedum telephium 'Herbstfreude'	Fetthenne
Solidago 'Strahlenkrone'	Goldrute
oder:	
Buphthalmum salicifolium	Goldmargarite
Campanula glomerata 'Dahurica'	Knäuel-Glockenblume
Centranthus ruber 'Coccineus'	Spornblume
Euphorbia characias	Wolfsmilch
Erigeron-Hybride 'Dunkelste Aller'	Feinstrahl

Heuchera x brizoides 'Red Spangles'	Purpurglöckchen
Heuchera 'Palace Purple'	Rotblättriges Purpurglöckchen
Iberis sempervirens 'Schneeflocke'	Schleifenblume
Paeonia lactiflora 'Schwindt'	Pfingstrose
Phlox maculata 'Alpha'	Flammenblume
Potentilla nepalensis 'Miss Willmot'	Fingerkraut
Salvia nemorosa 'Ostfriesland'	Steppen-Salbei

Für ein Beet in rosa-violetten Tönen:

Calamintha nepeta	Steinquendel
Campanula persicifolia 'Alba'	Glockenblume
Dictamnus albus	Diptam
Gypsophila paniculata 'Bristol Fairy'	GroBes Schleierkraut
Gypsophila repens 'Rosenschleier'	Schleierkraut
Linaria purpurea 'C. J. Went'	Leinkraut
Monarda-Hybride 'Mohawk'	Indianernessel
Physostegia virginiana 'Summersnow'	Gelenkblume
Potentilla nepalensis 'Miss Willmott'	Fingerkraut
Salvia verticillata 'Purple Rain'	Salbei
Saponaria x lempergii 'Max Frei'	Seifenkraut
Scabiosa caucasica 'Miss Willmott'	Skabiose
Sidalcea 'Elsie Heugh'	Präriemalve

Pflegeleichte Wassergärten nach kalifornischem Vorbild

Zweifellos ist ein schön gepflegter Garten sehr reizvoll, besonders aus der Sicht des Nicht-Eigentümers. Wie heißt es doch so schön: „Der Neider sieht den Garten, aber nicht den Spaten."

Nur wenige Menschen haben in der heutigen Zeit noch die Einstellung, jede freie Minute in ihrem Garten zu arbeiten, spezielle Gartenhobbyisten natürlich ausgenommen. Arbeitskräfte, die dies erledigen, sind für die meisten Menschen zu teuer geworden, deshalb werden aufwendige Gärten zu einer Belastung, zumal die meisten Menschen werktätig sind und ihren Garten für die Erholung haben möchten. Notwendig bleibt ohnehin eine Vertrauensperson, die während des Urlaubs zumindest Gießarbeiten durchführt, sich um die Reinigung der Filter kümmert und die Koi füttert.

Ähnliche Probleme führten zuerst in den Jahren um 1920 in Kalifornien zu einem Wandel der Gärten, als ein neues Erholungselement, der Swimmingpool, Einzug in die Gärten hielt. Es entstanden Freizeitgärten, in denen der gärtnerische Pflegeanteil gering war. Solche Gärten wurden fast ausschließlich von damals sehr billigen japanischen Arbeitskräften angelegt, die

Pflegeleichter Koi-Wassergarten in Deutschland

Gartenblumen am Koiteich

Beispiel einer Wassergartenanlage nach englischem Vorbild (zeichnerische Darstellung)

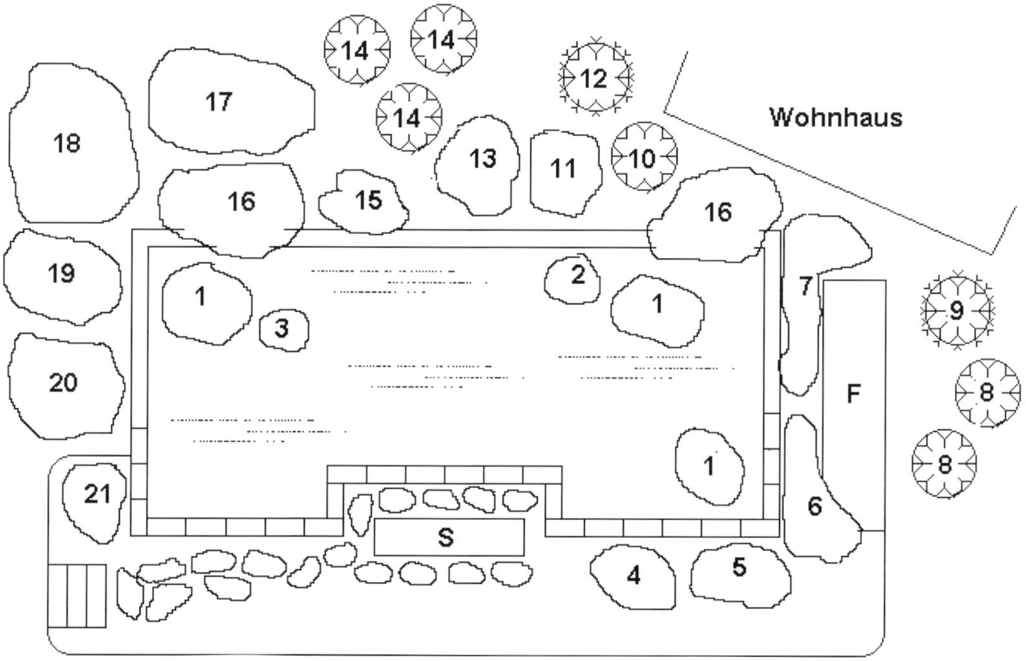

Grundriß: Der Teich ist vergleichend mit der Umgebung, nur beim Sitzplatz reicht die Umfassungsmauer über das Erdreich. 1 Seerosen in verschiedenen Farben, 2 *Acorus calmus* 'Variegatus' (Kalmus, grün-weiß gestreift), 3 *Acorus calamus* (Kalmus), 4 *Hosta fortunei* (Große Blaublattfunkie), 5 *Hosta japonica* 'Aureomarmarata' (Gelbe Grünrandfunkie), 6 *Thuja occidentalis* 'Ericoides' (Lebensbaum), 7 *Miscanthus sinensis* (Chinaschilf), 8 *Pinus pumila* (Zwerg-Kiefer), 9 *Acer cissifolium* (Cissusblättriger Ahorn), 10 *Chamacyparis lawsoniana* (Stahlblaue Scheinzypresse), 11 *Juniperus sabina* (Wacholder), 12 *Pyracantha coccinae* (Feuerdorn), 13 *Rhododendron japonicum* (Rhododendron), 14 *Juniperus communis f. hipernica* (Säulen-Wacholder), 15 *Juniperus sabina* (Wacholder), 16 *Juniperus horizontalis* (Kriech-Wacholder), 17 *Juniperus chinensis f. pfizeriana,* 18 *Miscanthus sinensis giganteus* (Riesen-Chinaschilf), 19 *Stipa barbata* (Reiherfedergras), 20 *Ligularia veitchiana superba* (Riesen-Ligularie), 21 *Osmunda regalis* (Königsfarn), S Sitzplatz, F Mehrkammerfilter

natürlich viele japanische Gartenelemente mit einbrachten.

Dieser bestechend einfache Gartenstil verbreitete sich dann nach dem 2. Weltkrieg auch bald in Europa, zuerst vor allem in England. Wer heute England bereist, wird beeindruckt sein von der einfachen Schönheit selbst kleinster Gärten. Man hat fast den Eindruck, die Gartengestaltung sei den Engländern in die Wiege gelegt worden. Entsprechend sind natürlich auch die äußerst vielfältigen Angebote der zahlreichen Gartenmärkte. Von den in England erhältlichen Pflanzen muß man allerdings in unserem, doch wesentlich ungünstigerem Klima Abstriche machen, so daß die Vielzahl der dort verwendungsfähigen Pflanzen bei uns wesentlich geringer ist. Auch die Koiteiche in diesen Gartenanlagen folgen der Einfachheit und Pflegeleichtigkeit: Sie sind meist durch eine Einfassungsmauer über das umgebende Erdreich hinausgeführt. Dadurch erreicht man, daß herabfallendes Laub nicht durch den Wind in den Teich geweht, und Erdreich nicht bei Regengüssen eingeschwemmt wird. Außerdem vermeidet man beim Beschäftigen mit seinen Koi, das nur für einen Japaner problemlose Knien am Teich, man hat die Koi direkt in Sichthöhe.

Leider ist diese Bauart in klimatisch ungünstigeren Gegenden, wie in Deutschland, nicht zu empfehlen, denn dadurch kühlt der Teich im Winter zu sehr aus, und wenn er nicht geheizt wird, kann er sogar durch das sich ausdehnende Eis zersprengt werden.

Koiteich und Steingarten

Auch Steingarten-Liebhaber brauchen nicht auf ihr schönes Hobby zu verzichten, denn ein Koiteich läßt sich auch mit einem Steingarten kombinieren.

Der Erdaushub aus dem Teich bietet sich geradezu an, einen Steingarten einzurichten.

Am besten schüttet man den Steingartenberg, der gleichzeitig den Hintergrund der Gartenanlage bildet, am Nordufer des Teiches auf. So liegt er den ganzen Tag in der Sonne, und der Betrachter sieht ihn während des ganzen Tages bei bester Beleuchtung in den schönsten Farben.

Mit dem Erdaushub wurde ein Steingarten angelegt

Welche gärtnerischen Gestaltungen finden Anwendung?

Alle gekonnt gestalteten Gärten lassen die Schwierigkeiten ihrer Anlage nicht ahnen. Es sieht alles sehr einfach, selbstverständlich und natürlich aus. Das ist aber immer ein Zeichen dafür, daß die gärtnerischen Gestaltungsgesetze eingehalten wurden. Diese lassen sich auf 3 verschiedene Methoden zurückführen: Reihung, Steigerung und Kontraste.

Die Reihung wird heutzutage am seltensten angewendet, sie ist mehr ein typisches Element der Renaissance- und Barockgärten, in denen große Flächen interessant gestaltet werden mußten: Immer wiederkehrende Gruppen aus Pflanzen oder auch architektonischen Gegebenheiten, wie z. B. die Reihung von Springbrunnen, bestimmen das Bild.

Die Steigerung muß man dagegen im Garten unbedingt beachten, damit alle Pflanzen von einem bestimmten Blickpunkt aus in richtiger Anordnung, d. h. in richtiger Höhe gepflanzt, bzw. durch Schnitt gehalten werden. Die Steigerung ist praktisch eine Staffelung der Pflanzen in ihrer Größe: Die kleinsten Pflanzen im Vordergrund, die größten im Hintergrund. Wichtig für die Anwendung der Steigerung ist es, daß man weiß, wie groß die einzelnen Pflanzen werden und wie schnell sie wachsen. Die Steigerung kann auch vergrößert werden, indem man das normale Bodenniveau mit dem Aushub-Erdreich des Teiches überhöht.

Die Schaffung von Kontrasten wird meistens gleichzeitig mit der Steigerung angewendet. Kontraste werden durch das Nebeneinandersetzen von Pflanzen mit verschiedenen Blütenfarben, aber auch verschiedenförmigen und verschiedenfarbigen Blättern geschaffen. Bei den Blüten ist darauf zu achten, daß sie möglichst zur selben Zeit blühen. Viele Pflanzen, wie z.B. die meisten Sumpf- und Wasserpflanzen blühen nur sehr kurzzeitig und oft auch nur unscheinbar, deshalb sollte man bei ihnen mehr auf Kontraste in der Blattstruktur und der Blattfarbe achten.

Akzente durch Pflanzkübel und Container

Durch den geschickten Einsatz von verschiedenen Pflanzbehältern kann man die Gestaltung eines Gartens wesentlich beeinflussen, besonders bei gepflasterten Gartenteilen und Terrassen oder mit Steinplatten versehenen Teichrändern. Solche Behälter sind in vielfältiger Form und Ausführung in Ton, Steingut, Naturstein, Kunststein, Beton, Holz oder Plastik in Bau- und Gartenmärkten erhältlich. Auch die in England besonders häufig verwendeten Pflanzen-Hängekörbe können, sichtwirksam plaziert, als Arrangement beleben.

Pflanzgefäße in untergeordneter Größe unterstreichen auch die gestalterische Wirksamkeit einer Skulptur.

Skulpturen im Wassergarten

Wie schon der japanische Garten bewies, sind für die Gartengestaltung künstlerisch schöne Gegenstände im Garten sehr dekorativ, können bestimmte Effekte vermitteln und den Garten interessant machen. Originalskulpuren sind leider sehr teuer. Es gibt aber eine Unmenge relativ preiswerter Nachbildungen aus Beton, Kunststein oder Plastik.

Skulptur an einem Teich aus der Jahrhundertwende

Skulptur am Koiteich

Abendliche Beleuchtung

Wenn für viele vielleicht auch die Beleuchtung eines Wassergartens als unnatürlich abgelehnt wird, so kann man dadurch doch wunderschöne Effekte erzielen, die einen Aufenthalt am abendlichen Wassergarten zum Genuß werden lassen. So etwas ist gerade beim Koihobby sehr wichtig, denn Koiliebhaber pflegen normalerweise viele Kontakte mit Gleichgesinnten.

Die verschiedensten Beleuchtungsvarianten sind möglich: Es gibt Unterwasserscheinwerfer, auch in unterschiedlichen Farben, und es gibt verschiedene Strahler, mit denen man eine gesteuerte Beleuch-

Viele Skulpturen am Teich erfüllen gleichzeitig die Funktion eines Wasserspeiers.

Beleuchtung am Koiteich kann sehr stimmungsvoll sein

tung erreichen kann. Z.B. ist es sehr wirksam, Details der Hintergrundbepflanzung anzustrahlen. Wie die Fotos zeigen, kann auch eine elektrische Installation japanischer Laternen sehr gut wirken.

Pflanzenliste

Auf weitere allgemeine Gartenpflanzen in Koi-Wassergärten nichtjapanischen Stils möchte ich an dieser Stelle nicht näher eingehen. Die Liste dafür wäre zu umfangreich. Ich verweise auf einschlägige Gartenliteratur. Es können natürlich auch die Pflanzen, die ich für japanische Gärten angeführt habe, verwendet werden.

Für die Gestaltung eines naturnahen Wassergartens sind aber die dafür typischen Pflanzen wichtig.

Unterwasserpflanzen entfallen, weil sie von den Koi gefressen werden.

Schwimmblattpflanzen

Auf zarte Schwimmblattpflanzen, wie z.B. Seekanne (Nymphoides peltata) müssen wir wegen der Freßlust der Koi ebenfalls verzichten. Dasselbe trifft für die Schwimmpflanzen zu. Mit den schönsten Schwimmblattpflanzen, den Seerosen, sollte man es aber versuchen Dabei darf nicht verschwiegen werden, daß nicht alle Koi diese unangetastet lassen. Wenn die Ansiedlung aber gelingt, so haben wir sicher einen sehr reizvollen Wassergarten. Auf jeden Fall sind die Seerosen in große Plastikkübel mit nährstoffreicher Gartenerde zu setzen und mit grobem Kies und größeren Steinen abzudecken, damit sie nicht von den Koi ausgewühlt werden.

Koiteich mit reichem Seerosenbestand

Nymphaea 'Maurice Laydecker'

Nymphaea marliacea 'Chromatella'

Nymphaea ordorata var. rosea

Nymphaea 'Aurora'

Nymphaea tuberosa 'Pöstlingberg'

Nymphaea 'James Brydon'

Die schönsten Seerosen im Überblick

Nyphaea-Arten und Sorten	Blüte	Wassertiefe (cm)	Mindestfläche m^2/Pflanze
'Atropurpurea'	tiefrot	40-100	3
'Attraction'	ziegelrot	40-80	3
'Aurora'	orange, dann rosa bis dunkelrot	30-50	0,2-3
'Candissima'	weiß	30-50	0,75-3
'Charles de Meurville'	karminrot	40-80	3
'Escarboucle'	dunkelrubinrot	60-120	5
'Formosa'	stark rosarot	40-80	3
'Froebelii'	karminrot	30-40	0,12
'Gloriosa'	lebhaft karmin	40-100	3
'Indiana'	gelblich rosa bis kupferrot	15-50	0,12-3
'James Brydon'	himbeerrot, kugelförmig	20-80	0,2-3
laydeckeri 'Lilacea'	lilarosarot	20-50	0,2-3
laydeckeri 'Purpurata'	purpurrot	20-50	0,2-3
'Madame Laydecker'	stark rosarot	20-50	0,2-3
'Madame Wilson Gonnere'	pfirsichrot	40-80	3
marliacea 'Albida'	rahmweiß	40-100	3
marliacea 'Carnea'	weiß mit rosa Unterblättern	40-100	3
marliacea 'Chromatella'	cremegelb	20-50	0,5-4,5
marliacea 'Rosea'	rosa	40-100	3
'Maurice Laydecker'	kräftig rot	20-50	0,2-3
'Massaniello'	kräftig rosarot	40-100	3
'Mrs. Richmond'	rosa	50-120	5
alba	weiß	30-100	3
odorata var. rosea	rosa	30-100	3
odorata 'Sulphurea'	schwefelgelb	20-100	0,2-3
odorata 'Exquisa'	rosa	40-80	3
odorata 'Rosennymphe'	pfirsichrosa	20-50	0,2-3
pygmea 'Alba'	weiß, sehr zierlich	20-50	0,2-3
pygmea 'Helvola'	gelb	20	0,12
'Sioux'	orangerosa bis kupfer	20-80	0,2-3
tuberosa 'Gladstonia'	strahlendweiß	60-120	5
tuberosa 'Pöstlingberg'	reinweiß	50-150	5
'Weiße Alpina'	strahlendweiß	30-100	3
'William Falconer'	rubinrot	20-80	0,2-3

Sumpfpflanzen

Wie bereits erwähnt, pflanzt man Sumpfpflanzen in einem Koiteich am besten nicht direkt in den Teich und schon gar nicht frei in die Uferzone. Sie würden in diesem Fall stark wuchern und zu Verlandungszonen führen, in denen die Koi zu gründeln versuchen und sich dabei darin verfangen. Dadurch können sie verenden, oder sie werden ein leichtes Opfer von Räubern, wie Katzen und Reihern.

Sumpfpflanzen, die man direkt in den Teich setzen möchte, pflanzt man am besten in Plastikkübel mit Gartenerde und Abdeckung mit Kies und größeren Steinen.

Sumpfpflanzen in einer durch Mauer o.ä. vom Teich abgetrennten und vom Teichwasser mittels Pumpe durchströmten Uferzone sind von hohem Wert für die Qualität des Teichwassers. – Siehe auch Pflanzenfilter. In diesem Fall wird wie bei Pflanzenfiltern nur reiner Kies als Bodengrund verwendet. Man sollte nicht allzu viele verschiedene Sumpfpflanzenarten einsetzen, da die meisten sehr stark wuchern und dies letztendlich zu einem wüsten Gewirr von Pflanzen führt, in das dann ordnend eingegriffen werden muß. Zu beachten ist allgemein, daß Sumpfpflanzen sonnenliebend sind. Ein halbschattiger Standort beeinträchtigt vor allem die Blühfreudigkeit sehr. Für völlig schattige Standorte sind nur wenige Arten geeignet. Außerdem muß man berücksichtigen, daß nur wenige Sumpfpflanzen sehr tief im Wasser stehen können. Ist dieser mögliche Tiefstand nicht bekannt, so ist man am besten beraten, wenn man alle Sumpfpflanzen so setzt, daß sie nur mit ihren Wurzeln im Wasser stehen.

Es sind viele Arten verwendbar, die sich zum Teil mit denen überschneiden, die ich für feuchte Standorte angegeben habe.

Ich führe hier nur die an, die sich gut für pflanzliche Filter eignen, und die ganzjährlich im Wasser stehen können.

Ufer eines farbenfrohen Koiteiches

Aufstellung empfehlenswerter Sumpfpflanzen (Auswahl)

Name	Besonderheiten	Wuchshöhe (cm)	Blüten-Monat	Stand
Acorus calamus Kalmus	schwertförmige, dunkelgrüne Blätter	60-80	6-7	○◑●
Acorus calamus 'Variegatus' Grün-weißer Kalmus	schwertförmige, weißgestreifte Blätter	60-80	6-7	○◑
Alisma lanceolatum Schmalblättriger Froschlöffel	schmale, lanzettliche Blätter	60	6-7	○◑
Alisma plantago-aquatica Gemeiner Froschlöffel	breite, lanzettliche Blätter	80	6-9	○◑
Alisma subcordata Nordamerik. Froschlöffel	herzförmige Blätter	60	7-8	○◑
Butomus umbellatus Blumenbinse, Schwanenblume	schmale, grundständige Blätter	80-100	7-8	○◑
Caltha palustris Sumpfdotterblume	zeitiger Frühjahrsblüher, gelbe Blüte	15-50	3-5	○◑
– – 'Multiplex'	gefüllte Blüten	15-30	3-5	○◑
Cyperus longus Zypergras	ähnlich dem bekannten Zimmer-Zypergras	100	7-9	○◑
Eleocharis palustris Sumpfsimse	wächst flächendeckend	20-30	–	○◑
Equisetum hymale var. robustum Riesen-Sumpfschachtelhalm	sehr dekorativ, knickt leider leicht	120	–	○◑
Hippuris vulgaris Tannenwedel	sehr wüchsig, aber nicht lästig	30-60	7-8	○◑

Typische Blütenstände der Froschlöffel-Arten *(Alisma)*

Butomus umbellatus (Schwanenblume)

Caltha palustris (Sumpfdotterblume)

Caltha palustris 'Multiplex' (Gefüllte Sumpfdotterblume)

Hippuris vulgaris (Tannenwedel)

Ranunculus flamula (Brennender Hahnenfuß)

Typha laxmannii

Sparganium erectum (Ästiger Igelkolben)

Name	Besonderheiten	Wuchshöhe (cm)	Blüten-Monat	Stand
Iris laevigata Asiatische Wasser-Schwertlilie	sehr geeignete Wasseriris in vielen Blütenfarben	60-80	7-8	○
Iris pseudacorus Einheimische Wasser-Schwertlilie und 'Formen'	größte Wasseriris, die auch tief stehen kann. Nur gelbe Blütenvariationen	80-120	5-7	○
Iris versicolor Nordamerik. Wasser-Schwertlilie und 'Formen'	Blütenfarben in verschiedenen blauen und violetten Tönen	80-100	6	○
Mentha aquatica Wasserminze	Bläuliche Blüten an den Sproßenden, wuchert sehr	20-60	6-10	○◑
Menyanthes trifoliata Fieberklee	breitet sich zum Wasser hin aus, schöne Blüten	25-30	5-6	○◑
Mimulus cupreus Rote Gauklerblume	kupferrote Blüten	20-25	7-9	○◑
Mimulus guttatus Gelbe Gauklerblume	gelbe Blüten	30-60	6-8	○◑
Mimulus luteus Goldgelbe Gauklerblume	goldgelbe Blüten	20-30	6-8	○◑
Phragmitis communis 'Variegatum' Grün-weißes Schilf	einzig akzeptable Schilfform für den Gartenteich	150-200	6-10	○◑
Ranunculus flamula Brennender Hahnenfuß	Langblüher mit kleinen, gelben Blüten	25-50	6-9	○◑
Ranunculus lingua Zungenhahnenfuß	breitet sich stark aus große, gelbe Blüten	60-100	6-8	○◑
Rumex hydrolapatum Flußampfer	Solitärpflanze mit großen Blättern	80-120	6-8	○◑
Sagittaria latifolia Breitblättriges Pfeilkraut	breit-pfeilförmige Blätter	60-80	6-8	○◑
Sagittaria sagittifolia Pfeilkraut	schmal-pfeilförmige Blätter	60-80	6-8	○◑
Scirpus lacustris Seesimse	grundständige, sehr lange, röhrenförmige Blätter, kann sehr tief im Wasser stehen	100-200	7-8	○◑
Scirpus tabernaemontani Zebrasimse	wie vorige Art, aber mit mit grünweiß gestreiften Blättern	120	7-8	○◑
Sparganium erectum Ästiger Igelkolben	horstbildend, mit igelförmigen Früchten	30-60	6-8	○◑
Typha angustifolia Schmalblättriges Rohr	nur für große Anlagen	200	6-7	○◑
Typha latifolia Breitblättriges Rohr	nur für große Anlagen	200	6-7	○◑
Typha laxmannii Laxmanns Rohr	für normalen Gartenteich	120	6-7	○◑
Typha minima Zwergrohrkolben	kleinste Art mit kugelförmigen Rohrkolben	30-40	6-7	○◑

Pflanzen der feuchten Wiesen

In der Natur bilden die Pflanzen der feuchten Wiesen den Übergang von den Sumpfpflanzen zu den Landpflanzen.

Einen solchen natürlichen Standort kann man nachgestalten, indem auf der dafür vorgesehenen Fläche der Bodengrund etwa zwei Spaten tief ausgehoben, eine Plastikfolie eingelegt und das ausgehobene Erdreich wieder eingefüllt wird.

So entsteht eine Gartenfläche, die für diese Art Pflanzen die notwendige Feuchtigkeit hält.

Die Begehbarkeit einer solchen feuchten Wiese wird am besten durch große Trittsteine gewährleistet.

Mimulus luteus (Goldgelbe Gauklerblume)

Blütenpflanzen für feuchte Standorte (Auswahl)

Name	Blüte Monat	Farbe	Wuchshöhe (cm)	Bodenfeuchte	Stand
Achilea ptarmica Sumpfschafgarbe	8-9	weiß	30-80	mäßig-feucht	○◑
Alchemilla mollis Frauenmantel	6-8	hellgelb	30	mäßig	○◑
Astilben-Arten und Formen Prachtspieren	4-8	verschieden		mäßig	○◑●
Calla palustris Sumpfcalla	6-7	weiß	15-40	feucht-naß	○◑●
Caltha palustris Sumpfdotterblume	4-5	gelb	15-40	feucht-naß	○◑●
Colchicum autumnale Herbstzeitlose	8-10	violett	20	mäßig-feucht	○◑
Dactorhiza maculata Geflecktes Knabenkraut	6-7	rötlich, lila	25-60	feucht-naß	○◑
– magalis Breitblättriges Knabenkraut	5-7	violett-purpur	15-50	feucht-naß	○
Darmera peltatum Schildblatt	5-6		40-60	mäßig-feucht	○◑
Dianthus superbus Prachtnelke	6-8	zartviolett-rosa	30-40	mäßig	○◑
Dodecatheon meadia Götterblume	5-6	lilarosa	30	mäßig-feucht	○◑

Lobelia cardinalis (Scharlachrote Lobelie)

Lysichitum americanum (Amerikanische Scheinkalla)

Lysichitum camtschatcense (Kamtschatka – Scheinkalla)

Ledum palustre (Sumpfporst)

Lysimachia punctata (Drüsiger Gilbweiderich)

Lysimachia thyrsiflora (Straußgilbweiderich)

Lythrum salicaria (Blutweiderich)

Eriophorum spec. (Wollgras)

Name	Blüte Monat	Farbe	Wuchshöhe (cm)	Bodenfeuchte	Stand
Epipaktis palustris Sumpfwurz	5-8	weiß	30-90	feucht-naß	○◑
Eupatorium cannabium Wasserdost	7-9	pink	50-150	mäßig-feucht	○◑
– purpureum Wasserdost	8-9	weinrot	180	mäßig	○◑
Erythronium hendersonii Hundszahnlilie	4-5	weiß-purpur	30	mäßig	○◑●
Euphorbia palustris Sumpfwolfsmilch	5-6	gelbgrün	50-150	feucht-naß	○◑
Filipendula ulmaria Mädesüß	6-8	weiß	80-120	mäßig-feucht	○◑
– rubra	6-7	rosarot	150	mäßig-feucht	○◑
Fritillaria meleagris Schachbrettblume	4-5	weiß und purpur- braun gefleckt	15-30	mäßig-feucht	○◑
Gentinia pneumante Lungenenzian	7-9	blau	15-50	feucht	○◑
Gladiolus palustris Sumpfsiegwurz	6-8	weiß	30-60	feucht	○◑
Hottonia palustris Wasserprimel	5-7	weiß	30	feucht-naß	○◑
Hippuris vulgaris Tannenwedel	7-8	unscheinbar	30-60	feucht-naß	○◑
Iris kaempferi verschiedene Hybriden Japanische Iris	5-7	verschieden	80	mäßig-naß	○
– laevigata verschiedene Formen Asiat. Wasser-Schwertlilie	6-7	verschieden	60	feucht-naß	○
– pseudacorus *Einheim. Wasser-Schwertlilie*	5-6	gelb	60-100	mäßig-naß	○◑
– sanduinea 'Snow Queen'	6-7	weiß	60	feucht	○
– sibirica verschiedene Formen Wiesen-Iris	5-6	weiß-dunkelblau	80	mäßig-feucht	○
– versicolor, verschied. Formen Nordam. Wasser-Schwertlilie	6-7	blau-purpur	60-80	feucht-naß	○
Hemerocallis citrina Taglilie	6-8	zitronengelb	70	mäßig-feucht	○◑
– verschied. Hybriden – Miniaturhybriden	6-8 6-8	verschieden bunt	70 20-40	mäßig-feucht mäßig-feucht	○◑ ○◑
Lysichitum americanum Amerik. Scheincalla	4-5	gelb	60-70	feucht-naß	○◑

Achillea ptarmica (Sumpfschafgarbe)

Alchemilla mollis (Frauenmantel)

Phragmitis communis 'Variegatus' (Buntes Schilf)

Darmera peltatum (Schildblatt)

Name	Blüte Monat	Farbe	Wuchshöhe (cm)	Bodenfeuchte	Stand
– camtschatsense Kamtschatka-Scheincalla	4-6	weiß	30-40	feucht-naß	○◑
Ledum palustre Sumpfporst	6-7	weiß	60-120	feucht-naß	○◑●
Loblia cardinalis Scharlachrote Lobelie	8-9	rot	40-80	feucht-naß	○◑
– sessilifolia	6-7	violett	20-60	feucht-naß	○◑
– siphilitica	9-10	blau	30-40	mäßig	○◑
Lysimachia nummularia Pfennigkraut	5-7	goldgelb	kriech.	mäßig-naß	○◑●
– punktata Drüsiger Gilbweiderich	6-8	goldgelb	50-100	mäßig	○◑●
– thyrsiflora Straußgilbweiderich	6-7	goldgelb	30	feucht-naß	○◑●
– vulgaris Gemeiner Gilbweiderich	6-8	gelb	40-80	mäßig-feucht	○◑●
Lythrum salicaria Blutweiderich	7-9	purpurrot	100-120	mäßig-naß	○◑
– virgatum Ruten-Blutweiderich	7-9	purpurrot	100-120	mäßig-naß	○◑
Mimulus cardinalis Scharlachr. Gauklerblume	6-9	scharlachrot	50-70	mäßig-feucht	○◑
– cupreus Rote Gauklerblume	7-9	kupferrot	20-25	feucht-naß	○◑
– guttatus *Gelbe Gauklerblume*	6-8	gelb	30-60	feucht-naß	○◑
– luteus Goldgelbe Gauklerblume	6-8	goldgelb	20-30	feucht-naß	○◑
– ringens Blaue Gauklerblume	6-8	blau	60-80	mäßig-feucht	○◑
Myosotis palustris Sumpfvergißmeinnicht	6-9	blau	20-30	feucht-naß	○◑
Parnassia palustris Sumpfherzblatt	7-9	weiß	10-25	feucht-naß	○◑
Pinguicula vulgaris Gewöhnliches Fettkraut	5-8	weiß	10	feucht	○◑
Polygonum bistorta Wiesenknöterich	6-7	pink	30-60	mäßig-feucht	○◑
Primula beesina	5-6	purpur	30-40	mäßig-feucht	○◑
– bullesiana *Etagenprimel*	5-6	bunt	30-40	mäßig-feucht	○◑
– capita moorana Mehlprimel	4-5	pink	10-15	mäßig-feucht	○◑
– florindae Chin. Glockenprimel	6-8	gelb	30-40	mäßig-feucht	○◑

Calla palustris (Sumpfkalla)

Euphorbia palustris (Sumpfwolfsmilch)

Fritularia meleagris (Schachbrettblume)

Thelipteris palustris (Sumpffarn)

Name	Blüte Monat	Farbe	Wuchshöhe (cm)	Bodenfeuchte	Stand
– *japonica* Japanprimel	5-6	dunkelrot	30-40	mäßig-feucht	○◑
– *rosea* Rosenprimel	3-5	rosarot	20	mäßig-feucht	○◑
– *sieboldii* Sieboldprimel	5-6	rosa	20	mäßig-feucht	○◑
Ranunculus flamula Brennender Hahnenfuß	6-8	gelb	25-50	feucht-naß	○◑
– *lingua* Zungenhahnenfuß	6-8	gelb	60-100	feucht-naß	○◑
Rumex hydrolapatum Flußampfer	6-8	rötlich-grün	80-120	feucht-naß	○◑
Senecio alpinus Kreuzkraut	7-8	goldgelb	40-100	feucht-naß	○◑
Saururus cernuus Eidechsenschwanz	6-7	–	60-100	feucht-naß	○◑
Tradiscantia-Andersonia-Hybriden Dreimasterblume	5-8	verschieden	30-50	mäßig	○◑
Trollius europaeus Trollblume	5-6	goldgelb	30-60	mäßig-feucht	○◑
Veronica beccabunga Bachbunge	5-9	blau	15-60	feucht-naß	○◑●
Viola palustris Sumpfveilchen	5-6	weißlila	8-15	feucht-naß	○◑

Gräser für feuchte Standorte (Auswahl)

Name	Besonderheiten	Wuchshöhe (cm)	Boden-feuchte	Stand
Carex glauca Blaue Segge	schwarzgelbe Blüten	50	feucht-naß	○
– morrowii 'Variegata' Japansegge	dunkelgrüne, weißgerandete Blätter	50	mäßig-feucht	○
– grayi Morgensternsegge	typische Früchte	40-80	mäßig-naß	○◑
– muskingumensis Palmwedelsegge	typische Blattwedel	40-80	mäßig-naß	○
– ornithopoda 'Variegata' Vogelfußsegge	schmalblättrig, weiß-grün gestreift	15	mäßig-naß	○◑
– pendula Trauer- oder Riesensegge	überhängende Blätter	80-100	feucht-naß	○◑
– pseudocyperus Scheinzypergras	seitlich hängende Blätter	40-80	feucht	○◑
Eleocharis acicularia Nadelsimse	geeignet als Bodendecker	10-15	naß	○◑●

Iris pseudacorus (Wasser-Schwertlilie)

Iris versicolor (Amer. Wasser-Schwertlilie)

Hemerocallis-Hybride (Taglilie)

Iris laevigata 'Variegata'

Iris sibirica (Wiesen-Schwertlilie)

Iris laevigata 'Alba'

Iris laevigata 'Double'

Iris laevigata 'Albopurpurea'

Name	Besonderheiten	Wuchshöhe (cm)	Boden-feuchte	Stand
– *palustris* Sumpfsimse	geeignet als Bodendecker	15-20	feucht-naß	○ ◑
Eriophorum angustifolium Schmalblättr. Wollgras	schmückende Blüten	30	feucht-naß	○
Phalaris arundinacea Glanzgras	weißgestreifte Blätter	100	mäßig-naß	○ ◑
Miscanthus japonicus Riesen-Chinaschilf	imposanter Wuchs	300	mäßig-naß 1)	○
– *sachariflora* Silberfahnengras	weiße Blütenfahnen	200	mäßig-feucht 1)	○
– *sinensis* 'Gracillimus' Graziles Chinaschilf	schmale, überhängende Blätter	150	mäßig-feucht 1)	○
– *chinensis* 'Strictus' Stachelschweingras	weiß quergestreifte Blätter	150	mäßig 1)	○
Zizania latifolia Kanadischer Reis	bildet stattliche Horste	180	feucht-naß	○

1) *Miscanthus*-Arten vertragen im Winter keine stauende Nässe.

Farne für feuchte Standorte (Auswahl)

Name	Besonderheiten	Wuchshöhe (cm)	Boden-feuchte	Stand
Dryopteris austriaca Dornfarn	dunkelgrüne Wedel	80	mäßig-feucht	○ ◑
– *cristata* Kammfarn	wintergrün, biegt Sporenseite der Wedel nach oben	40	feucht-naß	○ ◑
Onoclea sensibilis Perlfarn	bodendeckender Wuchs	40	feucht	○ ◑
Osmunda regalis Königsfarn	sehr großer Farn	120	feucht	○ ◑
Marsilea quadrifolia Kleefarn	vierlappige Kleeblätter	10-30	feucht-naß	○ ◑
Polypodium vulgare Tüpfelfarn	bodendeckend wintergrün	20	mäßig	○ ◑
Polystichum aculeatum Glanzschildfarn	doppeltgefiederte, glänzende Wedel	80	feucht	○ ◑
Thelipteris palustris Sumpffarn	kann im Wasser stehen, wuchert	30-50	feucht-naß	○ ◑ ●

Zeichenerklärung: ○ = sonniger Stand
◑ = halbschattiger Stand
● = schattiger Stand

Bodenfeuchte: mäßig = humoser, nicht zu trockener Boden
feucht = feuchter Boden ohne stauende Nässe
naß = stauende Nässe im Wurzelbereich

Der Fischbesatz mit Nishikigoi

Nur Plastikfolienteiche können schon einige Tage nach dem Füllen und nach Erwärmung des Wassers bedenkenlos mit Fischen besetzt werden.

Beton- und gemauerte Teiche sollten auf jeden Fall erst längere Zeit gewässert und nochmals abgelassen werden, damit sie keine giftigen Stoffe mehr an das Wasser abgeben, denn durch Kalk und auch Zement wird der pH-Wert des Wassers in den alkalischen Bereich verschoben. Ein Messen des pH-Wertes kann also Hinweise geben, ob die Wässerung ausreichend war. Weiterhin ist es günstig, die Unschädlichkeit durch Einsetzen von Daphnien oder einigen Testfischen zu überprüfen.

Auch selbstgefertigte Polyesther-Teiche sollten vorsichtshalber kürzere Zeit gewässert werden.

Was muß man über Koi wissen?

Koi sind Farbmutationen der Speisekarpfen. Sie entstanden ursprünglich aus dem langgestreckten und vollbeschuppten Flußkarpfen. Durch späteres Einkreuzen deutscher Leder-, Spiegel- und Zeilkarpfen wurden die Beschuppungsformen dieser Fische in Japan auch auf die Koi übertragen. Gleichzeitig übertrug man damit aber auch das für Koi nicht wünschenswerte Erbgut der Hochrückigkeit unserer Speisekarpfen.

Zu beachten ist aber in jedem Fall, daß die Koi als Mutationen der Speisekarpfen doch oft wesentlich empfindlicher als ihre Stammform sind.

Gewöhnliche Karpfen können unter natürlichen Verhältnissen recht alt und groß werden. Angler erzählen oft Storys von riesigen, moosrückigen Angeltrophäen. Nach wissenschaftlich fundierten Angaben errei-

Koi-Beschuppungsformen

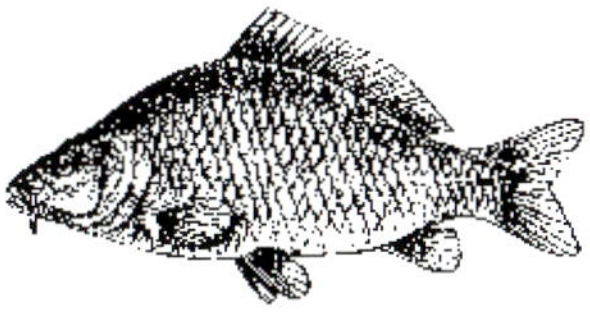
Schuppen-
karpfen

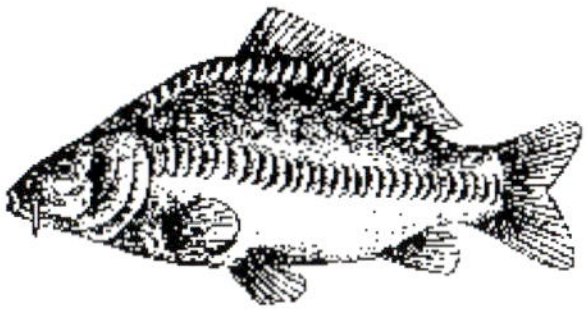
Zeilkarpfen

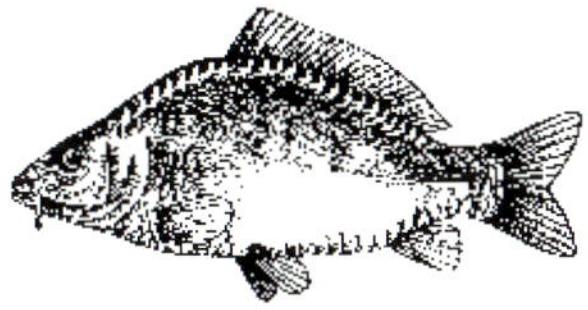
Spiegel-
karpfen

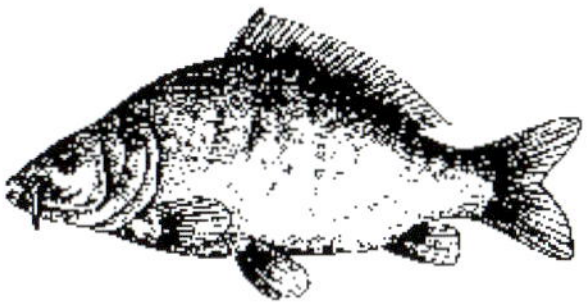
Nackt- oder
Lederkarpfen

chen Karpfen in Europa ein Alter von 35-40 Jahren. Im Höchstfall sollen 44 bzw. 47 Jahre erreicht worden sein.

Bei entsprechendem Alter können unsere Karpfen durchaus über einen Meter groß werden. Der bekannte Angelweltrekord eines Karpfens betrug 107 cm Länge und 25,1 kg Masse.

Bei Koi weiß man dagegen von ganz anderen Rekordzahlen zu berichten. Da diese Fische oft sehr wertvoll sind und regelrecht zur Familie gehören, werden sie auch entsprechend aufmerksam gepflegt und oft von einer Pflegergeneration auf die andere vererbt. Sie werden nicht selten nachweislich 70 und sogar über 100 Jahre alt. Das Alter des ältesten Koi wurde durch die Untersuchung einer Schuppe auf 226 Jahre bestimmt. Es war der Higoi (Rote Koi) „Hanako" des Japaners Komei Koshihara aus Higashi Shirakawa, Kamogun in der Präfektur Gifu. Er wog 7 kg und war 77 cm lang.

Der größte Koi erreichte in Japan eine Länge von 153 cm und eine Masse von 45 kg. Das ist immerhin das durchschnittliche Gewicht einer japanischen Frau.

Besonders in den letzten Jahren werden immer größere Koi, sogenannte Jumbokoi auf den alljährlichen Gesamtjapanschauen gezeigt. So stellte z. B. 1984 Herr Saku seinen damals 125 cm langen und ebenfalls 45 kg schweren Aka-Matsuba aus. Er erhielt den Jumbopreis.

Im allgemeinen sind Karpfen und auch Koi sehr schnellwüchsig. Das Wachstum ist abhängig vom Futterangebot, von der Wasserqualität und von der Haltungstemperatur.

Häufig verwechselte Karpfenfische

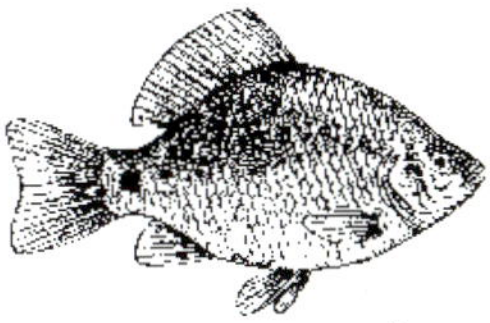
Karausche (*Carassius carassius*)

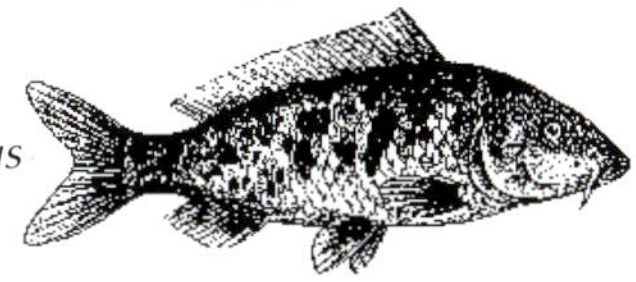
Koi (*Cyprinus carpio*)

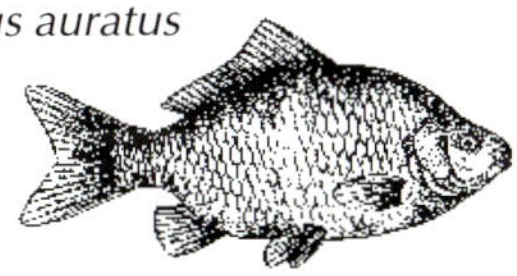
Giebel (*Carassius auratus gibelio*) bzw. Goldfisch (*Carassius auratus auratus*)

Wachstum japanischer Koi (nach Takeo Kuroki)

Alter in Jahren	Körperlänge in cm	Masse in g
1	10 – 20	7,5 – 75
2	24 – 30	188 – 375
3	37 – 40	563 – 938
4	45 – 50	1125 – 2250
10	55 – 70	2620 – 4875

Wie sollte das Wasser für Koi beschaffen sein?

Wasserhärte

Japaner geben als günstigste Wasserhärte weiches Wasser an, denn dort herrscht eine Wasserhärte von etwa 4°dH vor.

Jeder erfahrene Fischzüchter weiß aber um die Probleme mit weichem Wasser: Es ist schlecht gepuffert und deshalb kippt in solchem Wasser der pH-Wert leicht in den sauren Bereich um.

Allgemein ist für die Haltung von Fischen eine Wasserhärte von 10 bis etwa 16°dH günstiger.

In England ist das Wasser fast überall sehr hart, etwa 30 – 45°dH und trotzdem sind die Engländer äußerst erfolgreich in der Koihaltung. Allerdings scheint die Stabilität der Koifarbe von der Wasserhärte abzuhängen. So wird in dem weichen Wasser Japans das Rot besonders intensiv, während in England, in hartem Wasser das Schwarz besser herauskommt. Auch das Gold der Ogon hellt im weichen Wasser auf und wird häufig weiß. Dagegen werden im harten Wasser Englands alle Asagi und Shusui früher oder später größtenteils schwarz.

pH-Wert

Der ideale pH-Wert für Koi ist neutral (pH 7) bis leicht alkalisch (pH 7,5). Unter natürlichen Bedingungen schwankt der pH-Wert eines Gewässers sogar tageszeitlich stark.

Deshalb können Abweichungen nicht vermieden werden. Tödliche pH-Wertgrenzen sind 5 bzw. 10,8. Sehr gefährlich sind Grenzwerte von 5,5 bzw. 9 und plötzliche, krasse Änderungen.

Ein Koiteich von mehreren in einem der schönsten Gärten Englands

Chemische Elemente und Verbindungen

Im Wasser können sehr viele Stoffe gelöst sein, die für einen Koiliebhaber nur schwer feststellbar sind.

Chlorhaltiges Wasser schädigt die Kiemen der Koi und kann zum Tode führen. Deshalb sollte man mit stark gechlortem Leitungswasser sehr vorsichtig sein und es vor der Verwendung möglichst erst einige Stunden bis einen Tag unter starker Durchlüftung abstehen lassen. Prinzipiell ist es sicherer, Leitungswasser nicht direkt, sondern besser über den Filter bzw. über einen längeren Pflanzengraben einzuleiten.

Wenn Wasser mit Metall in Berührung kommt, so kann das für Fische sehr problematisch sein. Besonders Zink und Kupfer sind gefährlich. Deshalb sollte man Koi z. B. nicht in Zinkbadewannen unterbringen oder Haltungswasser aus kupfernen Badeöfen entnehmen. Eisen ist weniger gefährlich, wenn der pH-Wert nicht zu niedrig ist.

Äußerst giftig können Schadstoffe aus Industrieabwässern sein. Sie sind meistens nur schwer nachweisbar und oft schon in geringen Spuren tödlich. Solche Schadstoffe sind z. B. Phenol, Mineralöle (Bezin, Diesel-Kraftstoff, Heizöl, Petroleum), Schwefelwasserstoff, Quecksilber, Kadmium und Cyanverbindungen.

Hochtoxisch sind selbstverständlich auch die meisten der im Garten verwendeten Schädlingsbekämpfungs- und Pflanzenschutzmittel.

Temperaturbereiche

Speisekarpfen sind relativ problemlos in unserem Klima zu halten. Wenn sich die Wassertemperaturen nur langsam ändern, so können sie zwischen 4 °C und 35 °C überleben. Tödliche Grenzwerte sind 1 °C und 44 °C. Trotzdem sind auch sie, genau wie die Koi im eigentlichen Sinne „Warmwasserfische“, denn ihr Temperaturoptimum liegt bei 22 – 25 °C.

Koi sollte man nicht bei Extremtemperaturen halten, unter 2 °C sind für sie tödlich. Wegen des hohen Wertes guter Koi macht man seit einigen Jahren keine Überwinterungsexperimente mehr: So bringt man die Koi in Nord-Honshu (Japan) im Winter in geheizten Gewächshäusern unter, und im gegenüber Deutschland klimatisch wesentlich günstigerem England werden die Koiteiche geheizt.

Sauerstoffgehalt

Der Sauerstoffgehalt des Wassers ist abhängig von der Wassertemperatur. Er ist in kaltem Wasser hoch und nimmt mit zunehmender Temperatur stark ab.

Meßbeispiele:

Wassertemperatur (°C)	0	4	10	15	20	25	30
Sauerstoffgehalt (mg/l)	10,2	9,0	7,8	7,0	6,8	5,4	5,2

Der ebenfalls temperaturabhängige Stoffwechsel und Sauerstoffbedarf der Koi steigt dagegen mit zunehmender Wärme: Bei hohen Wassertemperaturen benötigen die Fische wesentlich mehr Sauerstoff als bei kaltem Wasser, so daß es durch diese Diskrepanz leicht zu erheblichem Sauerstoffmangel kommen kann. Bei Sauerstoffwerten unter 3,5 mg/l gehen die Koi zur Notatmung über, d. h., sie hängen luftschnappend an der Wasseroberfläche. Nur 0,5 mg/l sind nach kurzer Zeit tötlich.

Sauerstoffdefizite können auch durch Fäulnis von abgestorbenen Pflanzen und Tieren (Fischen und anderen Wassertieren, wie z. B. Wasserflöhen) oder zu reichlich gegebenem Trockenfutter entstehen.

Auf jeden Fall ist bei Freilandhaltung im Sommer eine kräftige Durchlüftung angebracht.

Zum Sauerstoffbedarf verschiedener Teichfische kann man vergleichend sagen: Koi benötigen mehr Sauerstoff als Goldfische, Goldorfen mehr als Koi.

Wieviele Koi in wieviel Wasser?

Oberster Grundsatz bei der Koihaltung sollte es sein, seinen Teich nicht mit Fischen überzubesetzen. Leider wird in dieser Beziehung sehr häufig stark gesündigt. Koiliebhaber kaufen gewöhnlich jedes Jahr Fische dazu. Es sind zwar meistens kleine, die oft zunächst in einem großen, geheizten Quarantänebecken untergebracht und auf entsprechende Größe herangezogen werden. Nach einem halben bis einem Jahr werden sie dann in den Hauptteich gesetzt. Fast unmerklich für den Koiliebhaber wird so der Fischbesatz von Jahr zu Jahr größer, zumal ja alle Koi wachsen. So kommt es, daß die meisten Teiche dann überbesetzt sind.

Mit dem Überbesatz steigen aber die Probleme der Koihaltung enorm: Die Wasserqualität verschlechtert sich in immer kürzeren Zeitabständen, d.h., die Nitrit- und Nitratwerte sind zu hoch, dadurch wachsen lästige Fadenalgen, oder das Wasser färbt sich durch mikroskopisch kleine Algen (Wasserblüte) grün. Die Filter können die Wasserqualität nicht mehr halten, in Pflanzenfiltern gehen die Pflanzen durch zu hohe Nitratwerte ein. Schließlich läßt die Freßlust der Fische durch die zu hohe Wasserbelastung nach, wodurch sie geschwächt und anfällig für Krankheiten werden.

Wenn ich hier alle die möglichen Probleme anführe, so möchte ich damit nur sagen, daß sich die Koiliebhaber diese selbst machen. Beschränkung ist besser als vielleicht ein Totalverlust der Fische! – Der Koiliebhaber hat es in der Hand. Grob überschlagsmäßig rechnet man nach der Faustregel: mindestens 5 l Wasser pro 1 cm Fischlänge, das bedeutet für ein Tier von 30-40 Zentimetern Größe wenigstens 150-200 l Wasser. Ein Züchter kann allerdings bei der riesigen Nachzuchtmenge einen gewissen Überbesatz nicht verhindern. Einzige Möglichkeit, um die Wasserqualität dann trotzdem in erträglichen Grenzen zu halten ist ein entsprechend häufiger Teilwasserwechsel von etwa einem Drittel des Teichvolumens in kürzeren Zeitabständen, mindestens jede Woche.

Sehr großer Wassergarten mit Koi

Wie beginnt man mit der Koihaltung?

Wenn man keinerlei Erfahrung mit der Haltung von Fischen hat, ist jeder Anfang doch oft schwer. Während Menschen mit

Säugetieren wenig Probleme haben, ist die Fischhaltung für sie ein ungewohntes Milieu, und wer das ABC der Fischhaltung an Koi erlernen will, kann sehr schnell ein armer Mensch werden.

Deshalb ist derjenige im Vorteil, der schon Erfahrungen bei Aquarienfischen oder anderen Teichfischen, wie z. B. Goldfischen oder Goldorfen gesammelt hat.

Auf jeden Fall ist es ratsam, nicht mit den teuersten und wertvollsten Koi zu beginnen. Goldfische und kleinere, billige Koi tun es auch!

Erst, wenn man sicher ist, daß die Anfangsschwierigkeiten überwunden sind, kann hin und wieder ein wertvollerer Koi nach entsprechender Quarantäne hinzugefügt werden.

Augen auf beim Koikauf

Wenn ein Koikauf geplant ist, so sollte man sich vor allem im klaren sein, welche Koiqualität es sein soll. Das bestimmt nämlich den Kaufpreis, nicht alle Koi müssen sündhaft teuer sein! Man unterscheidet Teichqualität, Liebhaberqualität und Ausstellungsqualität.

Für den Anfang und zum Erlernen der Koihaltung reicht durchaus die billige Teichqualität. Das sind meistens Fische aus (einheimischen) Massenzuchten (z.B. sogenannte Euro-Koi) von oft schlechten Ausgangstieren. Die meisten dieser Fische sind zwar nicht standardgerecht, dafür aber sehr robust. Unter Liebhaberqualität versteht man schon Koi von guten Elterntieren und guten Züchtern, die aber Mängel in der Qualität aufweisen. Am häufigsten in der Farbverteilung und in der Musterung. Solche Fische sind nicht ausstellungswürdig, lassen sich aber oft durchaus als Zuchttiere verwenden. Koi in Ausstellungsqualität haben enorme Preise. Dabei muß man aber berücksichtigen, daß auch ein Ausstellungskoi nur während einer bestimmten Zeit seines Lebens Ausstellungsqualität hat. Besonders drastisch wirkt sich das bei kleinen, bis 15 cm großen Koi aus. Fische, die in dieser Größe Ausstellungsqualität haben, verändern sich meistens später sehr zu ihren Ungunsten, indem sie sich umfärben oder völlig ihre Farbe verlieren. Deshalb bezeichnen viele japanische Züchter und Händler die Leute, die kleine Koi zu hohen Preisen kaufen als Dummköpfe.

Koi, die erst später Schauqualität erreichen, sind meistens konstanter in ihrer Qualität, so daß es vorkommt, daß ein großer Koi manchmal zwei Jahre hintereinander auf Ausstellungen Sieger wird.

Sehr hoch im Preis sind auch Fische, die als „Tategoi" deklariert werden. Das sind Koi, die unabhängig von Größe und Alter die Chance haben, sich in absehbarer Zeit zu bester Qualität zu entwickeln. Eine hundertprozenzige Garantie besteht aber nicht!

Es ist sehr interessant, Koiliebhaber zu beobachten, wenn sie beim Händler Tiere aussuchen. Da größere Koi nicht gerade billig sind, brauchen manche Stunden, um sich zum Kauf zu entschließen: Der gewählte Fisch wird immer wieder beobachtet und mit anderen verglichen, denn es ist bei noch nicht fertigen Fischen äußerst schwierig, die künftige Farbqualität einzuschätzen, und oft bleibt nur „der Wunsch der Vater des Gedanken".

Wichtig ist aber vor allen Dingen zu prüfen, ob der ausgewählte Koi wirklich gesund ist:

Kaufinteressenten bei einem Koihändler

- Er muß normales und aktives Schwimmverhalten zeigen.
- Er sollte in der Gruppe schwimmen und sich nicht absondern.
- Die Körperhaltung soll waagerecht sein, und der Kopf nicht bedeutend tiefer als der Schwanz gehalten werden.
- Er darf nicht träge und mit schaukelnden Bewegungen schwimmen.
- Er soll nicht luftschnappend an der Wasseroberfläche hängen und bei Berührung nur widerwillig abtauchen, um kurz darauf langsam, ohne Flossenbewegung, fast senkrecht wieder nach oben zu treiben.
- Er darf nicht bewegungslos am Boden liegen, nur mühsam das Gleichgewicht halten und dabei über lange Zeiträume die Kiemen geschlossen halten.
- Er sollte sich nicht am Boden oder an Gegenständen scheuern.
- Kiemen und Schuppen müssen gut anliegen.
- Durch vorsichtiges Abspreizen der Kiemendeckel mit den Fingern kann man

Koiauktion in Japan

feststellen, ob die Kiemen in Ordnung sind. Gesunde Kiemen sehen rosarot aus. Tiere mit schwärzlichen und teilweise gebrochenen Kiemenbögen sind krank.
– Der Körper darf keine weißen, beschädigten oder blutrot entzündeten Stellen aufweisen.
– Die Flossen müssen normal entwickelt und dürfen nicht verklebt, zerrissen oder entzündet sein.

Der richtige Fang und Transport

Ein möglichst schonender Fang und Transport sind sehr wichtig, um die Fische nicht unnötigem Streß auszusetzen, sie nicht zu verletzen und wohlbehalten an einen anderen Ort zu bringen.

Am besten, Sie beobachten versierte Händler und Züchter, und Sie werden schnell feststellen, daß zwischen dem Fang von Speisekarpfen und Koi gewaltige Unterschiede bestehen:

Für den Fang von Koi werden spezielle, runde, sehr große und flache, schwarze Netze verwendet, an denen sich eine lange Stange befindet. Der gefangene Fisch wird mit dem Netz möglichst nicht über die Wasseroberfläche hinausgehoben. Man verwendet zusätzlich eine große Plastikschüssel aus Polyäthylen, die etwa zur Hälfte mit Teichwasser gefüllt wird, und die man auf dem Teich schwimmen läßt. Beim Fang wird die Schüssel angekippt, so kommt das Netz mit dem Fisch ohne Anheben über die Wasseroberfläche in die Schüssel, und das Tier schwimmt nun selbst hinein.

Soll der Koi verpackt werden, so läßt man ihn in einen in die Schüssel getauchten und mit beiden Händen aufgehaltenen Plastikbeutel schwimmen.

Wie aus den Bildern ersichtlich, sollte der Beutel nur so viel Wasser enthalten, daß der Rücken des Fisches gerade mit Wasser bedeckt ist. Der Rest des Beutels muß prall mit Luft oder besser mit Sauer-

Koifang mit Netz und Plastikschüssel

Strumpfnetz mit dichtem Gewebe zum schonenden Fang

stoff gefüllt werden. – Nicht hineinblasen! – Zum Schluß wird er mit einem kräftigen Gummiring verschlossen. Während des Transports ist der Beutel abzudunkeln, deshalb wird er am besten liegend in einem Styropor-Karton, der gleichzeitig vor Abkühlung und Überhitzung schützt, verpackt.

Vor dem Transport sollten Koi 2 Tage nicht gefüttert werden! Müssen sie aus dem Wasser herausgehoben werden, so faßt man sie mit beiden Händen unter dem Körper, wobei der Kopf des Fisches immer auf die Fangperson zeigt.

Ein sehr schonendes Herausnehmen von kleineren Fischen ist auch mit dem abgebildeten, unten offenen, schwarzen Netz (einem sogenannten Strumpfnetz) aus dichtem Gewebe möglich. Beim Fang wird das untere Ende des Netzes mit einer Hand zugehalten. Man läßt den Fisch mit dem Kopf zuerst in das Netz schwimmen und kann ihn dann in derselben Richtung durch Öffnen des unteren Netzendes wieder freilassen. Das verhindert, daß Schuppen verletzt oder ausgerissen werden.

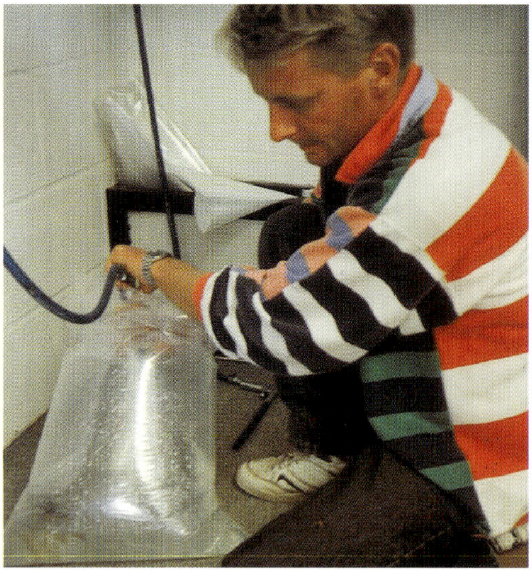

Füllen des Transportbeutels mit Sauerstoff

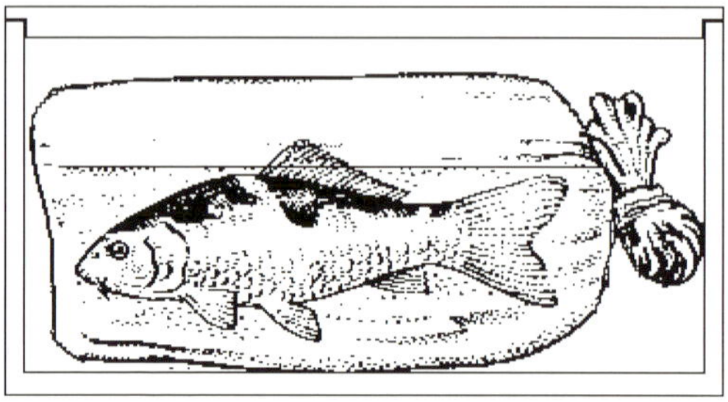

Koitransport

Koifang auf einer Ausstellung

Das Einsetzen in einen anderen Teich

Soll ein Koi in einen anderen Teich umgesetzt werden, so muß man berücksichtigen, daß dieser durch den vorangegangenen Transport trotz aller Vorsicht bereits einen sehr erheblichen Streß erlebt hat, den er oft erst nach Wochen wieder abbaut. Hinzu kommt, daß die neuen Umweltbedingungen für den Fisch meistens völlig anders sind. Das betrifft in erster Linie die Wassertemperatur und den Chemismus des Wassers. Deshalb sollte man niemals den Neuankömmling mit Schwung in den Teich schütten, sondern das Transportwasser langsam an das Teichwasser anpassen: Zunächst läßt man den Transportbeutel mit dem Fisch längere Zeit auf dem Teich schwimmen, wodurch sich die Wassertemperatur im Beutel an die des Teiches angleicht. Dann öffnet man den Beutel und läßt mehrmals in Zeitabständen etwas Teichwasser zufließen. Nun erst darf der Fisch vorsichtig aus dem Beutel in den Teich gleiten.

Was fressen Koi?

Koi sind wie ihre Stammform, die Karpfen, auch Allesfresser. Als magenlose Cypriniden nützen sie die Enzyme ihrer Nährtiere für ihre Verdauung. Sie gründeln gern, und ihre natürliche Nahrung besteht aus Kleintieren, vorzugsweise aus Bodentieren, z. B. Roten Mückenlarven (Larven der Zuckmücken – *Chironomidae*), Tubifex (*Tubificidae*), Regenwürmern (*Lumbridae*), Wasserschnecken und kleinen Muscheln. Auch die Aufnahme von *Daphnien* und *Cyclops* ist beachtlich. Außerdem werden die Larven und Puppen von Stechmücken (*Culex spec.*) und Büschelmücken (*Sayomyia*)

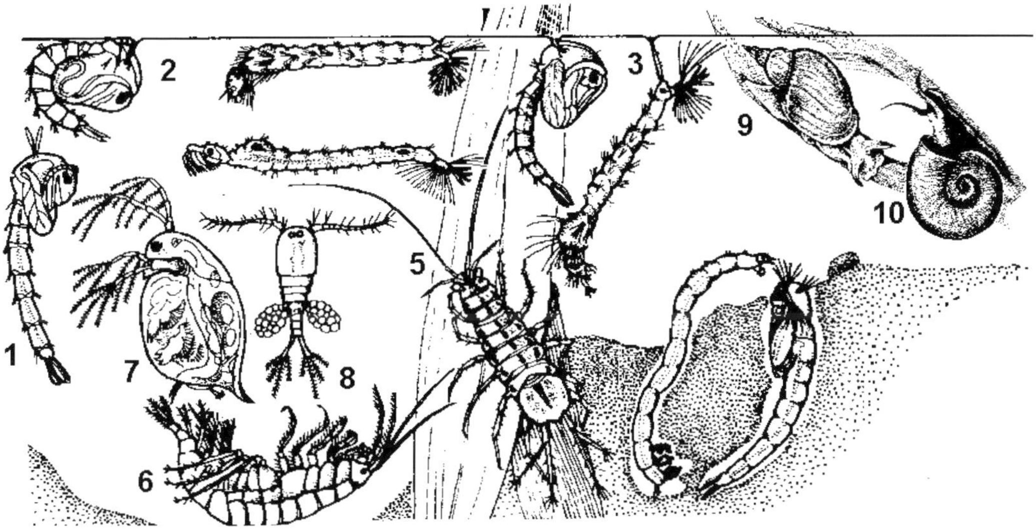

Futtertiere: 1 Larve und Puppe der Büschelmücke (*Sayomiyia*) – Weiße Mückenlarve, 2 Larve und Puppe der Fiebermücke (*Anopheles spec.*), 3 Larve und Puppe der Stechmücke (*Culex spec.*) – Schwarze Mückenlarve, 4 Larve und Puppe der Zuckmücke (*Chiromidae*) – Rote Mückenlarve, 5 Wasserassel (*Asellus aquaticus*), 6 Bachflohkrebs (*Gammarus pulex*), 7 Gemeiner Wasserfloh (*Daphnia pulex*), 8 Hüpferling (*Cyclops spec.*), 9 Spitzhornschnecke (*Lymnea stagnalis*), 10 Posthornschnecke (*Physa fontinalis*)

sowie Libellenlarven, Wasserkäfer und deren Larven, Wasserasseln (*Asellus aquaticus*), Bachflohkrebse (*Gammarus pulex*), Wasserwanzen und sogar Egel gefressen. Also eine Vielfalt an tierischer Nahrung, die im bodengrundlosen, hygienisch gehaltenen und zudem meist überbesetzten Koiteich wesentlich geringer sein dürfte. Kein Wunder, daß Koi im naturnahen Schlammteich wesentlich besser wachsen als im glasklaren, gepflegten Koiteich.

Neben dieser tierischen Nahrung fressen Karpfen und Koi auch pflanzliche Futterstoffe. In der mitteleuropäischen Binnenfischerei gibt man den Karpfen als Zusatznahrung hauptsächlich Weizen, Gerste, Roggen, Mais, Lupinen, Erbsen sowie gekochte Kartoffeln.

Da sich in einem Koiteich natürliches Futter nur in ungenügendem Maße bilden kann, und der ausreichende Fang solchen Futters für große Koi ebenfalls sehr problematisch ist, bleibt nichts weiter übrig, als sie mit Überlegung möglichst abwechslungsreich mit anderen Futtermitteln zu ernähren. Es gibt eine Vielzahl industriell hergestellten Futters, meistens in Pellet-, aber auch in Flockenform. Pellets haben den Vorteil, daß sie im Wasser nur langsam zerfallen. Die meisten enthalten alle wichtigen Nährstoffe, Vitamine und Spurenelemente in gut ausbalanciertem Verhältnis. Es gibt schwimmendes und sinkendes Futter. An schwimmendes Futter müssen die Koi erst gewöhnt werden, denn es widerspricht ihrer natürlichen Futteraufnahme, hat aber den Vorteil, daß die Fische gezwungenermaßen nach oben kommen müssen und so besser gesehen werden können. Sogenannte farbverstärkende Futter können nur Wirkung zeigen, wenn der gesamte Wasserchemismus in Ordnung ist, denn dieser hat den wesentlichsten Einfluß auf die Qualität der Farben.

Da Koi die teuersten Teichfische sind, so hat natürlich auch das Futter sehr angemessene Preise, und in keinem Fall ist es ratsam, täglich das gleiche Futter zu geben, sei es auch noch so gut. Bestens beraten ist derjenige, der Futterarten möglichst häufig wechselt. – Wir möchten auch nicht gern jeden Tag dasselbe essen!

Futter nach eigenen Ideen der Koihalter

Viele Koiliebhaber, vor allem aber Züchter, bereiten das Futter für ihre Fische selbst, und jeder schwört auf seine Methode.

Bei der Zusammenstellung ist darauf zu achten, daß das Futter außer pflanzlichem Eiweiß auch möglichst viel tierisches Eiweiß, aber wenig Fett enthält.

Japaner füttern ihre Koi mit gut gewaschenen Regenwürmern, Tubifex, Insektenlarven und -puppen, gerösteten Seidenspinnerpuppen, Koipellets, Reis, magerem Schellfisch, Krebsen, Krabben, Garnelen, Reis, Salat, Kohl, gehackter Brunnenkresse und geraspelten Möhren. – Grünes wird zweimal oder öfter in der Woche gegeben. Bei den Engländern habe ich beobachtet, daß zusätzlich zu den verschiedensten Pellets auch Graubrot und als Leckerbissen halbdurchgeschnittene Apfelsinen gereicht werden.

Es ist unzweifelhaft zu erkennen, daß es diesen Koi gut geht (Foto: Valery Frost)

Gebackenes Futter

Rezept 1:

Besonders häufig wird in Japan brotartiges Futter in folgender Mischung hergestellt:
25 % Fischmehl oder Fischfleisch
25 % Insektenschrot
30 % Reiskuchen, Mehl oder Sojakuchen
10 % Kartoffeln
9 % Gemüse
1 % Kochsalz

Rezept 2:

1/4 Liter Fischmehl, 3/4 Liter Garnelenschrot, 1 Liter Sojamehl, 3 Teelöffel Backpulver, 1 Teelöffel Bittersalz, 3 Teelöffel Futterkalk und 2 rohe Eier werden mit Wasser vermischt, in die Konsistenz von Brotteig gebracht, wie ein Brot geformt und in der Backröhre gebacken.
Nach dem Auskühlen wird dieses Brot in Scheiben geschnitten, die getrocknet lange haltbar sind und bei Bedarf in entsprechend große Stücke zerbrochen und verfüttert werden.

Koi in der Kaiserpalastanlage in Tokio

Getrocknete Futterbreie

Beispiel (verwendet vom American Museum of Natural History und vom New York Aquarium):
2,3 kg Rinderleber werden in etwa 5 cm große Stücke geschnitten, in einem Tiegel mit Wasser bedeckt und 15 min gekocht, dann im Wolf oder Mixer fein zerkleinert, mit 6,4 kg Weizenkeimen, 2,7 kg Garnelenschalenmehl, 2,7 kg zerkleinertem Garnelenfleisch, 1,4 kg zerkleinertem Salat und 1,4 kg zerkleinertem Spinat gemischt und anschließend in einen Topf gegeben und nochmals 15 min gekocht. Diese Paste wird dünn auf ein Kuchenblech aufgetragen und in der Backröhre getrocknet. Zum Verfüttern wird das so hergestellte Trockenfutter entsprechend zerbrochen.

Futterpasten

Sehr gut bewährt haben sich in der Zierfischhaltung Futterpasten. Dabei können mit einem Bindemittel (Agar agar oder Speisegelatine) alle möglichen Nährstoffe für die Fütterung verwendet werden, gleichgültig, ob sie körnig, pulverförmig oder flüssig (wäßrig oder ölig) sind. So kann man z. B. auch Sojamehl, Milchpulver, Eipulver, Blutmehl und verschiedene Vitaminpräparate binden.

Agar agar kann in Apotheken käuflich erworben werden. Es ist eine Meeresalge, die in der Medizin zur Herstellung von Nährböden und in Konditoreien für Tortengüsse verwendet wird.

Koi in einer Tempelanlage in Japan

Für die Herstellung einer Futterpaste wird eine entsprechende Menge Agar agar oder Speisegelatine (siehe Gebrauchsanweisung) in Wasser gekocht und auf 50 °C abgekühlt. Nun kann man die verschiedensten Nähr- und Futtermittel unterrühren und das Ganze dann abkühlen lassen, wodurch es, wie z.B. Tortenguß auch, fest wird. Die fertigen Futterpasten sind etwa eine Woche im normalen Kühlschrank lagerfähig, im Tiefkühlschrank wesentlich länger. Dadurch kann man sie nach Belieben verfüttern.

Beispiel einer Futterpaste nach F. W. Orme:

Eine Dose Katzen- oder Hundefutter wird im Mixer zerkleinert, dazu werden eine halbe Tasse Quark, 2 Eßlöffel Calciumcarbonat oder Futterkalk, 2 Teelöffel Honig, eine halbe Tasse Feinfrostspinat und 2 Eier hinzugegeben.
Dann rührt man ein Päckchen reine Gelatinekristalle in einer halben Tasse heißem Wasser an, bis die Kristalle gelöst sind und verrührt die Lösung mit den gemischten Futtermitteln. Zuletzt wird das Ganze mit einem Paket Weizenkeim-Nährmittel und eventuell etwas Wasser in eine steife Konsistenz gebracht.
Nach dem Erkalten ist die Futterpastete verwendungsfähig, und sie kann, wie vorher beschrieben, aufbewahrt werden.

Gefrorene breiartige Futter

Natürlich kann man alle möglichen breiartigen Futtermischungen auch in Plastikbeuteln abpacken und im Tiefkühlschrank aufbewahren.

Beispiel einer solchen Futterpaste nach M. Gordon:

0,5 bis 1 kg Rinderleber werden von Blutgefäßen, Binde- und Fasergewebe befreit, in etwa 1 cm große Würfel geschnitten und in einem Mixer unter Zusatz von Wasser zerkleinert. Dann gibt man 2 Teelöffel Kochsalz hinzu und mischt das Ganze durch Zugabe von Baby-Getreidefrühstückskost auf Hafer- oder Vollkornbasis zu einem Brei, den man unter Umrühren aufkochen läßt. Der steife, noch warme Brei wird in Plastikbeutel gefüllt und mit Bündelringen verschlossen. Die Beutel werden nach dem Abkühlen im Tiefkühlschrank aufbewahrt.

Wie oft muß man füttern?

Koi, die älter als ein Jahr sind, werden am besten zweimal täglich, morgens und abends, möglichst immer zur gleichen Zeit gefüttert.

Eine Vorratsfütterung mit nicht lebendem Futter ist im Gartenteich nicht möglich, deshalb darf nur immer so viel gefüttert werden, wie die Fische in wenigen Minuten auffressen können.

Bei der Fütterung ist unbedingt zu berücksichtigen, daß die Futtermenge und Futterart der Wassertemperatur angepaßt werden muß: Je wärmer es ist, desto mehr fressen die Koi. Da aber mit zunehmender Wassertemperatur der Sauerstoffgehalt des Wassers abnimmt und gleichzeitig der Sauerstoffbedarf der Fische zunimmt, sollte man im Sommer bei 35 °C keinesfalls füttern, um die Koi nicht zu gefährden. Bei nur etwa 5 °C stellen die Fische das Fressen ein, deshalb ist auch hier die Fütterung einzustellen. Weiterhin ist zu berücksichtigen, daß unterhalb 20 °C vegetarische und oberhalb 26 °C tierische Futtermittel überwiegen sollten. Außerdem ist der Wirkungsgrad, d.h. die Verwertung des Futters durch die Koi ebenfalls temperaturabhängig.

Eine Tabelle nach Naoki Atsumi veranschaulicht die optimale Fütterung und die maximale Futterverwertung. Sie läßt erkennen, daß Koi im eigentlichen Sinne Warmwasserfische sind.

°C	Futter-verwertung	tägliche Fütterung	Anmerkungen
30 °C		5x täglich in sehr kleinen Mengen	Wegen des allgemeinen Sauerstoffmangels bei diesen Wassertemperaturen sehr sparsam, besonders mit Wheatgerm-Futter (Weizenkeimen) füttern. Abends nicht füttern!
25 °C		5x oder öfter	Optimaltemperatur der Koi, deshalb so viel füttern, wie die Fische fressen. Es können alle Futterarten gefüttert werden.
23 °C	100 %	4x füttern	Optimaler Stoffwechsel, alle nützlichen Futterzusätze werden verarbeitet. Jetzt können Futter mit hohem Proteingehalt und mit Farbverstärkern (Spirulina) verabreicht werden.
20 °C	100 %	3x füttern	Jedes für Koi geeignete Futter mit mittlerem Proteingehalt.
18 °C	80 %		
16 °C	60 %		
15 °C	50 %	2x füttern	Futter mit niedrigem Proteingehalt, z.B. Wheatgerm-Futter.
14 °C	40 %		
12 °C	20 %	1x in kleiner Menge füttern	Beginn der Fütterung im Frühjahr: Wheatgerm-Futter oder gekochten Weizen.
10 °C	0 %	1 – 2x pro Woche	Im Herbst kann bei dieser Temperatur noch gefüttert werden, im Frühjahr noch nicht! Wheatgerm-Futter.
unter 10 °C	0 %	Nicht füttern, auch wenn die Koi Appetit haben.	Da das Futter nicht mehr verwertet wird, verenden viele Koi durch Fütterung bei diesen Temperaturen.

Mittels eines Pendel-Futterautomaten können sich die Koi selbst bedienen
(Foto: Zen Nippon Airinkai)

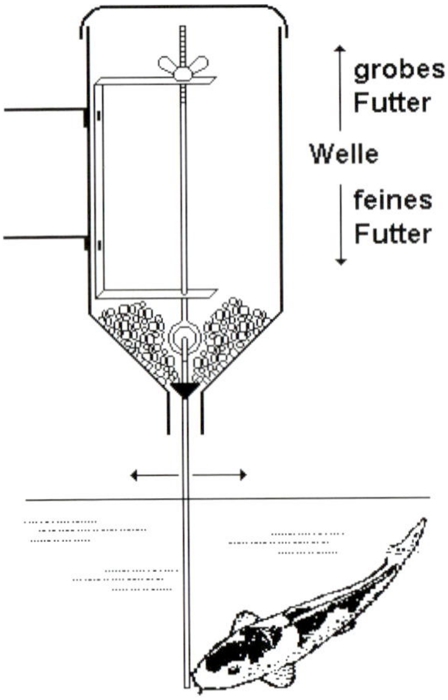

Pendel-Futterautomat

Koi fressen aus der Hand!

Der Vollständigkeit halber soll erwähnt werden, daß große Koi natürlich auch existieren können, wenn sie zum Beispiel in einem Wochenendgrundstück nur zweimal wöchentlich gefüttert werden können. Allerdings dürften in diesem Fall kaum Ausstellungsfische zu erzielen sein, es sei denn, man setzt einen gut eingestellten Futterautomaten bzw. einen sogenannten Selbstbedienungs-Futterautomaten ein.

Kleine Jungfische kommen bei Trockenfütterung mit einer täglich zweimaligen Futtergabe nicht aus, sie müssen sehr dosiert möglichst alle zwei Stunden gefüttert werden, damit das Wasser nicht durch Futterreste verdirbt.

Mit zunehmendem Alter, etwa ab drittem Monat, kann die Anzahl der Futtergaben dann nach und nach herabgesetzt werden.

Wie jeder Angler weiß, sind Karpfen als Wildfische sehr scheu und vorsichtig. Wer sich aber intensiv mit seinen Koi beschäftigt, gewinnt bald ihr Vertrauen. Vor allem die Freßgier größerer Fische veranlaßt sie, die schützende Deckung zu verlassen und für Karpfen untypisch, Futter von der Wasseroberfläche zu nehmen.

Mit etwas Ausdauer gelingt es dann schließlich, daß die Koi das Futter aus der Hand des Pflegers nehmen, sich berühren

Koi an der Futterstelle

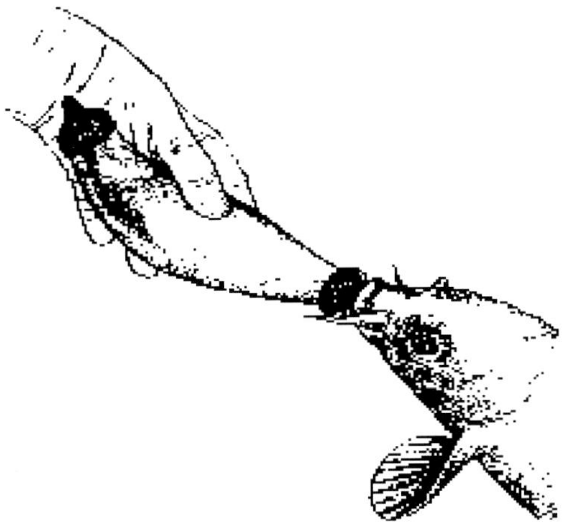

Koi lassen sich nach Gewöhnung auch aus einer Babyflasche mit Sauger mit flüssiger Nahrung füttern

und im wahrsten Sinne des Wortes streicheln lassen.

Wichtig dafür ist, daß man möglichst immer zur gleichen Zeit und an derselben Stelle füttert und hastige Bewegungen vermeidet.

Die Koi lernen bald den Schritt des Pflegers herauszuhören und finden sich dann schon bettelnd an der Futterstelle ein. Sie lassen sich auch auf Klingelzeichen, Händeklatschen oder Schlagen auf die Wasseroberfläche dressieren, wenn dabei gefüttert wird.

Interessant ist, daß man die Fische auch daran gewöhnen kann, dünnen Futterbrei aus einer Babyflasche mit Gummisauger aufzunehmen.

Können Koi mit anderen Fischen vergesellschaftet werden?

Gewöhnlich beginnt es so, daß Teichliebhaber schon verschiedene Fischarten im Teich pflegen, und dann erst wird ihr Interesse für die Koi geweckt. Können sie nun einige Koi hinzufügen?

Ja, solange es sich bei den Mitinsassen um die üblichen Friedfische, wie Goldfische, Goldorfen, Karauschen, Schleien, Bitterlinge, Stichlinge, Gründlinge, Ukelei, Rotfedern, Plötzen, Döbel und ähnliche handelt! Auch Scheibenbarsche, Diamantbarsche und Gemeine Sonnenbarsche können es sein. Katzenwelse werden leider schnell groß und als nächtliche Räuber dann eine Gefahr für kleinere Fische. Andererseits gibt es auch große Koi, die sich auf das Fressen von kleinen Fischen spezialisieren.

Trotz allem: So interessant es auch sein mag, verschiedene Fischarten in verschiedener Größe im Teich zu pflegen, so muß doch gesagt werden, daß dabei nicht alle Fische optimal wachsen. Es besteht immer eine starke Futterrivalität, und nur die elegantesten und schnellsten Schwimmer sowie größten Fresser werden sich ihren ausreichenden Anteil sichern. Für Teichbesitzer, die sich mit dem Gedanken tragen, ihre Koi auszustellen, um eventuell einmal Ausstellungssieger zu werden, verbietet sich die Vergesellschaftung mit anderen Fischen. Schon kleinere Koi wachsen nicht ausreichend, wenn sie sich zusammen mit großen in einem Teich befinden.

Die Zuchtformen der Koi

Aus den normalen Wildkarpfen, japanisch Magoi, entstanden in Japan in etwa 200 Jahren eine Unmenge Zuchtformen durch Mutationen und Kreuzungen, die man heute in aller Welt mit japanischen Namen bezeichnet, und die zum großen Teil bei Liebhabern sehr begehrt sind. Leider entspricht die Bezeichnung Zuchtform nicht ganz der Realität, denn gewöhnlich benennt man so nur genetisch reinerbige Stämme einer Tierart. Bis heute gibt es meines Wissens nach kaum eine reinerbige Linie von Koi, obwohl das zumindest bei einfarbigen Koi-Zuchtformen relativ leicht erreichbar sein dürfte. Um die Vielzahl der Farbvarietäten immer mehr zu erhöhen, werden in Japan seit alters her immer neue Kreuzungen mit nicht reinerbigen Tieren durchgeführt. Das führt zwar dazu, daß immer wieder andersgefärbte Tiere entstehen, daß aber andererseits eine riesige Menge Koi aus jeder Brut selektiert und vernichtet wird. – Doch darüber ausführlich im Kapitel „Aufbau eines eigenen Zuchtstammes"! Bis jetzt läßt man in Japan nur normalflossige Koi gelten, obgleich es bereits Fische mit langen einfachen Flossen gibt, die recht hübsch aussehen. Sie tragen in Anlehnung an ähnlichflossige Goldfische den Namen „Komet-Koi". Ein anderer, sehr malerischer Name ist Butterfly-Koi.

Als Nicht-Japaner würde man Koi vielleicht in ein-, zwei-, drei-, vier- und fünffarbige Koi unterteilen. So einfach ist es aber nicht, denn auch die Zeichnung spielt eine wesentliche Rolle.

Es gibt kaum zwei sich völlig gleichende Koi, wenn das auch bei einfarbigen manchmal so scheint. Heute unterscheidet man über 100 verschiedene Grundzuchtformen

Koi-Kollektion eines japanischen Liebhabers

Viele verschiedene Koi-Zuchtformen

von Koi, die sich durch Kombination mit einigen Merkmalen, wie Glanzschuppen (Kinginrin) oder Doitsu-Beschuppung vervielfachen. Hinzu kommt, daß sich die Anzahl der Koi-Zuchtformen ständig vergrößert.

Nach verschiedenen Änderungen ordnet die japanische Züchter- und Händler-Vereinigung *Shinkokai* heute alle Koi in 16 Hauptgruppen ein:

1. Kohaku
2. Taisho Sanshoku oder Taisho Sanke
3. Showa Sanshoku
4. Bekko
5. Utsurimono
6. Asagi
7. Shusui
8. Koromo
9. Kawarimono
10. Hikari-muji
11. Hikari-Utsuri
12. Hikari-moyo
13. Tancho
14. Kinginrin
15. Goshiki
16. Doitsu-Koi

Die weltgrößte Koiliebhabervereinigung, die japanische Zen Nippon Airinkai (Z.N.A.), der KLAN und auch andere Koivereine unterscheiden nur 13 Hauptgruppen:

1. Kohaku
2. Taisho Sanshoku
3. Showa Sanshoku
4. Bekko
5. Utsurimono
6. Asagi / Shusui
7. Koromo
8. Kawarimono
9. Hikarimuji-mono
10. Hikarimoyo-mono
11. Hikari-Utsurimono
12. Kinginrin
13. Tancho

Wesentliche Unterschiede zur Unterteilung in 16 Hauptgruppen bestehen darin, daß Asagi und Shusui in einer Gruppe untergebracht, Goshiki in Kawarimono eingegliedert sind, und daß Doitsu nicht gesondert gewertet werden.

Kohaku

Die Vorfahren der heutigen Kohaku fand man Anfang des 19.Jahrhunderts unter der Nachzucht von Magoi in der Niigataregion heraus. Aus sehr bescheidenen Anfängen, wie Koi mit roten Wangen, wurden durch Einkreuzen von Higoi zunächst Fische mit roten Kiemendeckeln herausgezüchtet, aus denen dann die ersten Koi mit roten Mustern entstanden. Bis zur heutigen Qualität der Kohaku war jedoch noch ein weiter

Kohaku (Foto: Z.N.A.)

Inazuma-Kohaku

Kohaku

Weg. Kohaku gehören zu den beliebtesten Koi-Zuchtformen. Es sind weiße Koi mit roten Mustern. Von großer Wichtigkeit bei Kohaku ist das richtige Verhältnis von der Körpergrundfarbe weiß und den roten Mustern. Als allgemeine Regel gilt, daß das Rot (Hi) etwa 50–70 % und das Weiß entsprechend 30–50 % ausmachen sollte.

Dabei muß das Weiß ein Schneeweiß sein. Das Rot gibt es dagegen in zwei verschiedenen Tönungen: Ein purpurrotes und relativ dunkles und ein gelblich braunes Rot. Ersteres wird besonders von Anfängern bevorzugt, denn es sieht bestechend aus. Kenner geben der zweiten den Vorzug, weil es nicht so wie das Purpurrot zu kleinen, unschönen und nicht erwünschten Farbsprenkelungen neigt. Die Rotmusterung der Kohaku soll aus möglichst großen Flecken bestehen, die der Größe des Fisches entsprechen.

Es ist besonders darauf zu achten, daß der Kohaku eine nicht zu kleine, rote Kopfzeichnung besitzt, die aber nur bis an die Nase und die Augen heran und nicht über sie hinausgehen sollte. Ideal ist ein großer runder oder ovaler Kopffleck. Kohakus ohne Kopfrot sind wertlos und werden als Kahlkopf bezeichnet.

Ansonsten sollen die roten Muster gut zu beiden Seiten des Rückgrats verteilt sein. Sie brauchen dabei nicht etwa symmetrisch sein, müssen aber eine gewisse Ausgewogenheit aufweisen.

Wichtig ist, daß die Muster nicht verwaschen, sondern scharf begrenzt sind. Unexakte Begrenzungen entstehen durch tieferliegende rote Schuppen, die durchscheinen.

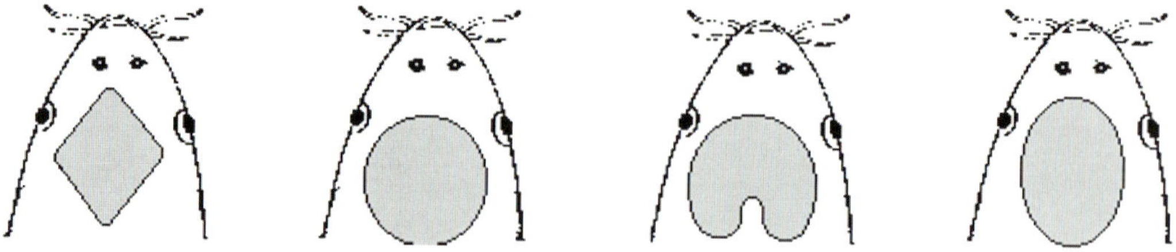

Verschiedene Formen des Kohaku-Kopfrot

Ippon-Hi-Kohaku

Nidan-Kohaku

Sandan-Kohaku (Foto: Z.N.A.)

Yondan-Kohaku

Maruten-Kohaku

Kohakuformen:

Inazuma-Kohaku (Zickzack-Kohaku) –
so bezeichnet man einen Kohaku mit einer durchgehenden, blitzförmigen Zeichnung.

Ippon-Hi-Kohaku (Kohaku mit durchgehendem Rot) –
Hier erstreckt sich das Rot durchgehend vom Kopf bis zur Schwanzregion. Die Unterseite ist weiß.

Nidan-Kohaku (Zweifeck-Kohaku) –
Die Zeichnung besteht aus zwei großen Flecken.

Sandan-Kohaku (Dreifleck-Kohaku) –
benannt nach der Anzahl der roten Muster.

Yondan-Kohaku (Vierfleck-Kohaku) –
mit Vierfleckzeichnung.

Maruten-Kohaku –
sind Kohaku mit einem einzelnen roten Fleck auf dem Kopf und anderen roten Mustern auf dem Körper.

Goten-zakura-Kohaku (Kohaku mit Kirschblütenmuster) –
Kohaku mit kleinen, locker gesprenkelten Rotmustern.

Napoleon-Kohaku –
er trägt dreieckige Flecken, die dem Dreispitz zu Zeiten Napoleons ähneln.

Benennungen der Kopfzeichnungen

Menkaburi –
die Rotzeichnung geht über den gesamten Kopf (Keine gute Qualität).

Hanatsuki –
das Rotmuster des Kopfes ist vollflächig, läßt aber die Augen und die Maulspitze frei.

Kuchibeni (Lippenfleck) –
die Lippen tragen eine rote Markierung, die mit einer anderen Rotmusterung auf dem Kopf kombiniert sein muß. Kuchibeni gibt es auch bei anderen Koi-Zuchtformen.

U-förmige Kopfzeichnung

Taisho-Sanshoku

Taisho-Sanshoku werden auch als Taisho-Sanke bezeichnet. Erstere Bezeichnung ist aber einleuchtender, denn sie bezeichnet eine dreifarbige (san = drei, shoku = Farbe) Koi-Zuchtform aus der Taisho-Ära (1912–1926). Jedoch sind die Ursprünge dieser Zuchtform wahrscheinlich schon in der Meiji-Ära (1868–1912) entstanden.

Taisho-Sanshoku haben sich in den letzten Jahrzehnten immer mehr verbessert. Typisch für sie ist, daß ihre Grundfarbe (dominierende Farbe) reinweiß (schneeweiß) ist, auf der sich rote (Hi) und schwarze (Sumi) Markierungen befinden. Auf dem Kopf dürfen nur rote Muster sein, kleine schwarze Flecken mindern den Wert.

Ideal ist, wenn das Rot wie beim Kohaku nicht über die Augen, die Nase und die Körperseiten reicht. Als besonders elegant gilt auch hier ein kreisrunder Kopffleck. Ansonsten sollen rote und schwarze Flecken auf dem Körper gut verteilt sein. Dabei sollen sich schwarze Flecken nicht zu weit in die untere Körperhälfte erstrecken. Große Schwarzfleckung auf dem Vorderkörper ist wichtig!

Die Schwarzfleckung soll nicht zu zahlreich sein, sie tritt in verschiedener Form auf: Befindet sie sich auf weißem Grund, so spricht man von „Tsubo-Sumi". Schwarz auf einem roten Fleck bezeichnet man dagegen als „Kasane-Sumi".

Die Flossen der Taisho-Sanshoku dürfen nicht rot sein. Die Brustflossen sind schwarz gestreift, wobei die Streifung nicht zu dicht sein sollte.

Taisho-Sanshoku
(Foto: Chung Chou Juan)

Taisho-Sanshoku

Taisho-Sanshoku

Aka-Sanshoku

Kuchibeni-Sanshoku

Showa-Sanshoku

Als besonders elegant betrachtet man etwa drei Streifen.

Taisho-Sanshoku-Formen:

Aka-Sanke –
Taisho-Sanshoku mit durchgehendem, großflächigem Rot vom Kopf bis zum Schwanz.

Fuji-Sanke –
Taisho-Sanshoku mit silbernem Kopf. Die Bezeichnung ist abgeleitet vom schneebedeckten Fujiyama.

Kuchibeni-Sanke –
Taisho-Sanshoku mit rotem Lippenfleck.

Maruten-Sanke –
Taisho-Sanshoku mit einem einzelnen, runden Rotfleck auf dem Kopf.

Showa-Sanshoku

Showa-Sanshoku sind dreifarbige Koi, die in der Showa-Ära, etwa 1927 durch Kreuzung eines Ki-Utsuri mit einem Kohaku herausgezüchtet wurden und rote und weiße Muster auf schwarzem Grund besitzen.

Die Unterschiede zum Taisho-Sanshoku sind folgende:

- Die Brustflossen der Showa-Sanshoku besitzen wie die der Utsuri an ihrer Basis schwarze Ansätze.
- Die Schwarzfleckung von Showa- und Taisho-Sanshoku ist verschieden. Im Zweifelsfall sollte man den Bauch der Fische betrachten: Dieser ist beim Showa-Sanshoku meistens schwarz, während sich die Schwarzzeichnung beim Taisho-Sanshoku weitgehend nur auf dem Rükken befindet.
- Showa-Sanshoku müssen im Gegensatz zu Taisho-Sanshoku eine schwarze Kopfzeichnung haben. Für diese Schwarzmarkierung gibt es zwei Idealvorstellungen:

  a) Die Schwarzfärbung verläuft in Längsrichtung und teilt so das Kopfrot.
  b) Die schwarze Grundfärbung auf dem Kopf ist V-förmig, und die Nase ist schwarz markiert. Prinzipiell ist die Schwarzfärbung beim Showa-Sansho-

Showa-Sanshoku

Hi-Showa

Kindai-Showa

ku entweder breit blitzförmig oder großfleckig. Die Rotmusterung soll gleichmäßig dunkel und klar begrenzt sein. Wichtig ist eine Rotmarkierung auf dem Kopf.

Schneeweiße Muster (etwa 20%) werden vor allem auf dem Kopf, auf dem Rücken und am Schwanzflossenansatz gefordert.

Die Brustflossen sollen im Idealfall nicht rein weiß oder schwarz sein und auch keine roten Streifen aufweisen. Sie sollen eine Schwarzfärbung am Ansatz tragen.

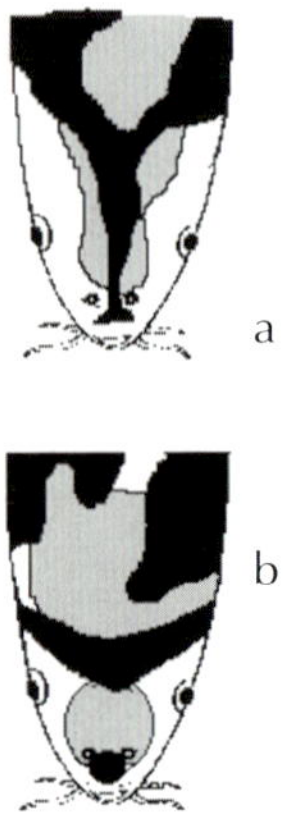

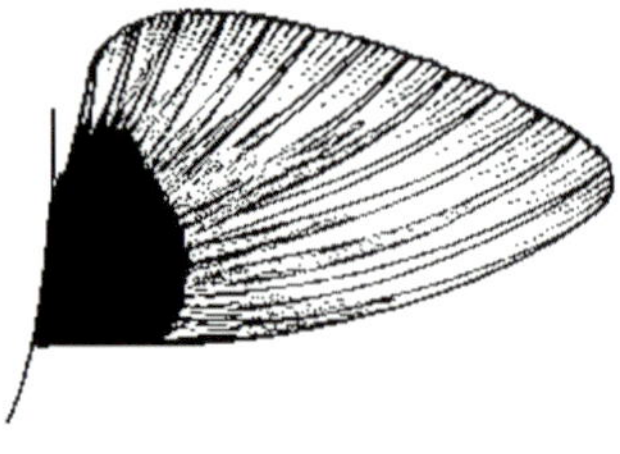

Ideale Kopf- und Brustflossenzeichnungen bei Showa-Sanshoku

Showa-Sanshoku-Formen:

Boke-Showa –
Boke heißt flockig, das bezieht sich hier auf die Schwarzfärbung, die fleckig und verwaschen ist, während sich beim normalen Showa-Sanshoku jede schwarze Schuppe klar abhebt.

Hi-Showa –
besitzt überwiegend Rot (Hi) vom Kopf bis zum Schwanz.

Kindai-Showa –
ein Showa der Neuzeit, bei dem weiße Partien überwiegen und ihm so das Aussehen eines Taisho-Sanshoku verleihen. Er ist jedoch meistens an den schwarzen Mustern auf dem Kopf zu erkennen.

Bekko

Bekko sind zweifarbige Koi mit weißer, gelber oder roter Grundfarbe und tiefschwarzen Flecken.

Shiro-Bekko (Weiße Bekko) fallen oft bei Taisho-Sanshoku-Zuchten an. Es sind praktisch Taisho-Sanshoku ohne Rot (Hi).

Aka-Bekko (Foto: Z.N.A.)

Ki-Bekko (Foto: Z.N.A.)

Shiro-Bekko

Im Unterschied zu den ähnlichen Utsuri ist der Schwarzanteil bei Bekkos stets geringer, und sie haben kein Schwarz auf dem Kopf. – Ein kleiner Sumi-Fleck ist jedoch unter Umständen zulässig, wenn er nicht entstellend wirkt.
Alle Farben (weiß, rot und gelb) der Bekko sollen klar und rein sein.

Bekko-Formen:

Aka-Bekko – Rote Bekko.

Ki-Bekko – Gelbe Bekko.

Shiro-Bekko – Weiße Bekko.
Bei dieser Form ist besonderer Wert auf die Kopffärbung zu legen. Sie soll möglichst ohne Flecken, reinweiß und nicht bräunlich sein.

Utsurimono

Utsuri sind zweifarbige Koi mit schwarzer Grundfarbe. Ihre Vorgänger sind relativ alt, es gab sie schon in der Meiji-Ära. Ab etwa 1925 beschäftigt man sich mit ihrer Selektion. Utsuri fallen immer mit bei der Zucht von Showa-Sanshoku an. Sie haben Gemeinsames mit Showa-Sanshoku und Unterschiedliches zu Bekko:

- Die schwarze Kopfzeichnung, die im Idealfall wie beim Showa-Sanshoku die Kopffärbung teilt, bzw. die V-förmige, schwarze Kopffärbung mit dem schwarzen Nasenfleck.
- Die Brustflossen mit dem schwarzen Fleck an der Basis und meist zusätzlichen schwarzen Streifen.
- Das Schwarz der Utsuri reicht im Gegen-

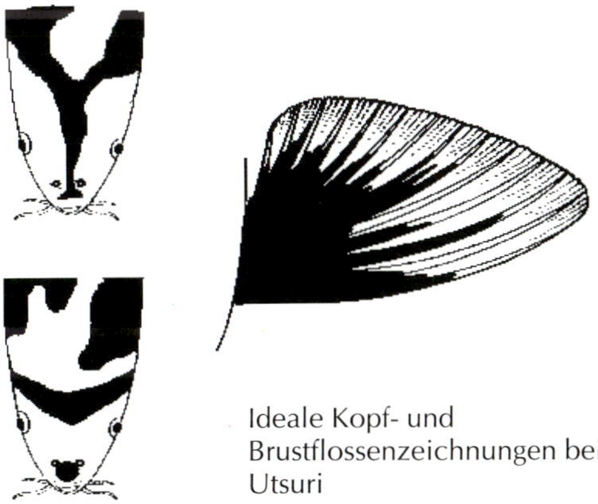

Ideale Kopf- und Brustflossenzeichnungen bei Utsuri

Hi-Utsuri(Fotos: Z.N.A.)

Ki-Utsuri

Shiro-Utsuri

satz zu Bekko um den gesamten Körper bis zum Bauch.

- Die schwarzen Flecken (Sumi) der Grundfarbe der Utsuri sollen möglichst groß sein und sich von der Nase bis zum Schwanz erstrecken, dabei aber ausgeglichen und harmonisch wirken.

Utsuri-Formen:

Hi-Utsuri –
sind Koi mit roter Zeichnung auf schwarzem Grund. Dabei soll das Hi (Rot) möglichst rein und gleichmäßig getönt sein. Das ist leider sehr schwer zu erreichen, denn besonders das Kopfrot ist meistens wesentlich dunkler.

Ki-Utsuri –
oft sehr exquisite Koi mit leuchtend gelben Mustern auf lackschwarzer Grundfarbe. Besondere Schwierigkeiten stellen die Klarheit und Einheitlichkeit des Gelb dar. Außerdem neigt das Schwarz oft zu kleinen, unschönen Sprenkelungen.
Die Pektoralen (Brustflossen) dieser Zuchtform sind wie bei anderen Utsuri gefärbt.

Shiro-Utsuri –
Koi mit weißer Fleckung auf schwarzem Grund. Das Weiß soll schneeweiß und rein (nicht gelblich) sein. Leider neigen Shiro-Utsuri zu kleinen, schwarzen Farbspritzern, die unerwünscht sind.

Asagi

Asagi entstanden vor etwa 160 Jahren durch Mutation aus dem normalen schwarzen Karpfen (Magoi). Oberflächlich betrachtet, sind es eher schlicht gefärbte Koi, was aber nicht ausschließt, daß man sich regelrecht in diese Zuchtform „verlieben" kann. Beeindruckend ist die Netzzeichnung des dunkelblauen Rückens durch hell umrandete Schuppen.

Die Kopfoberseite ist von möglichst gleichmäßiger, hellblauer Färbung ohne Wolken. Die gesamte Unterseite des Körpers, einschließlich der Unterkiefer- und Wangenpartie, soll rot gefärbt sein. Auch alle Flossen sollen mindestens im Ansatz rot sein.

Asagi (Foto: Z.N.A.)

Hi-Asagi

Mizu-Asagi

Asagi-Formen:

Asagi-Sanke –
sind sehr schöne Koi mit blaßblauem Rükken. Kopf- und Bauchseiten haben rote Markierungen, die Bauchunterseite ist milchweiß.

Hi-Asagi –
eine Asagi-Form mit besonders viel Rot (Hi), das sich bis weit nach oben über die Seitenlinie bis auf den Rücken erstreckt.

Konjo-Asagi –
ein wertloser Asagi, bei dem das Blau fast schwarz ist.

Mizu-Asagi –
haben die hellste blaue Farbe.

Narumi-Asagi –
Ihr Name wurde von einem ähnlich gefärbten und gemusterten, japanischen Stoff (Narumi) entlehnt. Mit Narumi-Asagi bezeichnet man die typisch hellblau gemusterten Asagi.

Taki-Asagi –
bei diesen Koi befindet sich zwischen dem Blau des Rückens und dem Rot des Bauches eine stromartige, weiße Partie.

Shusui

Beim allgemeinen Trend, deutsche Karpfen-Beschuppungsformen (Leder-, Spiegel- und Zeilkarpfen) in die japanischen Koi einzukreuzen, wurden etwa 1910 auch Kreuzungen mit Asagi durchgeführt.

Während alle durch Einkreuzen von „deutschen" Beschuppungsformen entstandenen Zuchtformen durch Hinzufügen des Wortes „Doitsu" (Deutsch) gekennzeichnet wurden, bilden Asagi mit der Bezeichnung Shusui eine Ausnahme.

Typisch für Shusui sind die nach Spiegelkarpfenform auf dem Rücken, bzw. entsprechend dem Zeilkarpfen auf dem Rücken und entlang den Seitenlinien verlaufenden, großen und wohlgeordneten Schuppen, die dunkelblau gefärbt einen wunderschönen Kontrast darstellen. Die Japaner symbolisieren damit den Herbsthimmel.

Besonders großer Wert wird auf gleichmäßige Anordnung der Schuppen gelegt, andernfalls gibt es Wertungsabzüge.

Auch beim Shusui ist die Kopfoberseite hellblau. Sowohl die Farbe des Kopfes wie

Shusui

Hana-Shusui

Hi-Shusiu (Foto: Z.N.A.)

auch die des Rückens darf keine Schlieren aufweisen. Nasenspitze, Kopf- und Bauchseiten sind feuerrot.

Shusui-Formen:

Hana-Shusui (wörtlich Blumen-Shusui) –
Bei dieser Zuchtform ist das helle Rückenblau rechts und links der großen Doitsu-Rückenschuppen durch Streifen oder durch eine langgestreckte Rotzeichnung unterbrochen, so daß zwischen dieser und dem Bauchrot eine schmale, hellblaue Zone stehenbleibt.
Besonders schön wirken Hana-Shusui, wenn sie auf der Zeilkarpfenform basieren. Dann befinden sich entlang der Seitenlinie ebenfalls große, blaue Doitsu-Schuppen.

Hi-Shusui (Rote Shusui) –
Hier ist das bei Hana-Shusui noch vorhandene Hellblau des Rückens völlig durch Rot ersetzt. Nur die großen, dunkelblauen Doitsu-Schuppen kontrastieren in wunderbarer Weise dazu.

Ki-Shusui (Gelbe Shusui) –
eine seltene Shusui-Form mit gelber Körperfarbe und grünlich-purpurnen bis schwarzen Dorsalschuppen (Rückenschuppen).

Perl-Shusui –
äußerst seltene Koi-Zuchtform mit perlmutartig silbernen Dorsalschuppen.

Koromo

Unter Koromo versteht man Kreuzungen zwischen Asagi und Kohaku oder Asagi und Showa-Sanshoku. Typisch für Koromo ist die Veränderung der Hi-Schuppen, die dunkel umrandet sind. Kormo haben noch eine recht junge Geschichte. Sie wurden erst seit etwa 1950 bekannt und kommen in jüngster Zeit etwas häufiger auf den Markt.

Koromo-Formen:

Ai-goromo –
eine Kreuzung von Asagi und Kohaku. Ai-goromo bedeutet wörtlich blau gekleidet, was sich auf die roten Schuppen bezieht. Sie tragen indigo-blaue Umrandungen, so

Ai-goromo

Ai-goromo (Foto: Z.N.A.)

Ai-goromo (Foto: S. Field)

daß eine netzartige Zeichnung auf den roten Mustern entsteht.

Budo-Goromo (auch Budo-Sanke) –
tragen die Musterung eines Taisho-Sanshoku. Das Hi wird allerdings vom Sumi überlagert, so daß diese Flecken violett erscheinen. Da diese auch noch weintraubenförmig sind, hat das dieser Zuchtform den Namen Budo-Sanke = Trauben-Sanke eingebracht.

Neben diesen Bordeaux-farbenen Flecken sind auch noch Sumi- Flecken vorhanden.

Hagoromo –
entstanden 1956 durch Kreuzen eines Asagi-Weibchens mit einem Ogon-Männchen. Weil man behauptet, daß ihre Brustflossen die Form von „Engelsflügeln" haben, erhielten sie den Namen Hagoromo. Das Körperrot dieser Ai-goromo wird von Blau überlagert, Kopfseiten und Brustflossen sind rot.

Koromo-Sanshoku

Koromo-Showa (Foto: Z.N.A.)

Sumi-goromo (Foto: Z.N.A.)

Koromo-Sanshoku –
entstanden durch Kreuzung eines Ai-goromo mit einem Taisho-Sanshoku. Auf der roten Fleckenzeichnung der Taisho-Sanshoku tragen die Schuppen dunkle Markierungen. Die verbleibenden roten Ränder bilden so eine Netzzeichnung. Koromo-Sanshoku sind sehr selten.

Koromo-Showa (auch Ai-Showa) –
sind eine Kreuzung zwischen Ai-goromo und Showa-Sanshoku, also eine dreifarbige Koiform mit schwarzer Grundfarbe, bei der die Rotmusterung wie bei der vorigen Form durch die Koromozeichnung überlagert ist.

Sumi-goromo (Dunkle Koromo) –
Koi mit Kohaku-Zeichnung, also roten Mustern auf weißem Grund. Die Besonderheit besteht darin, daß sich auf den roten Flecken zahlreiche, locker zusammenhängende, schwarze, anstatt blaue Koromomuster befinden. Das Schwarz erscheint nicht nur auf dem Körper, sondern auch auf dem Kopf.

Kawarimono

In dieser sehr umfangreichen Gruppe werden alle nicht-metallicfarbenen Koi-Formen eingeordnet, die sich in keiner der anderen Gruppen unterbringen lassen. So finden wir hier sowohl einfarbige als auch mehrfarbige Koi. Zu dieser Gruppe kommen ständig neue Formen hinzu.

Kawarimono-Formen:

Aka-Hajiro –
sind Aka-Muji (reinrote Koi) mit weißen Spitzen an Brust- und Bauchflossen.

Aka-Muji –
reinrote Koi, die bei der Kohaku-Zucht ausfallen können.

Benigoi –
reinrote Koi, deren Farbe aber heller als die der Aka-Muji ist. Auch die Flossen sind rot.

Chagoi (Braune Koi) –
sind von hellbrauner bis safrangelber Farbe, die im Jugendstadium grünlich braun ge-

Kawarimono

Aka-Hajiro

Chagoi

Hajiro

Hajiro

Kage-Hi-Utsuri

färbt sind. Chagoi sind in den letzten Jahren recht beliebt.
Wahrscheinlich, weil sie sehr robust sind, schnell wachsen und dank ihres ständigen Appetits auch sehr zahm werden. Manchmal auftretende schwarze Pigmentflecken setzen ihren Wert herab.

Hajiro –
sind wundervoll aussehende schwarze Koi mit weißen Brust- und Bauchflossenspitzen.

Hageshiro –
ein schwarzer Koi mit weißem Kopf und weißen Brustflossenspitzen.

Hi-Botan –
sind Hi-Utsuri ohne Sumi auf dem Kopf, oder anders gesagt, Hi-Bekko mit größeren Sumi-Flecken.

Kage-Sanshoku (KageSanke) –
Sie tragen neben den roten und schwarzen

Kage-Shiro-Utsuri

Kage-Shiro-Utsuri

Kanoko-Kohaku

Kanoko-Sanshoku

Kanoko-Showa

Karasugoi

Mustern auf weißem Grund eine Kage-(Schatten-)Zeichnung, die durch dunkle Schuppenzentren hervorgerufen werden.

Kage-Showa –
haben ebenfalls neben der Rot- und Weißmusterung auf schwarzem Grund teilweise eine sogenannte Schattenzeichnung auf weißen Mustern, die durch dunkle Schuppenzentren hervorgerufen werden.

Kage-Utsuri –
sind Utsuri-Formen mit Netzzeichnungen auf der entsprechenden Musterfarbe. So ist bei Kage-Shiro-Utsuri das Weiß und bei Kage-Hi-Utsuri das Rot genetzt.

Kanoko-Kohaku, Kanoko-Sanke, Kanoko-Showa –
Kanoko bedeutet Rehkitz, was darauf hindeutet, daß die roten Flecken dieser Zuchtformen nicht kompakt, sondern durch ein-

Kumonryu

Hi-Kumonryu

Aka-Matsuba

Midorigoi

Ochiba-Shigure (Foto: S. Field)

Ochiba-Shigure

zelne rote Schuppen getüpfelt sind. Das Kopfrot bleibt dagegen kompakt

Karasugoi (Schwarze Koi) –
entstanden aus Konjo-Asagi und sind tiefschwarz, dunkler als normale Karpfen (Magoi).

Kigoi (Gelbe Koi) –
eine gelbe Variante, die auch als Teilalbino mit roten Augen auftreten kann.

Kumonryu –
ähnlich den Hageshiro, jedoch ist ihre Kopffärbung klarer weiß. Auf dem Körper befinden sich verschiedene schneeweiße Markierungen, die Brustflossen sind schwarz und weiß. In seiner Beschuppung ist er ein Lederkarpfen und wird deshalb in der Gruppe Doitsu bewertet.
Eine neue, bisher nur einzeln aufgetretene Form ist der Orange-Kumonryu.

Matsuba –
einfarbige Koi mit Netzzeichnung, die dadurch entsteht, daß alle Schuppen dunkel sind und nur einen farbigen Saum tragen. Der Name Matsuba bedeutet Pinienzapfen und bezieht sich auf diese Netzzeichnung. Man unterscheidet nach ihrer Farbe Aka-Matsuba, Ki-Matsuba und Shiro-Matsuba.

Matsukawabake –
schwarzweiße Koi, die in ihrer Farbverteilung nicht konstant sind und diese mit der Wassertemperatur oft mehrmals innerhalb eines Jahres wechseln.

Midorigoi (Grüne Koi) –
wurden durch Kreuzung eines Shusui-Männchens mit einem Yamabuki-Ogon-Weibchen im Jahre 1965 herausgezüchtet. Daraus entstanden gelbgrüne Koi mit schöner, dunkelgrüner Doitsu-Beschuppung. Auch diese Koi-Zuchtform wird in der Doitsu-Gruppe gewertet.

Ochiba-Shigure –
bedeutet in der Übersetzung „Herbstblätter auf dem Wasser“. Es sind blaugraue Koi mit braunen Mustern.

Sanke-Shusui –
Kreuzung aus Taisho-Sanshoku mit Shusui. Es entstanden Sanke mit den typischen, dunkelblauen Doitsu-Rückenschuppen der Shusui.

Soragoi

Sumi-Nagashi

Yotsushiro

Shiro-Muji –
mattweiße Koi, die bei der Kohaku-Zucht ausfallen.

Soragoi –
einfarbige, graublaue Koi, die den Magoi relativ nahe stehen und deshalb besonders schnell wachsen.

Suminagashi (auch Asagi-Sumi-Nagashi) –
ein schwarzer Koi mit weiß umrandeten Schuppen.

Yotsushiro (Yotsujiro) –
bedeutet wörtlich „viermal weiß". Sehr schöne, aber seltene schwarze Koi mit weißem Kopf, weißen Brustflossen, weißer Rückenflosse und weißer Schwanzflosse.

Hikari-muji

Hikari heißt glänzend und muji einfarbig, was die wesentlichen Merkmale dieser Gruppe beschreibt. Es handelt sich um einfarbige, metallisch glänzende Koi.

Im Gegensatz zum Goldfisch, bei dem die glänzend goldene Färbung der Ausgang war, entstand der erste Koi mit metallisch goldenem Glanz erst relativ spät, vermutlich 1946 durch Mutation. Wie bei Koi in Japan üblich, wurden diese sogenannten Ogon bald in alle möglichen Zuchtformen eingekreuzt und so entstanden z. B. Kin-Kabuto (Goldbehelmte Koi), Gin-Kabuto (Silberbehelmte Koi), Satingoi (Goldstaub-Koi), aber auch viele verschiedene Ogon-Formen. Die Ogon sind heute sehr beliebt, und so züchtet man große Mengen.

Wichtig für Ogon ist der goldene, bzw. silberne Glanz, der bei qualitativ hochwertigen Tieren über den ganzen Körper reicht.

Der Wasserchemismus scheint für die Erhaltung der Färbung eine wichtige Rolle zu spielen: Ich konnte feststellen, daß Ogon sehr aufhellen können, wenn sie in weichem Wasser gehalten werden.

Da es Ogon in großen Stückzahlen gibt, ist die Konkurrenz auf Ausstellungen groß und die Wertung hart: Wichtig ist neben einwandfreier Färbung und gutem, weitreichendem Glanz, eine gute Form des Körpers sowie entsprechende Größe und Form der Flossen, besonders der Brustflossen.

Bei Doitsu-Ogon, die allerdings in einer eigenen Gruppe (Doitsu) gewertet werden, wird besonderer Wert auf einwandfreie Zei-

Ogon

Gin-Matsuba (Foto: Z.N.A.)

Gin-Shiro-Utsuri (Foto: Z.N.A.)

lenbeschuppung ohne überflüssige (falschsitzende) Schuppen gelegt.

Hikari-muji:

Ogon –
sind völlig goldene und glänzende Koi.

Gimbo und Kombo –
sind schwarze Koi mit silbernem, bzw. goldenem Glanz. Sie sind ebenfalls Ausschußprodukte der Ogon-Zucht.

Gin-Matsuba –
Silbernglänzende Matsuba.

Gin-Shiro (Gin-Shiro-Utsuri) –
Silbernglänzende Shiro-Utsuri.

Hi-Ogon – Rote Ogon.

Orange-Ogon –
Golden-orangefarbene Ogon.

Orange-Ogon (Foto: Z.N.A.)

Geisterkoi – engl. Züchtung

Kin-Matsuba (Foto: Z.N.A.)

Kin-Ki-Matsuba

Platin-Ogon (Foto: Z.N.A.)

Yamabuki-Ogon

Kin-Kabuto (Golden behelmte Koi) und Gin-Kabuto (Silbern behelmte Koi) –
werden in Japan als Abfallprodukte bei der Ogon-Zucht ausselektiert. Sie haben schwarze Schuppen mit goldenen, bzw. silbernen Rändern. Auf dem Kopf tragen sie eine schwarze Zeichnung, die ihnen den Namen gab. In England wurde diese Koi-Zuchtform in großem Maßstab, teils mit zusätzlichem Kinginrin gezüchtet, als Geisterkoi in den Handel gebracht und fand so eine große Anhängerschaft.

Kin-Matsuba (Goldglänzende Matsuba) –
sind gold-, bzw. gelbglänzende Matsuba mit ihrer typischen Pinienzapfen-Zeichnung, die aus dunklen Schuppen mit farbigen (goldenen) Rändern entsteht. Sie wurden erstmals 1960 durch Einkreuzen von Ogon in Matsuba herausgebracht.

Kin-Ki-Matsuba –
haben durch ihren Gelbanteil eine besonders leuchtende Farbe.

Kuro-Ogon (Schwarze Ogon) –
glänzend schwarze Koi. Diese Form wird in Japan ausselektiert.

Nezu-Ogon –
sind sibergraue Hikarimono.

Platin-Ogon –
entstanden 1963 durch Kreuzung eines Nezu-Ogon mit einem Kigoi. Es sind bestechend schöne Koi von glänzend silbergrauer Färbung.

Shiro-Ogon –
entstanden 1963 durch Verpaarung von Nezu-Ogon mit Kigoi. Es sind beeindrukkend schöne Koi, die durch ihren leuchtenden Silberglanz überall sofort ins Auge fallen.

Yamabuki-Ogon –
besonders brillant goldgelb glänzende Koi, die man 1957 durch Kreuzung eines Kigoi mit einem Ogon herauszüchtete. Ihren Namen erhielten sie nach einem beliebten, japanischen Strauch mit goldgelben Blüten (*Kerria japonica*).

Hikari-Utsurimono

Wie schon der Name teilweise aussagt, handelt es sich um metallisch glänzende Koi, die in den letzten drei Jahrzehnten aus Kreuzungen verschiedener Utsuri und Showa-Sanshoku mit Ogon entstanden sind.

Gin-Shiro (Gin-Shiro-Utsuri)

Kin-Showa (Foto: Z.N.A.)

Kin-Ki-Utsuri

Man unterscheidet folgende Hikari-Utsurimono:

Gin-Shiro (auch Ginshiro-Utsuri) –
Hikarimono der Shiro-Utsuri mit Platinglanz.

Kin-Showa –
eine Hybride aus Showa-Sanshoku mit Platin-Ogon.

Kage-Gin-Shiro –
ein Kawarimono mit Metallicglanz.

Kin-Hi-Utsuri –
sind das Ergebnis einer Kreuzung von Hi-Utsuri mit Ogon.

Kin-Ki-Utsuri –
eine Kreuzung zwischen Ki-Utsuri und Ogon.

Kin-Showa –
der Goldglanz dieser sehr attraktiven Koi entstand durch Verpaaarung von Showa-Sanshoku mit Ogon. Sie besitzen meistens sauber schwarz gestreifte Brustflossen.

Hikarimoyo-mono

In diese Gruppe gehören Koi mit metallischem Glanz, die aus Kreuzungen von anderen Koi (nicht Utsuri) mit Ogon entstanden.

Hikarimoyo-Formen:

Gin-Bekko –
entstanden durch Kreuzung eines Shiro-Bekko mit einem Platin-Ogon. Also ein Bekko mit einer silbern glänzenden Grundfarbe. Leider ist es schwierig, bei dieser Form gute Sumi-Flecken zu erzielen.

Hariwake –
sind orange-weiße oder gelb-weiße Koi mit metallischem Glanz. Das Weiß wird so zur Platinfarbe. Diese Zuchtform soll eine reine und klare Kopffarbe haben.

Hariwake-Matsuba –
sind Matsuba, deren Netzzeichnung von golden- oder silberglänzenden Schuppenpartien überlagert ist.

Hariwake-Ogon –
Ogon mit silbernglänzenden Schuppenpartien.

Hikarimoyo

Hariwake-Ogon

Kujyaku (Foto: S. Field)

Kujyaku (Foto: Z.N.A.)

Yamoto-Nishiki (Foto: Z.N.A.)

Kinzakura –
eine sehr seltene Zuchtform. Es sind Goten-zakura-Kohaku mit metallischem Glanz.

Kujyaku –
Diese begehrten und größtenteils bestechend schönen Koi wurden 1960 herausgezüchtet.

Orange-Hariwake –
haben auf platinfarbenem Körper orange-glänzende Flecken.

Platin-Kohaku
(auch Kin-Fuji) –
entstanden aus der Vereinigung von Kohaku mit Ogon. Dadurch erhielten die zu sehr hellen Rotmustern neigenden Koi einen auffallenden Platinglanz auf dem Rükken. Bei dieser Zuchtform sind die sonst bei Kohaku verpönten „Kahlköpfe" mit reiner Platinfarbe die besten.

Kinsui und Ginsui –
sind Shusui mit metallisch goldenem oder silbernem Glanz. Kinsui haben mehr Hi-Flecken als Ginsui. Beide Formen werden in der Gruppe Doitsu gewertet.

Sakura-Ogon –
Konako-Kohaku mit metallischem Glanz.

Tora-Ogon –
sind Hikarimono der Ki-Bekko, d.h., goldene Koi mit schwarzen Mustern.

Yamabuki-Hariwake –
sehr beliebte, silberfarbene Koi mit leuchtend gelben (Yamabuki) Flecken. Dabei sollen die Schuppenränder noch sichtbar und der Kopf soll rein silbern, ohne Muster sein.

Yamato-Nishiki –
heißen die Hikarimono der Taisho-Sanshoku mit oft sehr beachtlichem Platinglanz.

Tancho

Tancho bedeutet wörtlich „roter Fleck auf dem Kopf", aber auch Kranich, denn wie viele andere Kranicharten auch, hat der in Japan beheimatete Mandschurenkranich (Grus japonensis) ein rotes Zeichnungsmuster auf dem Kopf.

Deshalb werden Koi-Zuchtformen mit einem roten Fleck auf dem Kopf und keinem weiteren Rot auf dem Körper ebenfalls mit „Tancho" bezeichnet.

Man unterscheidet verschiedene Fleck--Formen:

- Rundes Tancho
- Ovales Tancho
- Herz-Tancho
- Viereckiges Tancho (Kakutan)
- Tancho in Form einer Pflaumenblüte (Umebachi)

Tancho-Formen:

Tancho-Kohaku –
sind rein schneeweiße Koi mit nur einer roten Zeichnung auf dem Kopf. Die Form dieses Kopffleckes ist im meist begehrten Fall kreisrund.

Tancho-Sanshoku –
Tancho-Sanke, deren einziges Rotmuster sich auf dem Kopf befindet. Ihre Körperzeichnung entspricht folglich der eines Shiro-Bekko.

Tancho-Showa –
sind Showa-Sanshoku mit nur einem Rotmuster auf dem Kopf und keinem weiteren Rot auf dem Körper.

Tancho-Kohaku

Tancho-Sanshoku

Tancho-Showa

Kinginrin-Chagoi

Kinginrin-Orange-Ogon

Kinginrin-Kohaku mit Perl-ginrin

Kinginrin

Als Kinginrin bezeichnet man Koi mit vielen (mehr als 20) silbernen und/oder goldenen Schuppen.

Die ersten Kinginrin traten 1929 auf, und da diese leuchtend glänzenden Schuppen sehr begehrt waren, wurde das Herauszüchten von Kinginrin forciert betrieben.

Es ist möglich, auf alle Koi-Zuchtformen „Kinginrin" (Gold-Silber-Schuppen) aufzuzüchten. Silbern glänzende Schuppen treten auf schwarzem und weißem, goldene dagegen auf rotem Grund auf.

Man unterscheidet vier verschiedene Kinginrin-Schuppenformen:

Perl-ginrin –
wird oft auch als Tsuba-gin oder Tama-gin bezeichnet. Bei dieser Beschuppungsart befindet sich auf jeder Schuppe eine perlmutisierende Zone, die reliefartig hervortritt.

Kinginrin-Sanshoku

Kinginrin-Asagi

Kinginrin-Soragoi

Kinginrin-Kohaku

Kinginrin-Showa

Kinginrin-Tancho-Showa

Leider läßt diese wunderschön räumliche Wirkung mit zunehmendem Alter der Koi nach und verflacht mehr und mehr, so daß diese Beschuppungsform bei großen Koi selten noch zufriedenstellend ist.

Diamant-ginrin –
eine Form der Kinginrin-Beschuppung, die 1969 erstmals in der Konishi Koi Farm in Hiroshima auftrat. Deshalb wird diese Beschuppungsform auch als Hiroshima-Ginrin oder als Hiroshima-Nishiki bezeichnet. Die Schuppen funkeln je nach Lichteinfall wie Diamanten. Leider fehlen bei dieser Beschuppungsart häufig die glitzernden Schuppen rechts und links der Rückenflosse.

Beta-gin –
ist eine Beschuppungsform, bei der die ganze Schuppenoberfläche glitzert. Sie tritt bevorzugt an den Körperseiten auf und ist auf dem Rücken lückenhaft.

Kado-gin –
hier tragen nur die Schuppenränder das irisierende Material, und häufig fehlen auch hier die für die Eleganz der Koi wichtigen Schuppenreihen nahe der Rückenflosse.

Kinginrin-Koi-Zuchtformen (Beispiele):

Kinginrin-Kohaku, Kinginrin-Bekko, Kinginrin-Sanke, Kinginrin-Showa, Kinginrin-Platin-Ogon, Kinginrin-Yamabuki-Ogon usw.

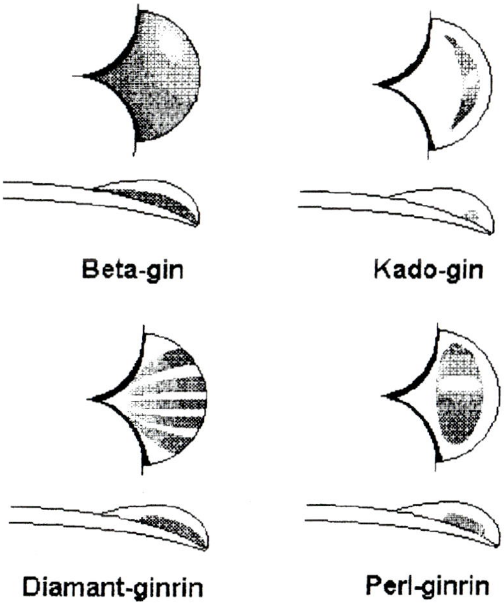

Kinginrin-Beschuppungsformen

Goshiki

Goshiki

Goshiki

Goshiki

Goshiki wurden ursprünglich (etwa 1918) aus einer Verpaarung von Asagi und Aka-Sanshoku oder Aka-Bekko herausgezüchtet. Heute werden sie durch Kreuzung von Asagi mit Taisho-Sanshoku hervorgebracht.

Goshiki heißt wörtlich fünffarbig, also handelt es sich bei dieser Gruppe um fünffarbige Koi. Sie zeigen die Farben rot, weiß, schwarz, blau und dunkelblau. Jedoch sollte man sich nicht zu sehr anstrengen, auf Goshiki fünf Farben zu finden. Das ist sehr schwierig, denn, wenn überhaupt vorhanden, findet man die vierte und fünfte Farbe (blau und dunkelblau) meistens nur als Auflagefarbe auf Schuppen innerhalb anderer Farbmuster. So sahen auch die Goshiki in den vergangenen Jahren oft sehr verwaschen und unansehnlich aus.

In den letzten Jahren hat sich das aber offensichtlich sehr geändert. Man kann häufig wunderschön gefärbte Goshiki sehen, bei denen besonders das Rot dunkel und leuchtend ist und oft sehr schöne Muster bildet.

Goshiki

Doitsu-Platin-Ogon (Foto: Z.N.A.)

Doitsu

Doitsu heißt Deutsch.

Wie bereits erwähnt, werden neuerdings in Japan alle Doitsu, außer den Shusui, in einer gesonderten Hauptgruppe gewertet. Shusui-

Doitsu-Ogon (Foto: Z.N.A.)

Doitsu-Orange-Ogon

Doitsu-Shiro-Utsuri (Foto: Z.N.A.)

Kreuzungen werden hingegen in der Doitsu-Gruppe geführt.

Als Doitsu bezeichnet man alle Koi mit einer Beschuppung, die von der normalen Beschuppung eines Wildkarpfens abweicht. Diese Beschuppungsformen wurden durch Einkreuzen von deutschen Speisekarpfen auf die Koi übertragen. So kennt man heute auch bei Koi Fische mit der Beschuppung von Spiegel-, Zeil- und Lederkarpfen. Letztere werden auch Nacktkarpfen genannt.

Auch Koi mit nur einigen, unregelmäßigen und stark vergrößerten Schuppen werden unter Doitsu eingeordnet. Die Doitsu-Beschuppung kann prinzipiell mit allen Koi-Zuchtformen kombiniert werden.

Bei der Zeil- oder Spiegelkarpfen-Beschuppung kontrastieren meistens die kräftigen Farben der Doitsu-Schuppen sehr schön zur übrigen Färbung des Körpers. Bei der Lederkarpfen-Beschuppung kommen die Farben sehr klar und leuchtend heraus.

Doitsu-Yamato-Nishiki

Doitsu-Showa

Doitsu-Soragoi

Doitsu-Orange-Hariwake

Doitsu-Orange-Hariwake

Doitsu-Hariwake

Doitsu-Formen (Beispiele):

Midorigoi, Kinsui, Ginsui, Kumonryu, Kikusui (Platinfarbener Doitsu-Kohaku), Doitsu-Sanshoku, Doitsu-Showa, Doitsu-Kohaku, Doitsu-Bekko, Doitsu-Utsuri, Doitsu-Chagoi, Doitsu-Hariwake, Doitsu-Kujyaku, Doitsu-Platin (Ogon), Doitsu-Orange (Ogon), Doitsu-Matsuba, Doitsu-Mizuho, Doitsu-Kujyaku, Sanshoku-Shusui, Showa-Shusui, Goshiki-Shusui usw.

Zierende Schuppenränder bei Koi-Variationen

Viele Koi-Zuchtformen fallen durch eine schuppenbetonte Färbung auf. Dabei können Schuppenränder in fünf verschiedenen Formen auftreten:

1. Nur der Rand jeder Schuppe ist mit Pigmentzellen besetzt. Ein typisches Bei-

Doitsu-Kujyaku

Mizuho

Doitsu Kujyaku

spiel hierfür ist die Ai-goromo-Beschuppung.

2. Die Pigmentzellen befinden sich an der Basis der sichtbaren Schuppenausschnitte und rufen dadurch den gleichen Eindruck wie bei 1. hervor. Nur bei genauem Hinsehen kann man den Unterschied feststellen.

3. Jede Schuppe ist pigmentiert, nur die Schuppenränder sind farblos, so daß jeweils die Farbe der darunterliegenden Schuppen durchleuchtet.

4. Der Rand jeder Schuppe ist dick mit Pigmentzellen besetzt. Solche Beschuppung findet man bei Kohakus.

5. Die dunklen Pigmentzellen häufen sich auf den mittleren Zonen der Schuppen, so daß die Schuppenränder heller erscheinen. Diese Beschuppungsart ist typisch für Asagi, aber auch für einige andere Koi-Formen.

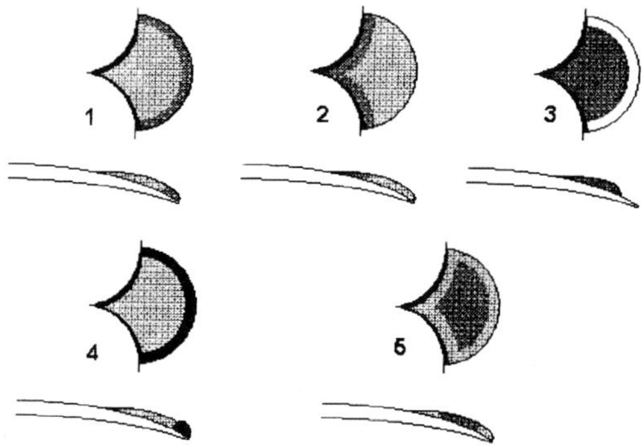

Zierende Schuppenränder

Besuch einer Koi-Ausstellung

Wahrscheinlich bereits 1912 wurde die erste Koi-Schau in Japan von Berufszüchtern der Niigata-Region veranstaltet. Heute gibt es in allen Teilen Japans Koi-Sektionen, von denen die meisten jährlich eine Ausstellung abhalten. Es gibt Open-air- und Indoor-Ausstellungen. Welche von beiden bevorzugt wird, richtet sich nach dem Klima des jeweiligen Landesteils Japans, denn die Schauen finden immer im Winter statt, wenn die Koi ihre schönsten Farben zeigen. Man unterscheidet Amateur-Schauen, Züchter- und Händler-Ausstellungen (Dealer-Shows) und gemischte Schauen. Bei gemischten Schauen wird bei der Bewertung in Amateur-, Händler- und Züchterklasse unterschieden.

Außerdem gibt es offene und geschlossene Schauen. An einer geschlossenen Ausstellung können sich nur Aussteller eines bestimmten Vereins beteiligen, während bei einer offenen Schau alle Aussteller zugelassen sind.

Die jährlich größte Ausstellung der Welt ist die von der Zentralorganisation Zen Nippon Airinkai (Z.N.A.) und der All Japan Nishikigoi Dealers Association veranstaltete Gesamtjapan-Schau, die jährlich in einer anderen großen Stadt Japans abgehalten wird. Beispielsweise fand die 12. im Jahre 1976 in Osaka statt, wo 3656 Koi gewertet wurden.

Die Gesamtjapan-Schau wird immer mit internationaler Aussteller-Beteiligung aus

Indoor-Ausstellung (Foto: Zen Nippon Airinkai)

Eine Ansicht der 21. Gesamtjapan-Koischau 1985 in Kobe (Foto: Zen Nippon Airinkai)

In Japan gibt es ein interessiertes Publikum

vielen Ländern (Taiwan, Thailand, Singapur, Korea, USA, England, Kanada, Mexiko, Australien, Südafrika) ausgerichtet. Aber noch weit mehr internationale Besucher finden sich ein. Es kommen Liebhaber und Händler. Die Händler nützen den Zeitpunkt, um bestimmte Koi auszuwählen und Kaufverträge für das kommende Jahr abzuschließen.

Wer auf der Gesamtjapan-Schau Sieger wird, kann seine Koi zu sehr hohen Preisen verkaufen. Das Ausstellungssiegertier wechselt nicht selten für 200 Millionen Yen seinen Besitzer. (Derzeit sind 100 Yen = 1,60 DM.)

Außerhalb Japans dürften Taiwan und England zu den am besten organisierten Koiländern gehören. In beiden Ländern gibt es zahlreiche Koi-Sektionen und jährlich viele Ausstellungen. Besonders beeindrukkend ist die Koiliebhaberei in England. Auch England führt alljährlich neben vielen kleineren Sektions-Schauen eine große Schau der Zentralorganisation "British Koi Keeper's Society (B.K.K.S.) durch.

1994 wurde auch in Deutschland die erste Koi-Ausstellung in der Rhein-Ruhr-Halle Duisburg von der deutschen Koi-Organsation KLAN (Koi-Liebhaber am Niederrhein) abgehalten. Sie war ein sehr großer Erfolg, so daß nun auch in Deutschland jährlich eine solche Schau organisiert wird.

Typisch für alle diese Ausstellungen ist das Aufstellen runder oder auch eckiger Behälter aus blauer Plastikfolie, sogenannter Vats, die 20 bis 30 cm hoch mit Wasser gefüllt sind und eine Durchlüftungseinrichtung besitzen. Die Behälter müssen blau sein, weil man über blauem Untergrund die Farben der Koi besser erkennen kann.

Durchführung, Schau- und Bewertungskriterien

Während kleine Sektionsschauen an einem Tag abgewickelt werden, sind die großen Schauen immer 2 Tage für das Publikum geöffnet (Sonnabend und Sonntag). Dabei muß der Aufbau der Ausstellung bis spätestens Donnerstag fertig, und die Vats müssen mit Wasser gefüllt sein. Am Freitag bringen die Aussteller ihre Fische. Erste Tätigkeit des Ausstellungspersonals ist, die Fische in einer Desinfektionslösung zu baden, sie zu messen, in die einzelnen Klassen einzuordnen (Benching), sie für den Ausstellungskatalog und die Bewertung zu erfassen und mit einer Sofortbildkamera zu fotografieren, um Verwechslungen zu vermeiden.

Alle ausgestellten Koi werden in Japan bei sehr großen Schauen in 16 Größenklassen eingeordnet und gewertet. Kleinere Schauen und andere Länder haben abweichende Regelungen. Die Größe der Fische wird von Maulspitze bis Schwanzende gemessen.

Größe 1 unter 12 cm, Größe 2 unter 15 cm, Größe 3 unter 20 cm, Größe 4 unter 25 cm, Größe 5 unter 30 cm, Größe 6 unter 35 cm, Größe 7 unter 40 cm, Größe 8 unter 45 cm, Größe 9 unter 50 cm, Größe 10 unter 55 cm, Größe 11 unter 60 cm, Größe 12 unter 65 cm, Größe 13 unter 70 cm, Größe 14 unter 75 cm, Größe 15 unter 80 cm, Größe 16 85 cm und mehr.

Messen der Koi auf einer Ausstellung (Benching)

Die Bewertung

Die Bewertung der Ausstellungs-Koi erfolgt bei großen Ausstellungen durch mehrere Bewertungsrichter-Gruppen. Jede Gruppe bewertet eine bestimmte Anzahl von Koi in den einzelnen Hauptgruppen. Welche Wertungsrichtergruppe welche Hauptgruppen wertet, wird durch Los entschieden.

Seit Jahren wird angestrebt, nach einem 100-Punkte-System nach folgenden Kriterien zu werten:

1. Form	= 30 Punkte
2. Farbe	= 20 Punkte
3. Zeichnung	= 20 Punkte
4. Qualität	= 10 Punkte
5. Eleganz	= 10 Punkte
6. Erscheinung	= 10 Punkte
Gesamt	= 100 Punkte

Form, Farbe und Zeichnung sollen exakt gewertet werden, wobei es oft zu Härten kommen kann, so daß ein exquisiter Koi durch einen kleineren Mangel in der Wertung gegenüber einem nur mittelmäßigen Koi ohne Fehler schlecht wegkommt. Mit den drei letzten Wertungspunkten Qualität, Eleganz und Erscheinung sind die Wertungsrichter in der Lage, diesen Mangel auszugleichen. So kann vermieden werden,

Wertungsrichter einer japanischen Koischau

daß ein durchschnittlicher Fisch ohne wesentliche Fehler Sieger wird, während ein exzellenter mit einem geringen Fehler im Hintergrund bleibt.

Leider wird dieses Bewertungssystem bis heute nicht angewendet, sondern die Koi werden im Werter-Kollektiv rein subjektiv, ohne Punktvorgaben diskutiert und gewertet.

Es gibt verschiedene Gründe, weshalb ich der Meinung bin, daß sich an dem ganzen Bewertungssystem in Zukunft einiges ändern muß. Auch sollte in Zukunft, wie bei anderen Schauen (z. B. Guppy-, Xipho- und Mollyschauen) jeder Wertungsrichter einer Gruppe wirklich einzeln werten. Die richtige Punktzahl wird dann durch Addieren der Gesamtpunktzahlen der einzelnen Wertungsrichter und anschließendes Dividieren durch die Anzahl der Wertungsrichter ermittelt. Die Mindestanzahl der Wertungsrichter in einer Gruppe beträgt dann drei. Noch besser sind fünf Wertungsrichter. Im letzten Fall kann man die höchste und die niedrigste Einzelwertung streichen und aus den verbleibenden drei Wertungen das arithmetische Mittel bilden. So ist es auch möglich, daß ein Wertungsrichter im Ausnahmefall seinen eigenen Koi werten kann.

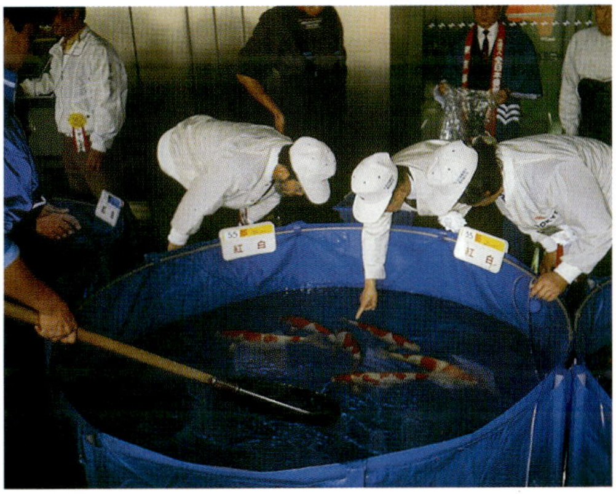

Japanische Wertungsrichter bei der Arbeit

Dekorativer Teller mit Koi – ein Ausstellungspreis

Beispiel beim Werten mit drei Wertungsrichtern:

Wertungsrichter 1: 67 Gesamtpunkte
Wertungsrichter 2: 72 Gesamtpunkte
Wertungsrichter 3: 75 Gesamtpunkte

214 Gesamtpunkte : 3 = 71,3 Punkte

Beispiel beim Werten mit fünf Wertungsrichtern:

Wertungsrichter 1:68 Gesamtpunkte
Wertungsrichter 2:83 Gesamtpunkte
– höchster Wert entfällt
Wertungsrichter 3: 72 Gesamtpunkte
Wertungsrichter 4: 73 Gesamtpunkte
Wertungsrichter 5: 65 Gesamtpunkte
– tiefster Wert entfällt

213 Gesamtpunkte : 3 = 71 Punkte

Preise, die bei einer japanischen Koi-Ausstellung vergeben werden

Bewertungskriterien

1. Form

Der Figur eines Koi wird die größte Aufmerksamkeit geschenkt. Ein ansonsten in Farbe und Zeichnung sehr schönes Tier kann nicht Sieger werden, wenn seine Form schlecht ist. Gleichzeitig wird auch der Schwimmstil gewertet. Vor allem soll auf eine symmetrische Form geachtet werden. Man muß unterscheiden können, ob der Bauch eines Weibchens durch Laichansatz natürlich gerundet ist, oder ob eine anormale Figur vorliegt. Koi mit offensichtlichen Erkrankungen und mit fehlenden Flossen, Augen oder Kiemendeckeln werden von der Bewertung ausgeschlossen.

Folgende Kriterien werden gewertet:

– Gerade Linie des Rückgrates und richtige Rundungen des Körpers,

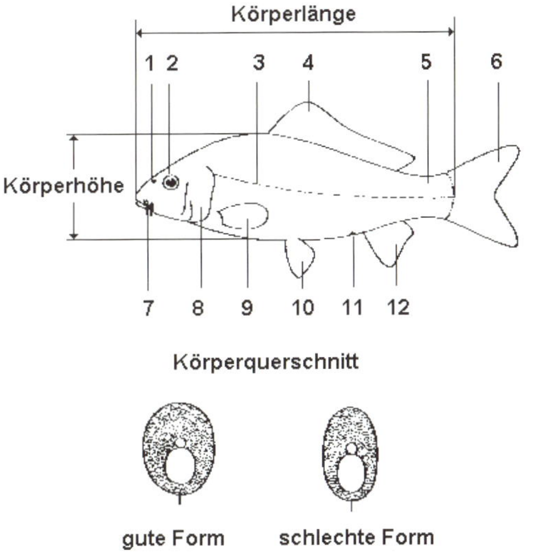

Ideale Körperform von Koi und Bezeichnung der Körperteile: 1 Nase, 2 Auge, 3 Seitenlinie (*Laterallinie*), 4 Rückenflosse (*Dorsale*), 5 Schwanzstiel, 6 Schwanzflosse (*Caudale*), 7 Barteln (zwei Paar), 8 Kiemendeckel (*Operculum*), 9 Brustflossen (*Pectoralen*), 10 Bauchflossen (*Ventralen*), 11 After-, Harnleiter- und Geschlechtsöffnung, 12 Afterflosse (*Anale*)

Preisverleihung – Die Hauptpreise haben oft beträchtliche Abmessungen (Foto: Z.N.A.)

- gut ausgeglichene Länge, Höhe und Breite. Das Verhältnis von Körperhöhe zu Körperlänge soll 1:2,6 bis 1:3 betragen,
- gute Kopfform einschließlich Augen, Maul und Kopfseiten mit den Kiemendeckeln. Die Maulspitze (Nase) soll der Linie des Kopfes folgen, ohne auf- oder abwärts gerichtet zu sein,
- die Schönheit und Größe der Flossen, besonders der Brustflossen und der Rückenflosse.

2. Farbe

Alle Farben sollen klar sein. Es wird ein reines Weiß gefordert, das nicht bräunlich oder milchig sein und keine schmutzigen oder rötlichen Flecken oder Stellen aufweisen darf. Auch auf das Weiß des Kopfes muß man achten, das leicht zum Bräunlichen tendiert.

Wichtig ist, daß alle roten Markierungen klar begrenzt sind. Das Rot darf nicht weißfleckig oder wolkig, sondern es muß gleichmäßig sein.

Bei Schwarzmarkierungen ist zu berücksichtigen, daß runde Flecken höher geschätzt werden als quadratische und dreieckige. Es wird ein dunkles und glänzendes Schwarz gefordert.

3. Zeichnung

Die Zeichnung der Koi ist wohl am schwierigsten zu beurteilen. Folgende Gesichtspunkte sind zu beachten: Alle Zeichnungsmuster sollen wohlgeformt und gut ausbalanciert verteilt sein. Eine weiße Partie am Maul und in der Schwanzregion (et-

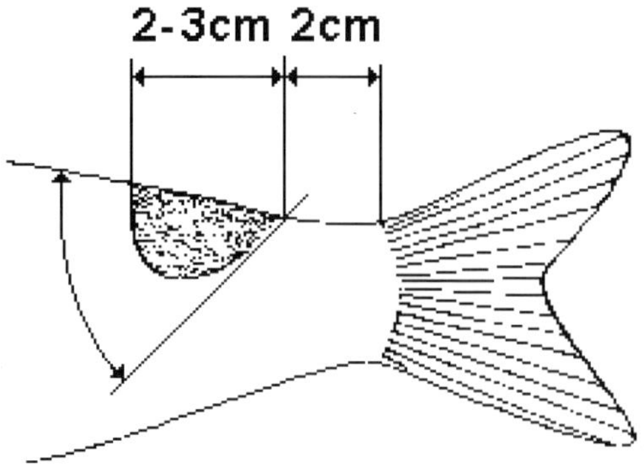

Ideale Zeichnung in der Schwanzregion bei Kohaku, Taisho-Sanshoku und Showa-Sanshoku

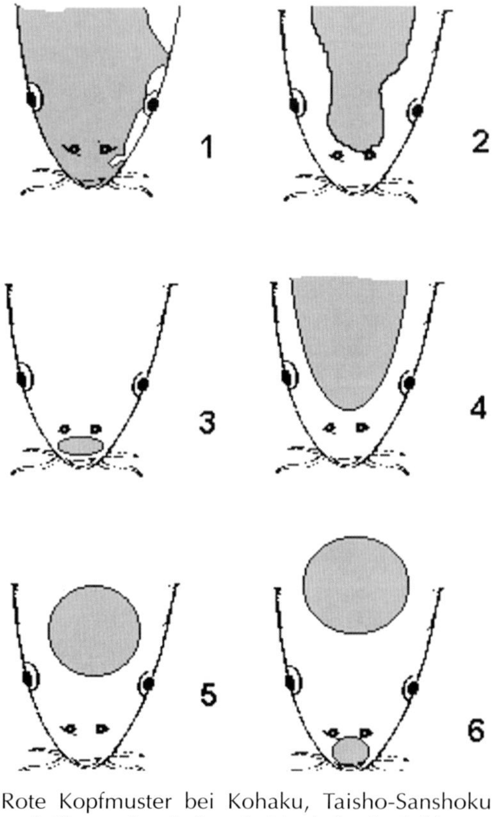

Rote Kopfmuster bei Kohaku, Taisho-Sanshoku und Showa-Sanshoku: 1 Menkaburi, 2 Hanatsuki, 3 Kuchibeni (Lippenfleck), 4 U-förmiges Rot, 5 Maruten, 6 Zu weit hinten sitzendes Rot (Hi) wird durch Kuchibeni ausgeglichen

wa 2 cm vor der Schwanzwurzel) wird als notwendig erachtet. Außerdem ist die Zeichnung am Kopf und am Vorderkörper am wichtigsten.

Rote Kopfzeichnung kann sowohl U-förmig, rund, als auch ungleichförmig sein. Das Rot sollte sich dabei bis weit in die Nähe der Augen und der Nase ausbreiten, jedoch möglichst nicht darüber hinausgehen. Für Kohaku ist ein weißer Abschluß im Nacken und für Sanke eine schwarze Markierung auf dem Kopf wünschenswert. Unerwünscht sind ein reinroter Schwanz ebenso wie viele schwarze Markierungen in der Schwanzregion.

4. Qualität

In der Qualität vereint sich jeder Punkt der Bewertung, die Form, Farbe, Zeichnung und auch die Eleganz. Die Farbe ist hierbei in Abhängigkeit vom Alter bzw. von der Größe zu beurteilen.

Die Bewertung der Qualität ist also eine Ermessensfrage, bei der alle Punkte gegeneinander abgewogen werden.

5. Eleganz

Unter einem Koi von vollendeter Eleganz versteht man einen solchen von guter Qualität, hervorragender Form und schöner Zeichnung.

Bei der Zeichnung ist es z. B. empfehlenswert, daß sich das Kopfrot nicht über Nase und Augen erstreckt, und daß der weiße Teil vor der Schwanzwurzel bei Kohaku, Taisho-Sanshoku und Showa-Sanshoku vorhanden ist.

Zur Eleganz gehören guter Glanz der Farben und eine gute Zeichnung ebenso wie z. B. entsprechend große und runde Brustflossen.

6. Erscheinung

Angestrebt wird ein Koi mit einer imposanten und eleganten Erscheinung. Es ist z. B. nicht notwendig, daß ein großes Tier auch ein hohes Gewicht hat. Dick- und Doppelbäuchigkeit sind zu ahnden. Füllige weibliche Koi werden dagegen hoch bewertet. In diesem Bewertungspunkt kann auch die Entscheidung gefällt werden, daß zwischen zwei Fischen gleicher Qualitit der größere gewinnt.

Vermehrung und Zucht der Koi

Unter Vermehrung versteht man das Ablaichen von Koi, die Erbrütung der Eier und Aufzucht der Jungfische. Sie unterscheidet sich nicht von der Vermehrung der Speisekarpfen, die in China schon seit mehr als 2500 Jahren und in Mitteleuropa seit dem Mittelalter durchgeführt wird. Während der letzten Jahrzehnte gewährleisten in der Speisekarpfenzucht hochproduktive industrielle Verfahren die Aufzucht großer Mengen.

Alle bei Speisekarpfen gebräuchlichen Vermehrungsmethoden lassen sich auch bei Koi anwenden!

Unter Zucht versteht man eine Vermehrung, bei der bestimmte Zuchtziele vorge-

Koiüchterei in Hiroshima

geben sind, z.B. das Herauszüchten und Festigen von Farb- und Formvariationen. Für die Zucht benötigt man möglichst Grundkenntnisse in der Vererbungslehre.

Geschlechtsunterschiede

Ebenso wie bei nicht geschlechtsreifen Goldfischen ist auch bei Koi-Jungfischen die Geschlechterbestimmung unmöglich. Mit Sicherheit kann man nur geschlechtsreife Koi während der Laichzeit unterscheiden. Dann tragen die schlankeren und oft auch kleineren Männchen (Milchner) ähnlich den Goldfischen einen pickelartigen Laichausschlag am Kopf und an den vorderen Hartstrahlen der Brustflossen. Dadurch fühlt sich ihr Körper, besonders an den Kiemendeckeln rauh an. Weitere Merkmale sind, daß die Brustflossen der Männchen meistens größer und etwas spitzer als die der Weibchen sind. Ihr Leib ist hart und bei leichtem Druck an der Analöffnung erscheint zur Laichzeit etwas Sperma. Die Analöffnung liegt tiefer, wodurch die Umgebung etwas eingebuchtet erscheint. Bei genauem Hinsehen kann man einen feinen, ca. 10 mm langen Schlitz erkennen, der vom Bauch her zur Analöffnung führt. Dagegen sind die zur Laichzeit durch den Laichansatz recht dicken Weibchen (Rogener) völlig glatt. Ihr Bauch wird mit zunehmender Laichbereitschaft immer weicher. Die Umgebung ihrer Analöffnung ist geschwollen, wodurch diese nach außen gewölbt ist. Die Brustflossen der Weibchen sind kürzer, stumpf und abgerundet.

Vermehrungsreife und Vermehrungsvoraussetzungen

Die Vermehrungsreife der Koi wird wesentlich von der Haltungstemperatur bestimmt. Sie tritt in warmen Gegenden oder bei Haltung in durchweg warmem Wasser wesentlich eher ein als in unserem normalen mitteleuropäischen Klima. In tropischen Gegenden, z.B. in Thailand, werden die Koimännchen manchmal schon im Alter von 5–6 Monaten und die Weibchen mit 1–2 Jahren geschlechtsreif. Bei uns brauchen die Männchen meistens 3–4 und die Weibchen 4–5 Jahre bis zur Fortpflanzungsreife.

Unter subtropischen und tropischen Bedingungen können die Koi während des ganzen Jahres ablaichen, in unseren Breitengraden müssen dagegen bestimmte Bedingungen erfüllt sein, die in der freien Natur erst Ende Mai bis Juli gegeben sind:

- Die Tageslänge, d.h. Beleuchtungsdauer, soll seit längerer Zeit mindestens 12 Stunden betragen.
- Die Wassertemperatur muß möglichst konstant zwischen 18–25 °C liegen.
- Das Futterangebot für die Laichfische muß reichlich sein.

Auswahl der Zuchttiere

Um qualitativ gute Nachzuchttiere zu erzielen, ist neben der Paarungswilligkeit der Elterntiere auch ihre richtige Zusammenstellung besonders wichtig. Im Gegensatz zur bloßen Vermehrung, wo man meistens ein Weibchen mit mehreren Männchen zusammenbringt, darf man für die gezielte Zucht nur Einzelpaare verwenden. Bei mehreren Fischen wird das eingebrachte Erbgut hoffnungslos unübersichtlich, und es ist nicht nachzukommen, wer was vererbt!

Es müssen immer Tiere mit dem richtigen, bzw. zueinander passenden Phänotyp (Erscheinungsbild) zusammengebracht werden.

Fische mit groben Fehlern dürfen nicht zur Zucht genommen werden! Des weiteren sollte man nicht Tiere mit gleichen Fehlern miteinander verpaaren. Hat man nur einen Fisch in der richtigen Qualität, so ist es meistens nicht günstig, ihn mit einem wesentlich schlechteren zusammenzubringen.

Besser kann es sein, ihn mit einem reinerbigen Ogon zu verpaaren. – Durch Einbringen von Gelb kann man z. B. rote Fische in der Farbe wesentlich verbessern. – Noch günstiger ist es, einen Albino einzukreuzen. Albinos sind immer reinerbig und vererben keine Farbe, so daß man dadurch in der halben Zeit zu reinerbigen neuen Variationen kommen kann.

Des weiteren sollte man in Inzucht oder Linie züchten (siehe dort). Leider wird so etwas bis heute kaum beachtet. So kommt es, daß es bis jetzt wahrscheinlich kaum reinerbige Stämme gibt. In dem Bestreben, immer neue Farbvariationen herauszubringen, macht man alle möglichen Kreuzungsversuche mit nicht reinerbigen Fischen. Damit wird gegen alle Regeln der Tierzucht verstoßen, und man braucht sich nicht zu wundern, wenn die Mehrzahl der Nachzuchttiere so schlecht ist, daß sie ausgemerzt werden muß. Bei keiner Tierart wird Ähnliches im gleichen Umfang getan!

Wie entstehen die Farben der Koi?

Der normale Karpfen sieht grau aus. Das ist eine Mischfarbe aus vielen Einzelfarben. Die ersten Farbvariationen beim Koi entstanden durch Mutationen, wesentlich mehr Farbvarianten werden aber durch Kreuzungen, d. h. durch Kombinieren verschiedener Erbmerkmale erzeugt.

Die Farbmutationen beim Koi sind genetische Defekte, Farbmängel. Bei einer solchen Farbmangelmutation fallen eine oder mehrere Farben aus, und dadurch verändert sich die Gesamtfärbung:

- Fehlt z. B. das Melanin, so entsteht Goldfärbung (Xantorismus).
- Fehlen die Lipochrome und das Melanin, so kommt es zu weißen Fischen mit roten Augen, sogenannten Albinos. Bei ihnen enthalten auch die Augen keinen Farbstoff, so daß der Augenhintergrund rot durchscheint.
- Schwarzfärbung (Melanismus) wird durch Ausfall der Lipochrome hervorgerufen.
- Blaufärbung (Alampie) entsteht durch Fehlen des Guanins.

Mehrfarbige Koi entstehen durch partiellen Ausfall von Farben auf verschiedenen Teilen des Körpers, bzw. der Flossen.

Bei endlosem Kreuzen der verschiedensten Farbvarianten untereinander kann es passieren, daß die Farben schließlich wieder so gemischt werden, daß sich die Farbmängel ausgleichen und zuletzt graugefärbte Karpfen entstehen.

Ablaichen unter natürlichen Verhältnissen

Wildkarpfen laichen in Naturgewässern vorzugsweise in Flachwasserzonen am Ufer oder auf überschwemmten Wiesen, wenn die Wassertemperatur 18–20 °C erreicht und längere Zeit konstant bleibt. Auch während der Inkubationszeit der Eier muß die Temperatur möglichst konstant sein. Bei einem plötzlichen Abfall um 5 °C sterben die Larven in den Eiern ab.

Vermehrung in naturnahen Zuchtteichen

Die natürlichen Ablaichverhältnisse ahmt man bei der Teichzucht in der mitteleuropäischen Binnenfischerei und auch anderswo nach, indem kleine Teiche mit 20–100 m² Fläche und 30–50 cm Tiefe angelegt werden, die am Rande von einigen, etwa 30 cm tieferen Gräben durchzogen werden.

In den zunächst trockenliegenden Teiche wird Gras angesät. Zur Laichzeit füllt man

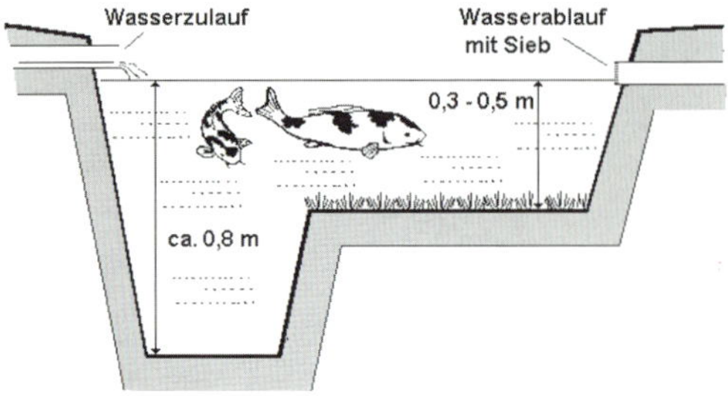

Ablaichteich mit Grasnarbe

sie bei geeignetem Wetter (bei steigendem Luftdruck) mit frischem, 18–20 °C warmem Wasser etwa bis zur Hälfte. Nachmittags werden dann die vorher nach Geschlechtern getrennt gehaltenen Zuchttiere eingesetzt. Danach stellt man den Zufluß wieder an, so daß sich der Teich über Nacht füllt und überschüssiges Wasser durch den mit Sieb gesicherten Überlauf abfließen kann.

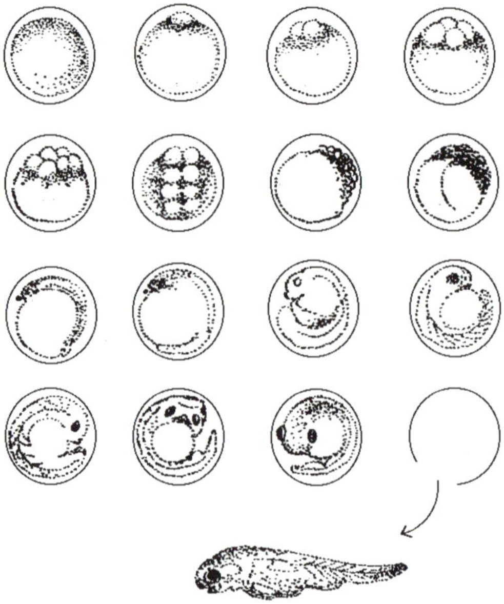
Stadien der Eientwicklung

Koilaich

Die eingesetzten Karpfen oder Koi beginnen dann meistens schon am frühen Morgen zwischen 24.00 und 6.00 Uhr mit dem Ablaichen. Laute, klatschende Geräusche machen darauf aufmerksam, daß das Laichgeschäft im vollen Gange ist. Dabei gibt das vom Männchen stark getriebene Weibchen seinen gesamten Laichvorrat mit kurzen Unterbrechungen portionsweise ab, so daß dann Hunderttausende von etwa 1,5 mm großen, gelblich-grünen, transparenten Eiern an den Gräsern kleben.

Der gesamte Laichakt kann eine Stunde dauern, sich aber auch bis zu acht Stunden ausdehnen. Danach zieht sich das erschöpfte Weibchen, gefolgt vom Männchen in tiefere Wasserschichten, in die Gräben, zurück. Beide Tiere müssen jetzt herausgefangen werden, weil sie sonst ihrem Laich nachstellen.

Die Eier entwickeln sich in Abhängigkeit von der Wassertemperatur (bei wärmerem Wasser schneller). Bei Temperaturen von 22–25 °C schlüpfen die etwa 7 mm großen Fischlarven nach 60 Tagesgraden. In den ersten Tagen können sie noch nicht schwim-

Gerade freischwimmender Jungfisch, der nun gefüttert werden muß

men und hängen während dieser Zeit überall mit dem Kopf nach oben an den Grashalmen. Sie ernähren sich zunächst noch von ihrem Dottersack. Erst wenn sie horizontale Schwimmlage einnehmen, leben sie von dem Nahrungsvorrat, der sich im Teich durch Überschwemmen des Grases gebildet hat. Wenn dieses Futter nach etwa 10–20 Tagen erschöpft ist, werden die Jungfische mit feinen Müllergaze-Netzen herausgefangen und in einen Aufzuchtteich gebracht.

Vermehrung in kleinen, künstlichen Teichen

Viele der Koizüchter, so auch in Japan, können sich aus Platzgründen keine so großen Natur-Ablaichteiche leisten. Außerdem ist der Arbeitsaufwand beim Abfischen der Elterntiere und Jungfische relativ groß. Deshalb werden meistens eine ganze Batterie kleiner, künstlicher Teiche aus Plastikfolie oder auch Beton in der Größe von etwa 1,80 m x 2,40 m und 0,3–0,5 m Tiefe angelegt, die gegen unliebsame, anfliegende Gäste, wie Wasserkäfer, Wasserwanzen und andere Wasserinsekten mit einem mit Fliegengaze bespannten Rahmen abgedeckt werden, der gleichzeitig die Koi am Herausspringen hindert.

Nach dem Füllen mit Wasser ist das Einbringen entsprechender Ablaichsubstrate wichtig. Dazu kann man Bündel, sogenannte „Nester", aus feinfiedrigen Wasserpflanzen (Tausendblatt, Wasserpest, Hornblatt, Wasserhahnenfuß oder Wasserstern), aber auch aus Fichtenreisig, Palmfasern, Zedernzweigen, feinfiedrigen und im Wasser gewachsenen Weidenwurzeln o.ä. verwenden. Die Nester sollten den größten Teil des Teichbodens bedecken und mit Steinen beschwert sein. Heutzutage werden meistens die käuflichen Plastik-Ablaichpflanzen eingehängt. Das Koi-Zuchtpaar wird eingesetzt, wenn das Wasser die geeignete Temperatur von mindestens 18–20 °C hat. Wegen der Kleinheit der Ablaichteiche dürfen die Zuchttiere während des Ansatzes keinesfalls gefüttert werden, damit das Wasser nicht verdirbt! Nach dem Ablaichen gibt es zwei Möglichkeiten für die Erbrütung der Eier und Aufzucht der Jungen: Entweder man fängt die Alttiere heraus, oder das Laichsubstrat mit den Eiern wird in einen anderen Teich überführt.

Das Abstreifen

Die künstliche Besamung an sich ist eine uralte Methode, die im Alten China erfunden und dort bei Karpfen schon vor 2500 Jahren und später auch bei Goldfischen angewendet wurde. Sie garantiert bei richtiger Durchführung eine bessere Befruchtung des Rogens der Koiweibchen.

Industrielles Verfahren

Für die industrielle Fischzucht wurde die Abstreifmethode in Ungarn wesentlich weiterentwickelt. Sie ist heute durch künstlich hervorgerufene Ausreifung der Geschlechtsprodukte völlig wetterunabhängig und genau vorherbestimmbar. Außerdem ist es mit dieser Methode auch in klimatisch ungünstigen Gegenden möglich, mehrere, bis 5 Ablaichphasen im Jahr pro Weibchen zu erreichen.

Das industrielle Verfahren beruht auf Injektion von Hypophysenvorderlappen-Hormonen nach entsprechender Vorbereitung der Zuchtfische.

Diese Vorbereitung dient der Gonadenreifung und besteht in der Haltung bei richtiger Temperatur, Beleuchtung und Fütterung: Die Zuchtfische werden nach Geschlechtern getrennt und in große, gut abgedeckte Behälter gesetzt, die ständig von 20 °C warmem Wasser durchflossen und täglich 12 Stunden künstlich beleuchtet werden. Eine gute Fütterung der Zuchtfische ist besonders wichtig!

Die Gonadenreifung ist nach etwa 1000 Tagesgraden (50 Tage x 20 °C = 1000 Tagesgrade), d. h., wenn die Fische 50 Tage bei 20 °C gehalten wurden, abgeschlossen.

Wenn das Wetter günstig ist, möglichst bei steigendem Luftdruck, kann jetzt mit der eigentlichen Hormonbehandlung begonnen werden. Hierzu verwendet man Hypophysen, die laichreifen Speisekarpfen entnommen wurden. Diese sind zunächst in einer mindestens 10fachen Menge Aceton zu entfetten und dann auf Fließpapier zu trocknen. Solche getrockneten Hypophysen sind einige Jahre verwendbar. Sie werden vor der geplanten Injektion in einem Mörser pulverisiert. Man rechnet allgemein 1 Hypophyse für 1 kg Fischgewicht. Die entsprechende Menge pulverisierter Hypophysen wird vor der Injektion in physiologischer Kochsalzlösung aufgeschwemmt. - Eine Hypophyse in 1 cm^3 0,65%iger NaCl-Lösung.

Man verfährt folgendermaßen: 24 Stunden vor dem geplanten Abstreifen werden zunächst die Rogener vorbereitend mit einer Hypophyse pro Fisch gespritzt. Dazu nimmt man das entsprechende Tier wie im Kapitel „Der richtige Fang und Transport"

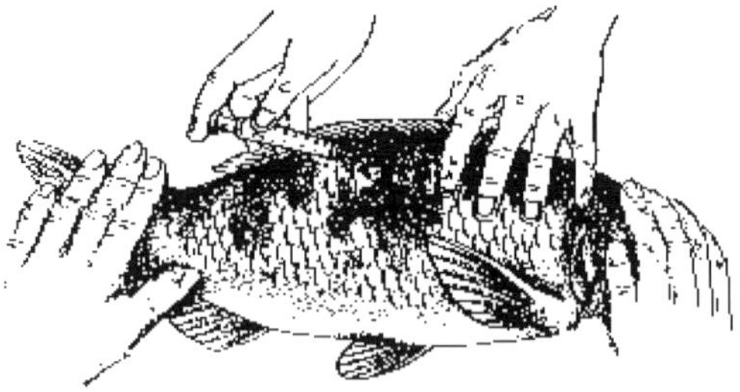

Injektion eines Hypophysen-Präparates in die Rückenmuskulatur

beschrieben, aus dem Wasser heraus, stülpt ihm einen kleinen Sack über den Kopf und läßt es von einem Assistenten halten. Dann wird die feine Kanüle der Injektionsspritze von rückwärts, also unter eine Schuppe, in die Rückenmuskulatur in Höhe der ersten Rückenflossenstrahlen eingestochen. (In England dürfen Injektionen nur nach vorheriger Narkotisierung gegeben werden.) Nach der Injektion massiert man die Einstichstelle etwas und setzt den Fisch ins Wasser zurück, das weiterhin konstant auf 20 °C gehalten wird.

12 Stunden später werden dann alle Zuchttiere, sowohl Rogener als Milchner, mit einer Dosis von 1 Hypophyse pro kg Gewicht, abzüglich der bereits verabreichten Dosis, gespritzt und anschließend in ein gemeinsames Haltungsbecken gesetzt, dessen Temperatur langsam um 5 °C, also von 20 auf 25 °C erhöht wird.

Statt Karpfen-Hypophysen können auch entsprechende Hypophysenvorderlappen-Hormonpräparate aus der Humanmedizin eingesetzt werden, die man von Säugetieren gewinnt. 500 Industrie-Einheiten (I.E.) entsprechen dabei in der Wirkung etwa einer Karpfen-Hypophyse. Die damit erzielten Erfolge in der Binnenfischerei waren allerdings niedriger.

Nach abgeschlossener Injektion können die Geschlechter auch weiterhin getrennt bleiben, wenn die Haltungsbecken gemeinsam so durchflossen werden, daß das Wasser erst durch das Becken der Milchner und dann durch das der Rogener fließt. Da-

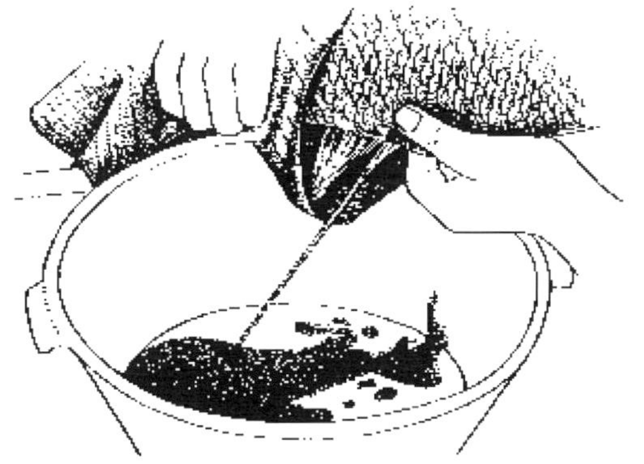

Abstreifen von Koi

durch werden trotz Trennung die Weibchen zum Ablaichen stimuliert.

Jetzt ist es notwendig, die Fische, besonders die Rogener, gut zu beobachten: Von Zeit zu Zeit muß durch Befühlen und leichten Druck auf die Analgegend geprüft werden, ob die Rogener schon Eier abgeben.

Ist dies der Fall, so kann mit dem Abstreifen begonnen werden. Dazu fängt man das entsprechende Tier heraus und stülpt ihm einen trockenen Sack über den Kopf. Zwei Personen halten den Fisch auf einer Unterlage fest, während eine dritte eine völlig trockene und auf Haltungstemperatur angewärmte Plastikschüssel bereitstellt. Eine vierte Person, der Abstreifer, trocknet den Fisch und seine Hände gut ab. Dann beginnt er, mit leichtem Druck des Daumens und Gegendruck der anderen Finger mehrmals beidseitig des Bauches von den Kiemen her bis zur Analöffnung zu streichen bis der Laichvorrat erschöpft ist. Dabei quellen die Eier in die Plastikschüssel, die während der Arbeitspausen immer wieder auf das Haltungswasser gesetzt wird, um die Temperatur konstant zu halten. Nun wird auf dieselbe Weise das Sperma des Milchners abgestreift und dazugegeben. Dabei rührt man vorsichtig mit einem Plastiklöffel und hält die Temperatur konstant. Wasser darf unter keinen Umständen hinzukommen, und die konstante Temperatur ist auch sehr wichtig, sonst verkleben die Eier miteinander, werden dadurch nicht befruchtet und verpilzen schließlich.

Als nächstes wird unter ständigem Rühren vorsichtig und portionsweise in kleinen Mengen sogenannte Besamungslösung gleicher Temperatur hinzugegeben. Sie verlängert die Beweglichkeit der Spermien bis auf 30 min und besteht aus 4 g Harnstoff (Karbamid), 3 g Kochsalz (NaCl) und 1 l Wasser. Dadurch beginnt gleichzeitig der Laich auf das Vier- bis Fünffache zu quellen, und die Befruchtung erfolgt. Durch die Flüssigkeitsaufnahme der Eier ist es notwendig, mehrmals Besamungsflüssigkeit hinzuzufügen.

Die gesamte Rührzeit soll 90 min betragen. Man kann dazu ein spezielles Rührwerk verwenden. Danach wird die Besamungsflüssigkeit abgegossen und der Laich mehrmals mit temperiertem Wasser gespült.

Anschließend wird der Laich zur Beseitigung der Klebrigkeit und Härtung der Eihüllen unter Umrühren 15, bis maximal 20 s in Gerbsäure (1,6 g Tannin und 1 l Wasser) gebadet und sofort wieder mit gleichtemperiertem Wasser abgespült. Man kann statt

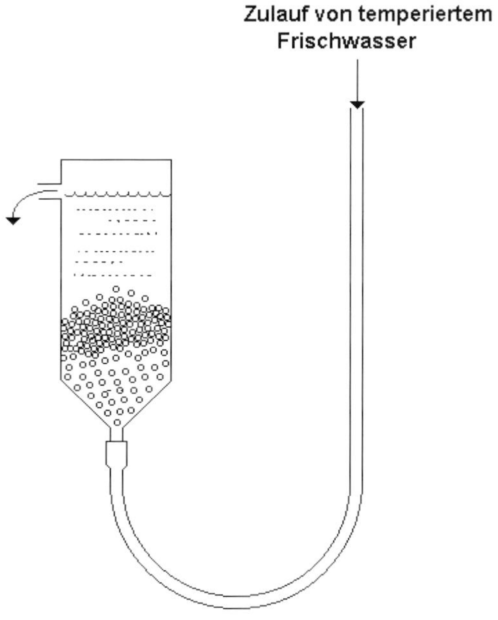

Zugerglas

des Tannins auch naturelle Kuhmilch verwenden. Auch sie beseitigt die Klebrigkeit der Eier.

Der Laich kommt jetzt in sogenannte Zugergläser, wo er ständig von frischem, 20 °C warmem Wasser von unten nach oben durchflossen wird. Der Wasserdurchfluß ist so einzustellen, daß die Eier nur gering bewegt und etwa 1 cm angehoben werden. – Ein Zugerglas von 7 l Inhalt kann 3,5 l Eier aufnehmen. – 1 l gequollener Laich enthält 120.000 bis 160.000 Eier. – Am zweiten Tag schaltet man ein zehnminütiges Bad in Malachitgrünlösung (1 g /1 l Wasser) zwischen, um ein Verpilzen des Laiches zu unterbinden.

So behandelt, schlüpfen die Koilarven bei konstant 20 °C nach 70 Stunden. Jetzt wird der Wasserzufluß stärker eingestellt, wodurch die Larven über den Rand des Zugerglases gespült werden und in eine darunter befindliche Haltungsrinne gelangen, deren Überlauf mit feiner Gaze gegen ihr Fortschwemmen abgesichert ist.

In den Rinnen verbleiben die kleinen Fische, bis nach einigen Tagen ihr Dottersack aufgezehrt ist. Dann überführt man sie in entsprechende Aufzuchtteiche.

Anmerkung: Es kann passieren, daß die Tanninhärtung so stark war, daß die Larven die Eihülle nicht sprengen können. Hier bringt ein 10minütiges Bad in Hylave (1500 I E auf 1 l Wasser) Abhilfe.

Wie man leicht übersehen kann, ist das industrielle Abstreifen und Behandeln der Eier recht aufwendig, deshalb soll noch eine vereinfachte und besonders für Liebhaber besser geeignete Methode beschrieben werden.

Vereinfachte, hormonell beeinflußte Ablaichmethode

Die Zuchtfische werden, wie vorher beschrieben, mit Hypophysenhormon injeziert, dann aber nicht abgestreift, sondern zusammen in einen kleinen, künstlichen Ablaichteich gesetzt. Der Ablaichteich kann sich wegen der besseren Temperaturbeeinflussung auch in einem Innenraum befinden. Als Schutz gegen die Laichräuberei der Elterntiere wird die gesamte Bodenfläche mit einem Laichrost abgedeckt, der aus einem mit Nylon-Maschengewebe bespannten Holzrahmen besteht. Darauf werden mehrere Laichnester, wie bereits beschrieben, gebunden.

Außerdem wird eine gute Durchlüftung eingebracht.

Die eingesetzten Zuchtfische laichen nun nach der durch die Injektion vorherbestimmbaren Zeit (günstiges Wetter – Lufthochdruck – vorausgesetzt,) ab und können danach herausgefangen werden. Dann ist es zu empfehlen, einen Teil des Wassers durch frisches, gleichtemperiertes zu erset-

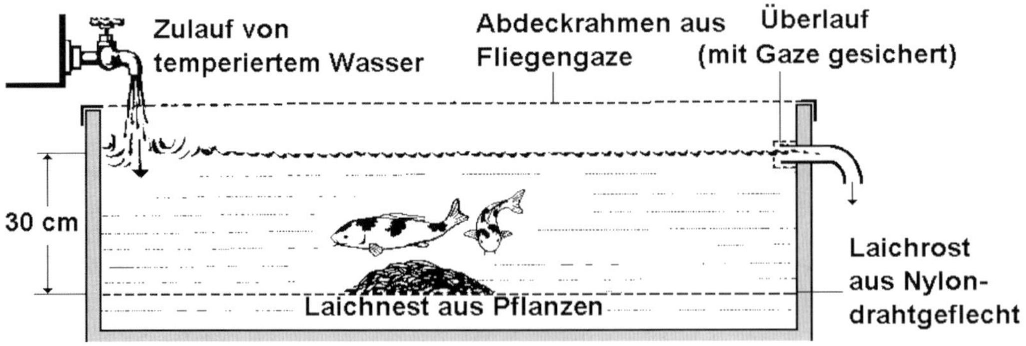

Ablaichbehälter für Koi mit Laichrost

zen, denn durch das überschüssige Sperma kann es leicht zu einer enormen Infusorienentwicklung kommen, die das Wasser milchig macht und verdirbt. Um in der Folgezeit zu vermeiden, daß zu viele Eier verpilzen, gibt man am besten etwas in Wasser aufgelöstes Methylenblau zu. Es ist ausreichend, wenn das Haltungswasser hell- bis mittelblau gefärbt ist.

Nach dem Schlupf der Koibrut kann auch der Laichrost entfernt werden.

Bisherige Erfahrungen mit Hypophysen-Injektionen:

- Die Hypophysen-Injektion ermöglicht genau vorherbestimmbare Ablaichtermine.
- Durch Hypophysen-Injektion ist es möglich, den Laich eines Weibchens zu teilen und jeden Teil mit dem Sperma eines anderen Männchens zu befruchten. Dadurch kann man z. B. ermitteln, welches Männchen der bessere Vererber ist.
- Die Hypophysen-Injektion bringt keine hundertprozentige Sicherheit für das Ablaichen der behandelten Tiere, denn sie ist auch abhängig von der Vorbehandlung der Fische und von dem zum Zeitpunkt des Ablaichens vorherrschenden Wetter (Hochdruckeinfluß). Es kann auch passieren, daß ein behandeltes Tier eingeht.
- Die Rate der Mißgeburten und nicht lebensfähigen Jungfische kann unter Umständen höher als nach natürlichem Ablaichen sein.

Vorherbestimmbares Ablaichen ohne Hormonbehandlung

In den vorherigen Abschnitten haben wir gesehen, daß man durch Hormoninjektionen den Ablaichtermin vorherbestimmen und dadurch sehr rationell arbeiten kann.

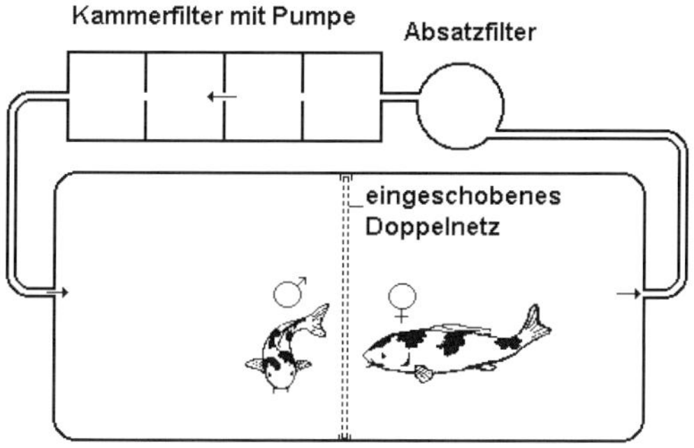

Ablaichbecken mit vorheriger Stimulierung

Mit folgender Methode ist das ohne großen Aufwand auch weitestgehend möglich:

Dabei wird das Koi-Zuchtpaar ebenfalls in einen kleinen, künstlichen Teich mit Laichrost, wie bereits beschrieben, gesetzt. Dieser Teich befindet sich am besten wegen der günstigeren Temperaturverhältnisse durch Heizen in einem hellen Innenraum. Die beiden Zuchtfische (Männchen und Weibchen) werden während der Laichvorbereitungsphase durch ein doppeltes Maschengitter getrennt (siehe Zeichnung).

Ein zugleich mechanisch und biologisch arbeitender Kammerfilter reinigt das Wasser und erzeugt dabei eine Wasserströmung, die zuerst durch den Haltungsraum des Männchens und dann durch den des Weibchens fließt. So wird erreicht, daß trotz Trennung der beiden Tiere eine Stimulation erfolgt, die die Geschlechtsprodukte reifen läßt. Bei nun folgendem günstigen Wetter wird man eines Tages beobachten können, daß die beiden Fische versuchen, trotz des Gitters zueinander zu kommen. Wenn jetzt das Gitter gezogen wird, so beginnt sofort das Ablaichen.

Das einfache Abstreifen nach der Naßmethode

Natürlich kann man Koi, ebenso wie Goldfische, auch abstreifen, wenn sie schon von selbst angefangen haben abzulaichen. Dazu fängt man zuerst das Weibchen heraus und streift seinen Laich so ab, daß er möglichst gleichmäßig in flachem Wasser über eine große Fläche verteilt wird. Es muß weitgehend vermieden werden, daß zu viele Eier übereinanderkleben. Am besten, man legt eine Menge Ablaichsubstrat (z. B. Nylonwolle) ein, an dem die Eier festkleben können.

Dann wird das Männchen herausgefangen und das abgestreifte Sperma ebenfalls über den Eiern im Wasser verteilt. Anschließendes längeres und vorsichtiges Umrühren hilft, daß möglichst alle Eier befruchtet werden. Nach etwa einer Stunde füllt man dann den Zuchtbehälter (Teich oder sehr großes Aquarium) mit gleichtemperiertem Wasser auf und durchlüftet ihn gut, damit auch genügend Sauerstoff vorhanden ist.

Junge Koi – etwa drei Wochen alt

Aufzucht der Jungfische

Wie bereits erwähnt, sind die frischgeschlüpften, glassplitterähnlichen Fischlarven zunächst nicht schwimmfähig, sie bewegen sich nur kurze Strecken ruckartig in Richtung Wasseroberfläche, um sich dann wieder mit dem Kopf nach oben an Gegenständen und Pflanzen festzuhängen. Während dieser Zeit ernähren sie sich von ihrem großen Dottersack und benötigen deshalb noch kein Futter. Ihre Weiterentwicklung ist abhängig von der Wassertemperatur: Einige Tage später ist ihr Dottersack aufgezehrt, und sie schwimmen, nun goldgelb gefärbt, in waagerechter Haltung frei im Wasser. Jetzt ist der Zeitpunkt gekommen, wo sie zum ersten Mal gefüttert werden müssen. Dazu eignet sich am besten feinstes Lebendfutter, bestehend aus Einzellern (z. B. Pantoffeltierchen), Rädertierchen oder Artemia-Nauplien.

Ein gutes Futter ist ebenfalls hartgekochter Eidotter, der im Wasser durch ein feines Sieb gerieben wird. Auch durch ein Sieb auf die Wasseroberfläche gestäubtes Hafermehl kann gefüttert werden. Es ist aber zu berücksichtigen, daß die beiden letzten Futtermittel nicht auf Vorrat, sondern in kürzeren Zeitabständen (etwa alle 2 Stunden) in kleinen Mengen gefüttert werden, damit das Wasser nicht verdirbt. Die Koibrut wächst bei ausreichend Futter und häufigem Teilwasserwechsel sehr schnell und braucht dann bald größeres Futter. Als Faustregel gilt bei der Fütterung: Die Futtergröße soll etwa der Größe des Jungfischauges entsprechen. Deshalb wird jetzt am besten nach entsprechender Größe ausgesiebtes Lebendfutter, wie Cyclop-Nauplien und kleinste Daphnien, gereicht. Es kann auch spezielles, feines Aufzucht-Trockenfutter und anderes, feines Trockenfutter gegeben werden, nur ist dann das Wachstum langsamer.

Bei geringer Besatzdichte und guter Fütterung wachsen sie schnell, und die kleinen Koi können nach einer Woche schon 18–20 mm groß sein. Jetzt ist zu beobachten, daß die bisher goldenen Fischchen die ersten dunklen Flecken aufweisen.

Je nach Erbgut der Elterntiere können sich Jungfische aber auch ohne das Zwischenstadium Gelb direkt in Schwarz einfärben. Solche Fische entwickeln sich später zu Farbformen, die der Wildform „Karpfen" sehr nahe stehen, wie Karasugoi, Soragoi, Chagoi oder es sind direkte Rückschläge in die Wildform. Auch junge Utsuri können zuerst schwarz gefärbt sein.

Trotz bester Fütterung und häufigen Teilwasserwechsels wachsen die jungen Koi nicht immer kontinuierlich: Bei einer Größe von 25–50 mm wird z. B. immer wieder ein vorübergehender Wachstumsstop beobachtet, dessen Ursache bisher noch nicht bekannt ist.

Selektionen der heranwachsenden Jungfische

Wie bereits erwähnt, gibt es zur Zeit wahrscheinlich nur sehr wenige reinerbige Koistämme. (Eventuell Ogon.) Die Nachzucht eines Koipaares ist deshalb ein kunterbuntes Durcheinander von Farb- und Zeichnungsvarianten, viele Jungfische haben Mißbildungen oder sind so schlecht, daß sie sich in keinen der aufgestellten Standards einordnen lassen.

Besonders häufig werden Mißbildungen bei Doitsu-Koi beobachtet. Das sind Fische, die man bei uns als Lederkarpfen, Zeilkarpfen oder Spiegelkarpfen bezeichnet, aber auch Fische mit Zwischenstadien dieser Beschuppungsarten oder mit wenigen, wesentlich vergrößerten Schuppen. Während Verluste bei Spiegel- und Schuppenkarpfen etwa gleich sind, ist die Letalitätsquote bei Zeil- und Lederkarpfen um 20–70 % höher. Gleichzeitig mit dem Fehlen der Schuppen kommt es zu Anomalien der Rücken- und Afterflosse sowie zu Veränderungen der Anzahl der Reusenzahne (Kiemendorne) und der Kiemenblättchen.

Sehr wichtig sind Farbselektionen in verschiedenen Altersstadien. Schon deshalb, weil die einzelnen Farbvarianten verschieden gut wachsen. Je näher diese der Stammform, dem Karpfen kommen, desto besser wachsen sie. Mehrfarbige Koi in guter Farbqualität wachsen leider oft am schlechtesten. Für die Selektionen nach Qualität der zukünftigen Färbung gehört sehr viel Erfahrung. Sie beherrscht eigentlich nur der Züchter, der seinen Zuchtstamm seit mehreren Fischgenerationen kennt und dadurch genau weiß, wie spätere Qualitätstiere seines Stammes in einem bestimmten Altersstadium aussehen.

Nach japanischen Angaben wird die Auslese bei verschiedenen Zuchtformen im folgenden Alter der Jungfische durchgeführt:

Auslese	Kohaku	Taisho Sanshoku	Showa Sanshoku
1.	40 - 50 Tage	10 - 15 Tage	10 - 15 Tage
2.	70 - 80 Tage	40 - 50 Tage	50 - 70 Tage
3.	110 -120 Tage	80 -100 Tage	90 -100 Tage
4.	140 -150 Tage		

Das Sortieren muß für die Fische so schonend wie möglich durchführt werden. Deshalb niemals zu viele Fische auf einmal herausfangen und sie niemals zu lange im Netz lassen. Man geht am besten wie folgt vor:

Eine Plastikschüssel wird etwa zu 8/10 mit Wasser aus dem Aufzuchtteich gefüllt. Zum Selektieren setzt man dann jeweils einen nicht zu großen Teil Jungfische in die Schüssel. Hier kann man die Fischchen gut beurteilen und mit einem kleinen, flachen Netz einzeln herausfangen. Wenn nicht genug Platz für die Aufzucht der kleinen

Koi werden in bestimmten Zeitabständen immer wieder selektiert

Koi vorhanden ist, muß drastisch selektiert werden.

Selektion von Kohaku

Bei der ersten Sortierung von Kohaku, 40–50 Tage nach dem Schlupf, wenn die kleinen Koi 4–5 cm groß sind, werden alle ganz roten, alle ganz weißen und alle schlecht gestalteten Fischchen ausgelesen. Rote Fische mit weißem Bauch hält man zurück, denn zu diesem Zeitpunkt ist die Zeichnung noch nicht ausgebildet.

Bei der zweiten Sortierung im Alter von 70–80 Tagen beginnt sich die Musterung auszubilden. Jetzt werden die Tiere zurückbehalten, die kein Rot in den Brustflossen und in der Schwanzflosse haben und deren Körper keine Mißbildungen aufweist. Wenn genügend Teichkapazität vorhanden ist, sollten jetzt schon die kleineren von den größeren Fischen getrennt werden, sonst werden die kleinen immer mehr im Wachstum zurückbleiben. Besonders frohwüchsige Tiere versprechen in der Zukunft sehr groß zu werden. Sie sind deshalb wertvoll und werden separat gesetzt.

Bei der dritten Selektion im Alter von 110–120 Tagen werden alle Fische mit merklich langsamem Wachstum ausgelesen, und die Gesamtzahl wird so reduziert, daß der Rest (meist 1000 bis 3000) entsprechend der vorhandenen Teichgröße zügig wachsen kann.

Im Alter der Nachzuchtfische von 140–150 Tagen ist ihre Zeichnung bereits gut ausgebildet. Deshalb werden jetzt die mit den größten Zeichnungsmustern, aber auch die mit nur einer großen Rot-Markierung (Ippon-Hi), zurückbehalten.

Selektion von Taisho-Sanshoku und Showa-Sanshoku

Während der ersten Selektion werden alle ganz weißen und alle ganz schwarzen Fischchen aussortiert.

Bei der zweiten Sortierung im Alter von 40–50 Tagen und der dritten Sortierung im Alter von 80–100 Tagen wird nach dem Schwarz (Sumi) selektiert, das heißt nach den typischen Kriterien Taisho-Sanshoku oder Showa-Sanshoku! Wir erinnern uns: Bei Taisho-Sanshoku befinden sich die roten und schwarzen Flecken auf weißer Grundfarbe, die Brustflossen sollen schwarze Streifen aufweisen. Bei Showa-Sanshoku liegen schwarze und rote Flecken auf schwarzem Grund. Des weiteren ist hier besonders auf die möglichst standardmäßige Kopf- und Brustflossenzeichnung zu achten.

Sowohl Taisho-Sanshoku als auch Showa-Sanshoku sind nur etwa zu 20 % in einer Brut vorhanden. Dafür kann man aber bei Taisho-Sanshoku, Shiro-Bekko und Aka-Bekko auslesen. Bei Showa-Sanshoku sind ein Teil der Nachzucht Shiro-Utsuri oder Hi-Utsuri.

Zuchterfolge erfordern Züchterkenntnisse

Bisher ist es allgemein üblich, daß sowohl Liebhaber als auch Züchter möglichst exquisite, hochbewertete und sündhaft teure Koi bei einem oder mehreren Händlern kaufen und dann der Meinung sind, daß auch die Nachzucht dieser Fische in derselben guten Qualität wie ihre Eltern ist. Aber weit gefehlt, die Enttäuschung ist meistens groß: Ein buntes Gewimmel von Koi aller möglichen Farben und Zeichnungen in niedriger Qualität. Wenn man einige schöne Tiere unter Tausenden herausfindet, so ist das fast so viel Glück, wie ein Fünfer im Lotto.

Ist die Koizucht nun wirklich so ein Lotteriespiel oder geht es auch anders? Wo liegen die Fehler? Eigentlich weiß jeder in der Tierzucht Erfahrene, daß man so nicht verfahren kann! Mit dem Kauf völlig blutsfremder Tiere ist der Mißerfolg vorprogrammiert!

Grundsätzliche Voraussetzung für das Züchten von Hochqualitätstieren, nicht für das reine Vermehren, ist bei allen Tierrassen das Züchten in enger Verwandtschaft, d. h. in Inzucht bzw. in Linienzucht.

Man kann mit zwei Ausgangstieren, richtig durchgeführter Inzucht und gleichzeitig strengster Selektion bei allen Tieren nach etwa sieben Generationen weitgehende Reinerbigkeit erreichen. Das wäre bei Koi mit einer Generationsfolge von fünf Jahren spätestens nach 35 Jahren, immer vorausgesetzt, daß in dieser Zeit niemals ein fremdes Tier eingekreuzt wird. Leider sind aber die meisten Koi trotz 200jähriger Züchtung nicht reinerbig, weil man bis heute immer wieder versucht, durch Einkreuzen anderer, auch nicht reinerbiger Formen neue Varianten herauszubringen. Statt nach wissenschaftlichen Vererbungsgesetzen zu arbeiten und dadurch weitgehend einheitliche Hochqualitätstiere zu züchten, werden jährlich hunderttausende qualitativ nicht einwandfreie Koi vernichtet.

Etwa die gleiche schlechte Durchzüchtung findet man auch bei japanischen Goldfischen, obgleich die Goldfischzucht in Japan wesentlich älter als die Koizucht ist. – Goldfische züchtet man in Japan meistens in Gruppenansätzen von 50 oder 100 Zuchtpaaren und erzielt dadurch sehr große Mengen von Jungfischen, die wie die Koi dann immer wieder in kurzen Zeitabständen streng selektiert werden. Von 10.000 Tieren werden zuletzt nur 10 zur Weiterzucht behalten. Das ist aber kein Verfahren, um reinerbige Spitzentiere in großer Zahl zu erzielen, denn bei solchen Gruppenansätzen sind die Kombinationsmöglichkeiten des enorm umfangreichen Erbgutes riesig groß.

Bei Koi wird ähnlich verfahren: Man setzt ein Weibchen mit zwei bis drei Männchen zur Zucht an. Dieses Verfahren ist nur für reine Vermehrung verwendbar. Es hat den Vorteil, daß eventuell die Befruchtungsrate der Eier etwas besser ist. Für eine gezielte Zucht ist es völlig unbrauchbar, weil dadurch das sich vermischende Erbgut zu groß ist. Man möchte ja wissen, welches Männchen besamt hat. Selbst bei gleichem Aussehen kann ein Männchen ein schlechter Vererber sein, d. h., sein Erscheinungsbild (Phänotyp) entspricht nicht seinem Erbbild (Genotyp).

Bisher ist die Vererbung der Farben beim Koi leider noch nicht erforscht. Das beruht in erster Linie auch darauf, daß es bisher keine reinerbigen Koistämme gibt.

Sicher ist nur, daß Albinos immer reinerbig sind, das ist bei allen Tieren so!

Man weiß bis heute nicht, welche Farben bei Kreuzungen über welche dominant sind, bzw. welche rezessiv vererbt werden. Deshalb bleibt im allgemeinen nichts weiter übrig, als möglichst die Farben miteinander zu verpaaren, die herausgezüchtet werden sollen. Auch bei Spalterbigkeit fallen dann meistens etwa 20–50 % in der Farbe, die dem Erscheinungsbild der Eltern entspricht.

Es gibt offensichtlich jedoch Ausnahmen, die Insider-Wissen erfordern. So lassen sich z.B. nach einer Veröffentlichung in Nichirin von G. W. Wohlfarth und S. Rothbard Showa Sanshoku nicht durch Verpaaren von Showa Sanshoku mit Showa Sanshoku und auch nicht durch Verpaaren von Kohaku mit Karasugoi produzieren.

Außerdem ist weitgehend unbekannt, welche Farben und Zeichnungen reinerbig (homozygot) und welche vielleicht spalterbig (heterozygot) sind.

Aus wenigen Veröffentlichungen über Kreuzungsversuche, die leider größtenteils mit heterozygoten Koi gemacht wurden, weiß man nur, daß die Wildfarbe Grau über die Farben Orange und Blau dominant ist. Andererseits ist Orange über Weiß und Schwarz über Kohaku dominant.

Guterforscht ist dagegen die Vererbung der Beschuppung. Es gibt bei Karpfen und auch bei Nishikigoi vier verschiedene Beschuppungsformen (von unklaren Zwischenstufen und Übergängen abgesehen):

- Schuppenkarpfen
- Spiegelkarpfen
- Zeilkarpfen
- Nackt- oder Lederkarpfen

Bei Kreuzungen folgt die Vererbung der Beschuppung den Mendelschen Regeln, so kann man ohne Schwierigkeiten vorausberechnen, welche Kombinationen theoretisch möglich sind. Für die einzelnen Gene werden Buchstaben eingesetzt:

Man bezeichnet die Vollbeschuppung mit S, die Schuppenlosigkeit mit N, das Allel, d.h. die Hemmung der Vollbeschuppung mit s, das Allel, d.h. die Hemmung der Schuppenlosigkeit mit n. Demzufolge unterscheiden wir Karpfen bzw. Koi mit folgenden Erbbildern:

- Schuppenkarpfen SSnn (reinerbig)
  oder Ssnn (spalterbig)
- Spiegelkarpfen ssnn (reinerbig)
- Zeilkarpfen SsNn (spalterbig)
  oder SSNn (spalterbig)
- Nacktkarpfen ssNn (spalterbig)
  oder Lederkarpfen

Für den Koizüchter ist es wichtig zu wissen, wie sich die Beschuppungsformen vererben, wenn er verschiedene miteinander verpaart. Deshalb sollen hier alle Möglichkeiten aufgeführt werden.

1. Schuppenkarpfen x Schuppenkarpfen

Dabei gibt es drei Möglichkeiten:

1.1. Beide Schuppenkarpfen sind reinerbig und haben das Erbbild SSnn. Bei ihrer Verpaarung untereinander entstehen in der Nachzucht natürlich nur reinerbige Schuppenkarpfen mit dem Erbbild SSnn.

1.2. Beide Schuppenkarpfen sind spalterbig mit dem Erbbild Ssnn. Dann kann man die einzelnen Vererbungsmöglichkeiten nach folgendem Kreuzungsschema errechnen (Ssnn x Ssnn)

♀ \ ♂	Sn	Sn	sn	sn
Sn	SSnn	SSnn	Ssnn	Ssnn
Sn	SSnn	SSnn	Ssnn	Ssnn
sn	Ssnn	Ssnn	ssnn	ssnn
sn	Ssnn	Ssnn	ssnn	ssnn

und dabei feststellen, daß die Nachzucht wie folgt aufspaltet:
25 % SSnn = reinerbige Schuppenkarpfen
50 % Ssnn = spalterbige Schuppenkarpfen
25 % ssnn = reinerbige Spiegelkarpfen
Wir ersehen daraus, daß bei der Verpaarung von Schuppenkarpfen plötzlich reinerbige Spiegelkarpfen auftreten können,

wenn die Elterntiere heterozygot, d.h. spalterbig sind.

1.3. Bei der Verpaarung ist ein Schuppenkarpfen reinerbig (SSnn) und einer spalterbig (Ssnn). (SSnn x Ssnn)

♀\♂	Sn	Sn	sn	sn
Sn	SSnn	SSnn	Ssnn	Ssnn
Sn	SSnn	SSnn	Ssnn	Ssnn
Sn	SSnn	SSnn	Ssnn	Ssnn
Sn	SSnn	SSnn	Ssnn	Ssnn

Wie wir sehen, entstehen dabei:
50 % SSnn = reinerbige Schuppenkarpfen
50 % Ssnn = spalterbige Schuppenkarpfen

2. Spiegelkarpfen x Spiegelkarpfen

Spiegelkarpfen (ssnn) sind reinerbig, deshalb ergeben sich bei ihrer Verpaarung untereinander 100% Spiegelkarpfen.

3. Zeilkarpfen x Zeilkarpfen (SsNn x SsNn)

♀\♂	sN	sn	sN	sn
SN	SSNN	SSNn	SsNN	SsNn
Sn	SSNn	SSnn	SsNn	Ssnn
sN	SsNN	SsNn	ssNN	ssNn
sn	SsNn	Ssnn	ssNn	ssnn

Das ergibt:
37,5 % SSNn und SsNn = Zeilkarpfen
18,75 % SSnn und Ssnn = Schuppenkarpfen
12,5 % ssNn = Lederkarpfen
6,25 % ssnn = Spiegelkarpfen
25 % der Tiere tragen die Kombination NN, die mit einem Letalfaktor behaftet ist, d.h., sie sind nicht lebensfähig.

4. Lederkarpfen x Lederkarpfen (ssNn x ssNn)

♀\♂	Sn	Sn	sN	sn
sN	ssNN	ssNn	ssNN	ssNn
sn	ssNn	ssnn	ssNn	ssnn
sN	ssNN	ssNn	ssNN	ssNn
sn	ssNn	ssnn	ssNn	ssnn

50 % ssNn = Lederkarpfen
25 % ssnn = Spiegelkarpfen
25 % nicht lebensfähige Tiere mit der Kombination NN

5. Lederkarpfen x Spiegelkarpfen (ssNn x ssnn)

♀\♂	sn	sn	sn	sn
sN	ssNn	ssNn	ssNn	ssNn
sn	ssnn	ssnn	ssnn	ssnn
sN	ssNn	ssNn	ssNn	ssNn
sn	ssnn	ssnn	ssnn	ssnn

50 % ssnn = Spiegelkarpfen
50 % ssNn = Lederkarpfen

6. Lederkarpfen x reinerbiger Schuppenkarpfen (ssNn x SSnn)

♀\♂	Sn	Sn	Sn	Sn
sN	SsNn	SsNn	SsNn	SsNn
sn	Ssnn	Ssnn	Ssnn	SSnn
sN	SsNn	SsNn	SsNn	SsNn
sn	Ssnn	Ssnn	Ssnn	Ssnn

50 % SsNn = Zeilkarpfen
50 % Ssnn = spalterbige Schuppenkarpfen
0 % ssNn = Lederkarpfen

7. Lederkarpfen x spalterbiger Schuppenkarpfen (ssNn x Ssnn)

♀\♂	Sn	Sn	sn	sn
sN	SsNn	SsNn	ssNn	ssNn
sn	Ssnn	Ssnn	ssnn	ssnn
sN	SsNn	SsNn	ssNn	ssNn
sn	Ssnn	Ssnn	ssnn	ssnn

25 % Ssnn = spalterbige Schuppenkarpfen
25 % SsNn = Zeilkarpfen
25 % ssnn = Spiegelkarpfen
25 % ssNn = Lederkarpfen

8. Zeilkarpfen x Spiegelkarpfen (SsNn x ssnn)

♀\♂	sn	sn	sn	sn
SN	SsNn	SsNn	SsNn	SsNn
Sn	Ssnn	Ssnn	Ssnn	Ssnn
sN	ssNn	ssNn	ssNn	ssNn
sn	ssnn	ssnn	ssnn	ssnn

25 % SsNn = Zeilkarpfen
25 % Ssnn = spalterbige Schuppenkarpfen
25 % ssNn = Lederkarpfen
25 % ssnn = Spiegelkarpfen

9. Zeilkarpfen x reinerbiger Schuppenkarpfen (SsNnxSSnn)

♀\♂	Sn	Sn	Sn	Sn
SN	SSNn	SSNn	SSNn	SSNn
Sn	SSnn	SSnn	SSnn	SSnn
sN	SsNn	SsNn	SsNn	SsNn
sn	Ssnn	Ssnn	Ssnn	Ssnn

50 % SSNn und SsNn = Zeilkarpfen
25 % Ssnn = spalterbige Schuppenkarpfen
25 % SSnn = reinerbige Schuppenkarpfen

10. Zeilkarpfen x spalterbiger Schuppenkarpfen (SsNn x Ssnn)

♀\♂	Sn	Sn	sn	sn
SN	SSNn	SSNn	SsNn	SsNn
Sn	SSnn	SSnn	Ssnn	Ssnn
sN	SsNn	SsNn	ssNn	ssNn
Sn	SSnn	SSnn	Ssnn	Ssnn

37,5 % SSNn und SsNn = Zeilkarpfen
25 % SSnn = reinerbige Schuppenkarpfen
25 % Ssnn = spalterbige Schuppenkarpfen
12,5 % ssnn = Spiegelkarpfen

Aufbau eines eigenen Zuchtstammes

Anfängerzüchter sind am besten beraten, wenn sie ihre Ausgangstiere von einem guten Züchter aus einem bereits stabilisierten Zuchtstamm kaufen. Selbst, wenn der Züchter nicht seine allerbesten Tiere verkauft, so sind diese immer noch wertvoller als Tiere, die man vom Händler ohne Wissen ihrer Abstammung gekauft hat.

Wichtig ist, daß die als Zuchttiere ausgewählten Fische keine groben Fehler, wie z.B. Wirbelsäulenverkrümmung, Körper- und Flossenfehler o.ä. haben.

Um aus den gekauften Tieren einen eigenen Zuchstamm aufzubauen, gibt es verschiedene Möglichkeiten. Ich möchte hier drei einfache vorstellen:

- Inzucht
- Linienzucht
- Kombination von In- und Linienzucht

Inzucht

Fische sind sehr inzuchtfest, deshalb kann man sie viele Generationen in Inzucht vermehren, ohne daß negative Folgen eintreten. Im allgemeinen ohne weiteres sechs bis sieben Generationen. Bei guter Selektion in jeder Generation erreicht man in dieser Zeit weitgehende Reinerbigkeit des Zuchtstammes. Die Auswahl der jeweiligen Zuchttiere erfordert zielstrebige Konsequenz. Leider werden nämlich nicht nur die guten Eigenschaften erblich fixiert, sondern mitunter auch Erbschäden und Krankheiten, bzw. die Veranlagung dazu.

Inzucht-Methode 1

Bei der einfachen Inzucht-Methode beginnt man mit einem Elternpaar und verpaart in jeder weiteren Generation jeweils Geschwister.

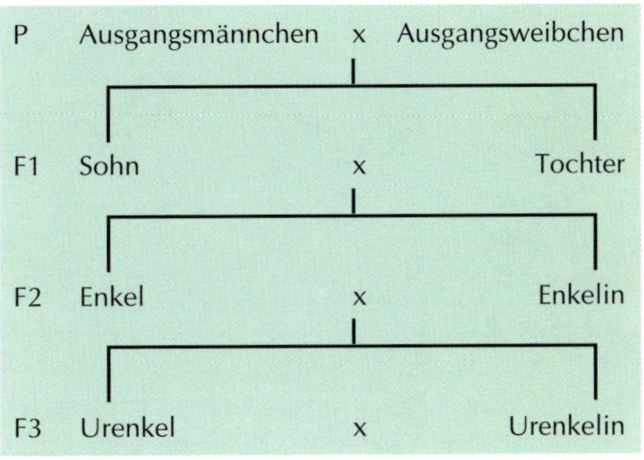

Inzucht-Methode 1

Diese Methode ist besonders brauchbar, wenn man als Hobbyist seine Zucht auf eine Menschengeneration auslegt, denn 6 mitteleuropäische Koi-Generationen entsprechen bei einer Generationsfolge von 5 Jahren etwa 30 Jahren. Wie die Erfahrung bei anderen Fischen (z.B. Guppys) lehrt, beginnen mit etwa sieben Generationen die Probleme der Inzucht: Größe, Vitalität und Vermehrungsfreudigkeit lassen nach. Wenn man jetzt ein fremdes Tier einpaart, macht man den Zuchtstamm wieder instabil.

Inzucht-Methode 2

Bei dieser Inzucht-Methode wird von vornherein auf einer breiteren Basis begonnen. Sie ist besonders geeignet, um aus fremdblütigen Tieren einen verwandten Stamm zu festigen. Man startet mit drei Paaren.

Wie aus dem Schema ersichtlich, setzt man zunächst ein Weibchen nacheinander mit zwei Männchen zur Zucht an und zieht

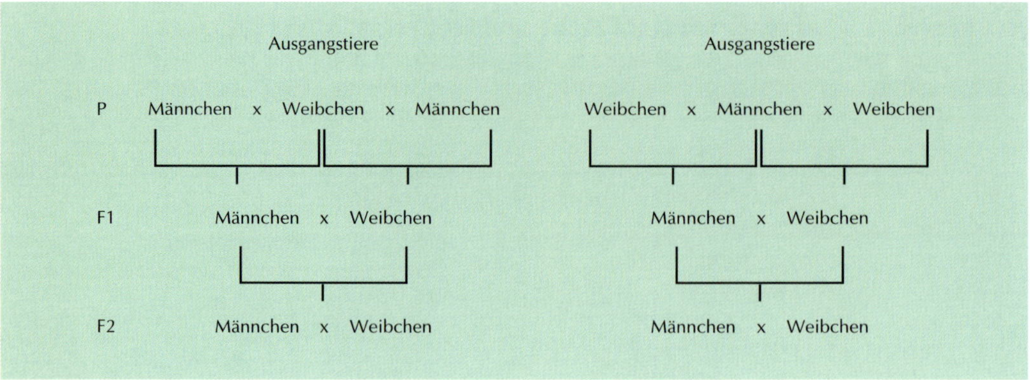

Inzucht-Methode 2

diese Bruten getrennt auf. – Zeitsparend ist hier eine Abstreifmethode, wobei der Laich des Weibchens geteilt und jeweils vom Sperma eines Männchens befruchtet wird. – In derselben Generation werden die beiden anderen Ausgangsweibchen mit dem dritten Männchen verpaart und die Bruten getrennt aufgezogen. Die besten Fische von jeder dieser F1-Nachzuchtgenerationen verpaart man dann in der F2-Generation als Halbgeschwister untereinander. Die daraus hervorgehenden Nachzuchten werden schon sehr ansprechend sein. Die besten Tiere davon bilden den Ausgang für eine Linienzucht mit zwei Stämmen (siehe folgendes Kapitel).

Wie schon leicht aus der Theorie zu erkennen ist, muß man sich für diese und die folgenden Zucht-Methoden unbedingt ein exaktes Zuchtbuch anlegen, das durch Fotos gestützt ist.

Linienzucht

Bei richtiger Anwendung ist die Linienzucht gegenüber der Inzucht die bessere und länger fortsetzbare Zuchttechnologie. Es gibt auch für die Linienzucht verschiedene Methoden.

Linienzucht-Methode 1

Bei dieser Methode beginnt man mit zwei Zuchtlinien, wie sie z.B. bei der Inzucht-Methode 2 entstehen. Die Weiter-

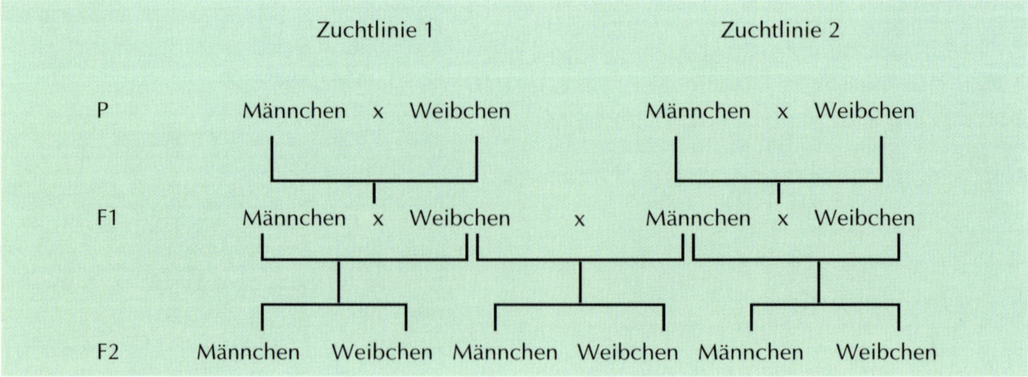

Linienzucht-Methode 1

zucht erfolgt dann auf der „Cousin-Ebene“, wie aus dem Schema zu ersehen ist.

Linienzucht-Methode 2

Sie ist besonders geeignet, wenn man mit sehr guten Ausgangstieren beginnt. Durch sogenannte Rückkreuzungen über mehrere Generationen werden dabei deren gute Eigenschaften gefestigt. Auch hier ist eine Zuchtkartei mit Fotos unbedingt erforderlich.

Kombination von Linien- und Inzucht

Mit diesem kombinierten System wird das Ziel der Reinerbigkeit am schnellsten erreicht. Es ist 1,5 mal so schnell wie die Linienzucht-Methode 2 und doppelt so schnell wie die reine Inzucht. Alle anderen Möglichkeiten, bei denen wie bei der Linienzucht-Methode 1 z.B. die „Cousins“ mit einbezogen werden, sind langsamer.

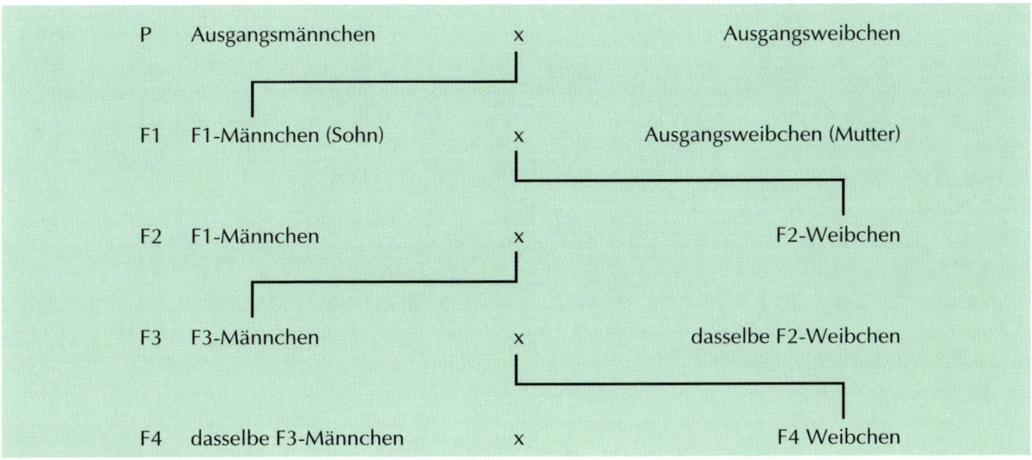

Linienzucht-Methode 2

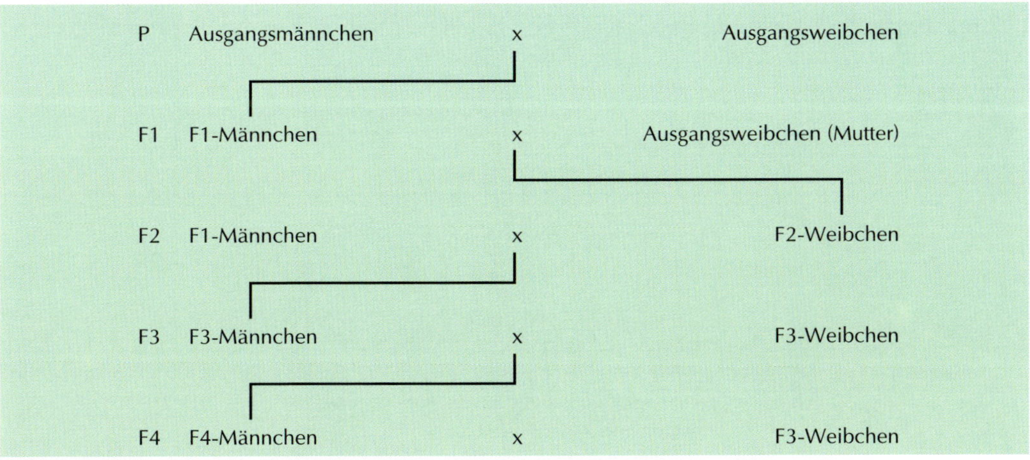

Kombination von Linien- und Inzucht

Herauszüchten einer neuen Koi-Variation

Neue Koi-Variationen können erzielt werden durch:

– Mutationen

– Kreuzungen

Mutationen

Mutationen sind plötzlich auftretende Erbänderungen. Brauchbare Mutationen sind leider sehr, sehr selten. Wesentlich häufiger sind Kleinmutationen und nicht erwünschte, z. B. krankhafte, wie Wirbelsäulenverkrümmungen o. ä.

Wenn eine Mutation auftritt, so kann man davon ausgehen, daß sie reinerbig ist, das mutierte Gen aber meistens rezessiv, d. h. unterdrückt vererbt wird. Wesentlich seltener erweist sich das mutierte Gen gegenüber seinen Allelen dominant oder codominant. Dann ist das Weitervermehren einfacher.

Wenn zufällig zwei gleiche Koi-Mutationen aufgetreten und die beiden Tiere auch noch ein Paar sind, so bestehen keine Probleme, sie werden das mutierte Gen sofort weitervererben, und die F1-Generation wird genau ihren Eltern entsprechen. – Dieser Fall wäre aber ein bißchen zu viel des Glücks!

Gewöhnlich wird nur eine einzige Koimutation unter hunderttausenden von Nachzuchttieren auftreten. Dann ist das Problem schon größer. Was paart man an diesen Fisch?

Unbedingt ein reinerbiges, möglichst einfarbiges Tier, damit die Kombinationsmöglichkeiten nicht zu groß werden. Am besten ist bei Farbmutation ein Albino-Koi, denn ein Albino vererbt keine Farbe, ist rezessiv und ist immer reinerbig. Als Beispiel möchte ich hier die Verpaarung eines schwarzen, eines Karasugoi mit einem Albino-Koi anführen.

Nach den Mendelschen Regeln kann man vorausberechnen, wie die Vererbung sein wird:

Die Elterntiere unterscheiden sich nur in einem Merkmal, in der Farbe. Für die Erstellung des Vererbungsschemas setzt man die Gameten der Elterntiere ein. Je Elterntier werden zwei Gameten als Erbsubstanz väterlicher- und als Erbsubstanz mütterlicherseits verwendet. Dominante Gene bezeichnet man mit großen und rezessive Gene mit kleinen Buchstaben. So bezeichnen wir in diesem Beispiel die dominante Farbe Schwarz mit „N" (nigra) und die Farblosigkeit mit „a" (albino).

Karasugoi x Albino-Koi

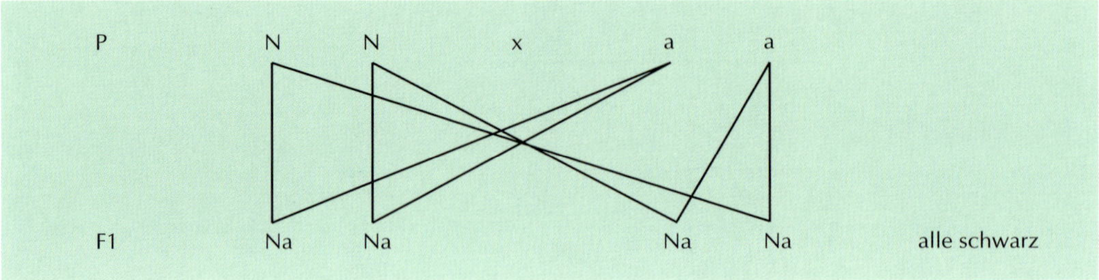

Nach den Mendelschen Regeln ist in diesem Fall bei reinerbigen Ausgangseltern die Nachzucht der F1-Generation uniform, d.h. alle Koi sind im Erscheinungsbild (Phaenotyp) schwarz, da Schwarz dominant ist. Im Erbbild (Genotyp) sind sie aber mischerbig!

Geschwister-Verpaarung der F1-Generation

Verpaart man zwei Tiere der F1-Generation, so spalten sie wie folgt auf:

spalterbiger Karasugoi x spalterbiger Karasugoi

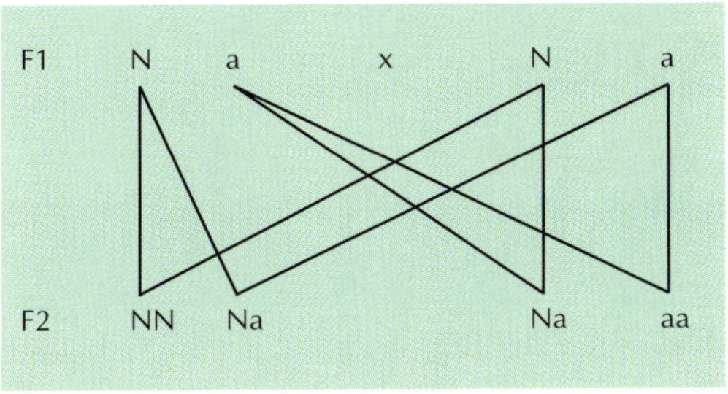

25 % reinerbige Karasugoi
50 % spalterbige Karasugoi
25 % reinerbige Albino-Koi

Rückkreuzung an ein Elterntier

Besteht das Zuchtziel darin, mehr Albino-Koi, also das rezessive Erbmerkmal in größerer Stückzahl zu vermehren, dann wendet man am besten die Rückkreuzung an das Albino-Elterntier wie folgt an:

reinerbiger Albino-Koi x spalterbiger Karasugoi

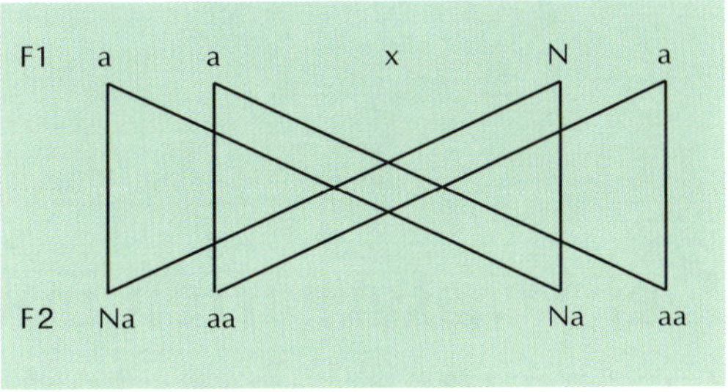

50 % reinerbige Albino-Koi
50 % spalterbige Karasugoi

Kreuzungen

Weit mehr neue Koiformen werden durch Kreuzung verschiedener, schon vorhandener Koiformen herausgezüchtet. Bisher allerdings nur durch Verpaarung nicht reinerbiger Formen, wodurch eine riesige Vielfalt von verschiedenen Kombinationsmöglichkeiten des Erbgutes möglich ist. Es werden in diesem Fall immer nur ganz wenige, wirklich interessante Formen fallen. Man nennt so etwas Ramschzucht!

Bei der Kreuzung reinerbiger Ausgangsformen ist dagegen eine gezielte Züchtung möglich. Die Kreuzung an sich bleibt weiterhin ein Versuch. Bringt eine solche Kreuzung aber ein ansprechendes Resultat, so hat man gleich große Mengen der gewünschten Form.

Allgemeines zur Vererbung bei Koi

Wie ich schon mehrmals bemerkte, ist über die Vererbung bei Koi bisher nur sehr wenig bekannt. Bei Kreuzungen weiß man also nicht, welche Farben über welche dominant sind.

Über den Vererbungsgang der neuen Beflossungsvariante „Kometen-Koi", bei der alle Flossen, besonders die Schwanzflosse, stark verlängert sind, wissen wir offiziell leider auch nichts. Bei vielen Fischarten, z.B. beim Schleierkampffisch (*Betta splendens*) und Scheier-Zebrabarben (*Brachydanio rerio*), wird die Langflossigkeit dominant über die Normalflossigkeit vererbt.

Der Wassergarten und die Koi in den vier Jahreszeiten

Der Winter

Seitdem mehr Erfahrungen mit der Koihaltung in Mitteleuropa bestehen, weiß man, daß sich die Ratschläge aus Japan nicht ohne weiteres übertragen lassen. So haben sich vor allem die Erkenntnisse über die Haltung der Koi im Winter in den letzten Jahren geändert.

Zuerst bemerkten die Engländer, daß ihr recht mildes Klima doch ungünstiger als das Klima in den meisten Gebieten Japans ist.

In Deutschland ist die Strenge des Winters recht unterschiedlich: Es ist im Westen und im Norden, an der Küste, oft wesentlich wärmer als im Osten und Süden.

Man stellte fest, daß es vor allem die Länge des Winters ist, die große Probleme bei der Koihaltung verursacht. Der Winter in England ist länger als der in kalten Zonen Japans, und der Winter in Deutschland ist wesentlich länger als der in England.

Der Teich und die Wassertemperatur

Mit abnehmender Wassertemperatur werden die Koi träger, und ihre Futteraufnahme wird geringer. Bei Temperaturen unter 8 °C stellen sie die Nahrungsaufnahme dann ganz ein.

Sehr wichtig für die Überwinterung der Koi ohne Heizung ist die maximale Teichtiefe. Sie sollte in unseren Breiten mindestens 1,5 m, besser 2 m sein. An dieser tiefsten Stelle sammeln sich die Koi im Winter, wenn die Wassertemperatur niedriger als 5 °C ist. Sie ruhen dann eng zusammengedrängt mit angelegten Brust- und Bauchflossen auf dem Boden. Stoffwechsel und Körperreaktionen laufen auf Sparflamme: Ihr Geruchs- und Geschmackssinn sind abgeschaltet, sie reagieren aber auf Wasserbewegung, Druckwellen und Berührung. Das ist wichtig zu wissen, damit man nicht in den alten Feh-

Koiteich im Winter

ler verfällt, die Eisdecke aufzuhacken. Dadurch entstehen Druckwellen im Wasser, und die Koi werden erheblich in ihrer Winterruhe gestört. Sie verlassen ihr Winterquartier, verbrauchen dadurch eine Menge an Körperenergie, und wenn sie auftauchen, erfrieren sie. Auf jeden Fall ist es anzuraten, die Wassertemperatur an der tiefsten Stelle des Teiches ständig zu überprüfen. Das läßt sich ohne Störung der Fische bewerkstelligen, indem man den Fühler eines elektronischen Temperaturmeßgerätes dort unterbringt. 2 °C sind für Koi die absolut tiefste Grenze, die sie nur kurzzeitig überstehen können. Schon 3 °C sind sehr kritisch, deshalb sollte die Temperatur mindestens 4–5 °C betragen. Ist sie höher als 6 °C, so ist der Stoffwechsel der Koi größer, und sie zehren zu sehr von ihrer Substanz. Bei einem kurzen Winter (nicht länger als drei Monate) überstehen das große Fische ohne weiteres, Jungfische sind aber gefährdet.

Sie sehen daran, daß die Überwinterung ohne Heizung ein echtes Problem ist. Auch hier sind Koivariationen, die näher ihrer Stammform, dem Karpfen liegen (z. B. Chagoi), weniger empfindlich.

In England sind heutzutage fast alle Koi-Liebhaber zur Heizung ihrer Teiche übergegangen. Die Unterschiede bestehen nur in der Höhe der Heiztemperatur und in der Länge der Heizperiode. Es gibt Liebhaber, die ihren Teich selbst im August auf 28 °C und entsprechend hoch auch im Winter aufheizen.

Das dürfte jedoch nicht nachahmenswert sein und uns mit den Energiepreisen in Deutschland überfordern.

Empfehlenswert ist hingegen, den Teich ab Ende Oktober mit einem Plastikfolienzelt zu überdecken und die Fische noch so lange mit Futtermitteln auf vorzugsweise pflanzlicher Basis zu füttern wie die Wassertemperatur (über 8–10 °C) es zuläßt. Ab Januar wird dann mit einer geregelten Hei-

Vorbereitung für den Winter: Der Teich wird mit einem Holzgestell und Gewächshausfolie überdeckt. Schon dadurch kann erreicht werden, daß sich das Wasser nicht so stark abkühlt (6)

zung dafür gesorgt, daß sich die Temperatur des Wassers nicht unter 4–6 °C abkühlt. Im März kann sie dann langsam so angehoben werden, daß die Koi bei über 10 °C wieder fressen.

Das dürfte der sicherste Weg sein, um ohne Verluste über den Winter zu kommen.

Belüftung und Filterung

Wie wir schon lasen, enthält kaltes Wasser ausreichend Sauerstoff für die Fische, deshalb sollten bei ungeheizten Teichen Wasserfälle im Winter abgestellt werden. Sie bringen nur das in der Tiefe wärmere Wasser ständig mit der kalten Luft in Berührung, so daß es sich mehr und mehr abkühlt.

Filter müssen hingegen weiter betrieben werden. Man sollte jedoch die Durchflußmenge stark drosseln und die Filteransaugstelle vom Boden in die oberen Wasserschichten verlegen. Auch der Zufluß vom Filter soll nicht zu tief, sondern unter der Wasseroberfläche eingeleitet werden. Dadurch wird vermieden, daß das in der Tiefe infolge der Dichteanomalie des Wassers wärmere Wasser an die Wasseroberfläche gelangt und sich dort abkühlt. Aus dem gleichen Grund wird die Belüftung (der Ausströmerstein) von der tiefsten Stelle des Teiches in den flachen Teil verlegt, so daß das Wasser nur dort zirkuliert, aber gleichzeitig so ein Loch im Eis offen bleibt.

Alternativen zur Teichüberwinterung

Innenteiche

Die Energiekosten für die Heizung eines Außenteiches sind erheblich, deshalb gehen viele Liebhaber dazu über, kleine Überwinterungsteiche in Wintergärten, Kellern, Gewächshäusern, Garagen oder speziellen Fischhäusern einzurichten. Diese haben noch den Vorteil, daß sie infolge ihrer geringeren Größe übersichtlicher sind. Man kann darin seine Koi besser beobach-

Koi im speziellen Fischhaus

Mit der Koi-Haltung im Wintergarten hat man keine Sorgen in der kalten Jahreszeit

Dieser Koiteich ist nur zum Teil in den Wintergarten einbezogen. Der Außenteil des Teiches wird im Winter mit Folie überdacht. Eine in die Wasseroberfläche eintauchende Gummischürze vermeidet das Eindringen kalter Luft

ten und notfalls Erkrankungen schneller erkennen und sofort behandeln.

Zur Füllung dieser Winterteiche ist es am besten, das Wasser vom Außenteich zu verwenden. Dadurch erspart man den Fischen eine Umgewöhnung an andere Wasserverhältnisse.

Wegen des meist geringeren Volumens solcher Überwinterungsteiche ist in der Folgezeit dann ein häufiger Wasserwechsel (wöchentlich mindestens ein Drittel) notwendig. Sehr gute Durchlüftung und Filterung sind ebenfalls erforderlich. Man sollte es sich zur Regel machen, öfter die Ammonium- und Nitritwerte zu messen.

Frühling

Der Frühling kann für die Koi eine recht gefährliche Jahreszeit sein, besonders wenn der Koi-Liebhaber die Lebensbedingungen für seine Fische zu schnell umstellt, speziell zu zeitig und zu viel füttert.

Es ist zu berücksichtigen, daß die ersten warmen Tage nicht bedeuten, daß sich auch das Wasser bereits genügend erwärmt hat. Oft folgen noch sehr viele kalte Tage und frostige Nächte. Die Teichtemperatur erwärmt sich nur langsam und folglich ist der Stoffwechsel der Koi noch niedrig, aber dafür vermehren sich die Bakterien im Wasser schon gut, so daß die durch den Winter geschwächten Fische erkranken können. Es ist deshalb besonders wichtig, auf Hygiene zu achten, den Teichboden sauber zu halten und die Sinkstoffe im Filter häufig abzulassen.

Ab 10 °C Wassertemperatur suchen die Koi nach Futter. Es ist jetzt notwendig, sie täglich, aber sehr sparsam mit leichtverdaulichen Futtermitteln (z. B. Weizenkeimpellets) zu füttern. Dabei muß immer berücksichtigt werden, daß der Stoffwechsel der Fische, d. h. die Nahrungsaufnahme und Verdauung temperaturabhängig sind. Nach reichlichem Fressen kann bei plötzlichem starken Temperaturrückgang die Verdauung eingestellt werden. Dadurch verdirbt das sich im Verdauungstrakt befindliche Futter und führt zu Entzündungen des Darms, die tödlich sein können.

In diesem Fall hilft nur, die betroffenen Fische herauszufangen und in einen gut durchlüfteten, großen Behälter (Krankenstation) zu bringen. Dem darin befindlichen Wasser setzt man etwas Kochsalz zu und heizt es auf etwa 25 °C hoch. Die Koi werden nicht gefüttert! So kommt der Stoffwechsel wieder in Gang, und die Fische überleben.

Da auch der Filter im zeitigen Frühjahr noch nicht voll wirksam ist, empfiehlt es sich, öfter die Ammonium- und Nitritwerte zu überprüfen.

Weiterhin sollte man ständig ein wachsames Auge auf die Koi werfen, um eventuelle Erkrankungen rechtzeitig zu erkennen. Auftretende Wasserblüte (mikroskopisch kleine Schwebealgen) können mit einem UV-Strahler (siehe dort) oder besser mit größeren Mengen Daphnien (eventuell im Pflanzenfilter) bekämpft werden.

Große Mengen Fadenalgen sollte man durch Herausziehen entfernen.

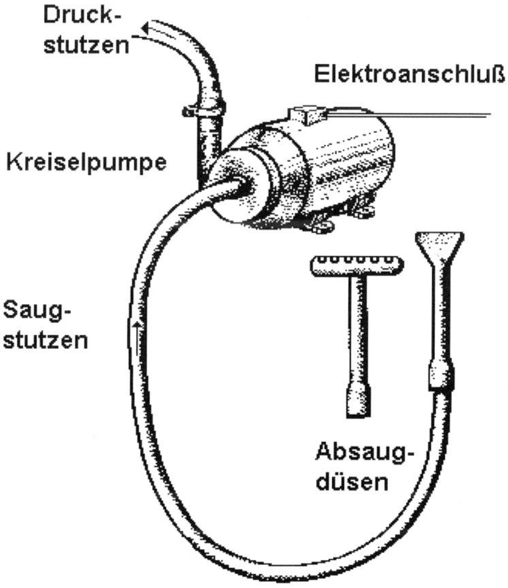

Gerät zum Reinigen des Teichbodens

Der Sommer

Der Sommer ist für Koihalter die schönste und interessanteste Jahreszeit, denn jetzt haben ihre Pfleglinge optimale Bedingungen, besonders, was die Temperatur angeht.

Wichtig ist es, daß die Filter- und Durchlüftungsanlagen exakt arbeiten, denn der Stoffwechsel der Koi ist jetzt enorm hoch, sie fressen viel und sollten nährstoff- und eiweißreich ernährt werden. Natürlich scheiden sie jetzt auch viel aus, deshalb ist ein häufiger Teilwasserwechsel angezeigt. Bei lang anhaltendem heißen Wetter kann der Sauerstoff knapp werden. Im Sommer sollte deshalb grundsätzlich eine starke Durchlüftung installiert werden.

Durch große Glastüren wird der Koi-Wassergarten in den Wohnbereich einbezogen

Wenn die Wassertemperaturen im Spätfrühling und Frühsommer konstante Werte um 18–20 °C annehmen, dann ist die Zeit der Koihochzeit gekommen: Eines Morgens wird man durch laute, klatschende Geräusche aufmerksam und wird feststellen, daß im Teich ein wildes Treiben im Gange ist. Meist verfolgen mehrere Männchen ein Weibchen und stimulieren es zur Eiablage. Näheres darüber finden Sie im Kapitel „Ablaichen unter natürlichen Verhältnissen".

Auch wenn man nicht züchten will, kann das Ablaichen im Teich zu Problemen führen: Durch das Treiben der Männchen kommt es oft zu Verletzungen des Weibchens, die, begünstigt durch Wasserverschlechterung infolge des Ablaichens (hohe Sperma-, Laich- und Urinmengen), verpilzen können und so zu einer ernsten Gefahr für das Tier werden. Deshalb ist nach dem Laichen ein großer Teilwasserwechsel angebracht.

Der Herbst

Im Herbst sind in unseren Breiten enorme Temperaturschwankungen zu verzeichnen. Manchmal betragen die Temperaturunterschiede der Luft zwischen Tag und Nacht bis 35 °C. Kalte und trübe Tage wechseln mit sommerlich sonnigen und warmen. Das Wasser im Teich kühlt sich infolge seiner Wärmeträgheit nur langsam ab, darum sind die Koi noch bis sehr weit in

Der Herbst ist die schönste Jahreszeit in Japan

Koiwassergarten in Singapur (Foto: G. Tan)

Koiwassergarten im malayischen Stil in Holland

den Herbst hinein aktiv. So lange das Wasser noch relativ warm ist, und die Koi Futter verlangen, sollte man sie gut und reichlich füttern. – Eiweißreiches Futter, besonders auch tierisches Eiweiß, ist wichtig, denn sie brauchen Reserven für den Winter!

Bei weiterer Abkühlung werden unsere Pfleglinge dann merklich träger und fressen weniger. Jetzt sollte man wieder leicht verdauliches Futter, vorrangig auf pflanzlicher Basis mit hohem Getreideanteil und mit Weizenkeimen geben.

Kontrolle der Koi

Es ist sehr wichtig, daß man jetzt, vor Eintritt in den Winter, seine Koi nochmals kritisch betrachtet; und auf Parasiten – Karpfenläuse, Ankerwürmer u.ä. – sowie auf Wunden untersucht.

Der Teich sollte noch vor dem Winter parasitenfrei sein, deshalb ist nötigenfalls eine Teichbehandlung durchzuführen, siehe Kapitel „Was kann man tun, wenn die Fische krank sind?". Auch Wunden müssen vor dem Winter unbedingt ausgeheilt sein, denn sie heilen im kalten Wasser sehr schlecht und sind dann Angriffsflächen für Bakterien und Pilze.

Der Teich

Große Mengen Laub fallen im Herbst von den Bäumen und in den Teich. Das sollte man unbedingt verhindern, indem ein Netz über den Teich gespannt wird.

Des weiteren ist es wichtig, den Teich vor dem Winter nochmals gründlich zu säubern, Schlamm und verfaulende Blätter von Wasser- und Sumpfpflanzen müssen entfernt werden. Sie würden ebenfalls wie das Laub in Fäulnis übergehen und dabei große Mengen Sauerstoff verbrauchen, die den Koi dann fehlen.

Was kann man tun, wenn die Fische krank sind?

Eine optimale Haltung der Koi ist die beste Prophylaxe gegen Krankheiten, denn diese sind meistens die Folge einer vorangegangenen Schwächung des Fischorganismus durch:

- Wasserverschlechterung infolge Überfütterung;
- chemische Wasserveränderungen bei zu krassem Wasserwechsel nach zu langer Zeit oder beim Umsetzen in einen anderen Teich, auch pH-Wertverschiebungen;
- Umsetzen von Altwasser in Frischwasser oder umgekehrt;
- Zugabe von stark chlorhaltigem Wasser;
- Transport und Streß;
- plötzliche Temperaturänderungen (Differenzen von 5 °C sind kritisch);
- zu hohe Temperaturen und damit verbundenen Sauerstoffmangel;
- Fütterung bei zu niedrigen und zu hohen Temperaturen;
- einseitige Ernährung;
- zu hohen Fischbesatz;
- Befall mit Karpfenläusen und Fischegeln (meistens bei zu dichtem Besatz).

Wer seine Fische immer gut beobachtet, wird am schnellsten herausfinden, welche krankheitsverdächtig sind.

Folgende Verhaltensweisen und äußere Erscheinungen der Koi sind Anzeichen für eine Erkrankung:

- Schwimmen an der Wasseroberfläche unter gleichzeitigem heftigen Luftschnappen. Bei Störungen tauchen die Fische nur widerwillig ab, um sofort wieder zur Oberfläche zurückzukehren.
- Erkrankte Koi verlassen ihre Gruppe und zeigen keinen Appetit.
- Die Kiemen sind weiß, schwarz oder deformiert.
- Die Exkremente sind anormal: schleimig, in langen Fäden oder blutig.
- Die Körperoberfläche zeigt Veränderungen: blutunterlaufene Stellen, Löcher, Geschwüre, Hautfetzen, Beläge, weiße Pünktchen o.ä.
- Abgespreizte Kiemendeckel, zerfranste Flossen.

In allen diesen Fällen ist schnelles Handeln erforderlich, denn mit einer Selbstheilung kann man nur in den wenigsten Fällen rechnen. Die Fische sind Todeskanditaten, wenn eine Krankheit nicht zeitig genug erkannt und sofort etwas dagegen unternommen wird.

Leider steckt die Fischheilkunde im Vergleich zur Säugetierbehandlung noch in den „Kinderschuhen". Am weitesten ist sie da entwickelt, wo massive wirtschaftliche Interessen dahinter stecken, z.B. in der Nutzfischzucht und speziell in der Karpfenzucht.

Da es auch bei der Koihaltung teilweise um enorme Werte geht, wird man selbstverständlich alles versuchen, um bei einer Erkrankung die Fische zu retten.

An dieser Stelle sollen die häufigsten Krankheiten und deren medikamentöse Behandlung angeführt werden. Man denke aber immer daran, daß bei Heilversuchen nicht von einem Extrem ins andere verfallen wird:

- Niemals alle angeführten Heilmittel und Heilverfahren auf einmal anwenden!
- Nicht nach dem Prinzip „Viel hilft viel!" verfahren, sondern streng nach Anweisung.
- Daran denken, daß erkrankte Fische sehr in ihrer Konstitution geschwächt sind. Kleine Fische sind emfindlicher als große. Deshalb ist es oft zu empfehlen, die Dosierung für sie geringer zu halten.

Man sollte stets daran denken, daß zur Diagnose und Behandlung von Fischkrankheiten große Erfahrung gehört. Deshalb ist es in Zweifelsfällen immer ratsam, einen Fachmann des Fischgesundheitsdienstes zu Rate zu ziehen. In England gibt es z. B. einen über das ganze Land verteilten Gesundheitsdienst für Koi. Einzelne, zentral ausgebildete Koi-Heilungsspezialisten sind jeweils für ein bestimmtes Territorium zuständig. Ein Koi-Liebhaber der British Koi Keeper's Society (B.K.K.S.), der Gesundheitsprobleme mit seinen Koi hat, kann den für seinen Distrikt zuständigen Fachmann anrufen und ihn um Rat bitten. Er kann ihn auch bitten, zu seinem Teich zu kommen und an Ort und Stelle seine Koi zu behandeln. Diese Behandlung ist weitgehend ehrenamtlich, es sind lediglich ein Kilometergeld und die benötigten Hilfs- und Heilmittel zu zahlen.

Neben der Filterung sind leider auch Krankheiten ständiger Gesprächsstoff unter Koiliebhabern. - Dabei wären viele Koierkrankungen relativ leicht zu vermeiden, wenn nur wenige Grundvoraussetzungen beachtet würden.

Die Hauptursache für den Ausbruch von Krankheiten und damit verbundene große Fischverluste ist nämlich der häufige Zukauf von neuen Koi. -Jeder neuhinzukommende Fisch sollte mindestens sechs Wochen in Quarantäne gehalten und ständig auf eventuelle Krankheiten kontrolliert werden, bevor er zu den anderen in den Teich gesetzt wird.-

Das Ganze beginnt mit dem ständigen Import von Koi. - Alle Zierfisch-Importeure kennen diese Schwierigkeiten, denn solche Importe werden allgemein mit hohen Verlusten erkauft.-

Das ist bei Koi nicht anders. Es beginnt mit dem Transport auf engstem Raum (Luftfracht ist teuer). Sauerstoffmangel, Wasserverschlechterung und Streß sind die Hauptursachen für eine enorme Schwächung des Fischorganismus und den späteren Ausbruch von Krankheiten. Hinzu kommt, daß man die Koi innerhalb kurzer Zeit in völlig unterschiedliche Wasserverhältnisse umsetzt (Im Extremfall: Züchter - Händler - Exporteur - Importeur - Großhändler - Einzelhändler - Liebhaber), und daß die Tiere nur selten ausreichend lange in Quarantäne gehalten werden. Viele Händler verkaufen ihre Koi unmittelbar nach dem Import, denn jede längere Haltung ist mit mehr oder weniger großen Verlusten verbunden.

Aber auch die Liebhaber können es meistens nicht erwarten, die neugekauften Koi in ihrem Teich schwimmen zu sehen. Oft wird wider besseres Wissen keine Quarantäne durchgeführt. Man hofft immer, es wird schon gut gehen. Aber meistens geht es eben nicht gut, und dann ist der Schaden groß! Nicht nur ein Fisch ist nun krank, sondern alle! -Beim Liebhaber bricht jetzt Panik aus, die schließlich zu vielen unüberlegten Handlungen führt. Zu bedenken ist auch, daß importierte Koi oft aus wärmeren Ländern kommen (z.B. aus Süd- und Mitteljapan, Israel, Kalifornien, Thailand usw.). Wenn man diese Fische im März, April oder auch Anfang Mai bei uns in einen unbeheizten Teich setzt, so ist ihr Verlust ebenfalls vorprogrammiert.

Heilmittel und ihre Anwendung

Es gibt eine große Palette kommerzieller Marken-Fischheilmittel von verschiedenen Herstellern im Handel, die bei richtiger Dosierung den meisten selbstzusammengestellten überlegen sind. Dem Koiliebhaber möchte ich raten, sich auf diese handelsüblichen Fischheilmittel zu beschränken. Spezialisten und Experten wenden auf der ganzen Welt teils sehr unterschiedliche Behandlungsmethoden und Heilmittel an. Für auf diesem Gebiet erfahrenen Leute, die sich auf dem Gebiet der Fischheilkunde auskennen, möchte ich hier einige aus der Binnenfischerei, aus Japan und aus England anführen. Auch der KLAN hat eine spezielle Liste von Heilmitteln und Behandlungsvorschriften zusammengestellt, die an die Mitglieder versandt werden kann. Sie sind sorgfältig zusammengestellt und vielfach erprobt. Da aber das Haltungswasser in allen Teichen unterschiedlich ist, kann keine Garantie für die gewünschte Wirkung der Medikamente und Chemikalien und auch keine Haftung für eventuelle Schäden und Folgeschäden übernomen werden.

Man denke immer daran, daß es sich bei den Medikamenten und Chemikalien teils um giftige oder ätzende Substanzen handelt, die auch für Menschen gefährlich werden können.

Deshalb sollte man besonders mit Pulvern oder konzentrierten Lösungen sehr sorgfältig umgehen und vor allem Augen, Mund und auch Hände durch Schutzbrille, Mundschutz und Gummihandschuhe schützen. Alle Medikamente sind unter sicherem Verschluß zu halten.

Zur Ruhigstellung bzw. Betäubung von Koi verwendet man am besten Ethylenglycolmonophenylester (Phenoxyethanol) in einer Dosierung von 10 ml/20 l Wasser.

Der zu betäubende Fisch wird darin so lange belassen, bis er seine normale Schwimmlage verliert. Dann kann er herausgenommen und behandelt werden. Nach der Behandlung setzt man ihn in klares, sauerstoffreiches Wasser zurück, wo er nach einiger Zeit wieder normal schwimmt.

Vorsicht bei der Betäubung ist geboten bei geschwächten Koi und bei Temperaturen unter 10°C.

Antibakteriell wirkende Arzneimittel (Auswahl für Experten)

Diese Mittel sind nicht im Teich anzuwenden, sondern die erkrankten Fische werden in spezielle große Behälter (z. B. Quarantänebecken) überführt und dort behandelt. Das Verfüttern von Arzneimitteln erfolgt allerdings besser im Teich, denn hier fressen die Fische besser.

Besonders wichtig sind eine ständige Beobachtung der Fische, eine häufige Überprüfung der Wasserwerte und eine gute Durchlüftung.

Medikament	Dosierung	max. Anwendungsdauer	Anmerkungen
Aureomycin (Handelsname für Chlortetracyclin)	1,3 mg/l 1,3 g/100 l	24 Std. 5 Tage	verschreibungspflichtig
Chloramphenicol (Chloromycetin)	3 g/kg Futter 1,4–4 g/100 l 1 ml/0,5 kg Körpergewicht	7 Tage 12–48 Std.	verschreibungspflichtig gut belüften intraperitonale Injektion (Injektion in d. Bauchhöhle)
Neomycin	3 g/kg Futter 2–4 g/100 l	3 Tage 3 Tage	verschreibungspflichtig Vorsicht bei empfindlichen Fischen
Nitrofurane	1,5 g/kg Futter 1–1,5 g/100l	7 Tage 3–5 Tage	z.T. verschreibungspflichtig, einige Substanzen wirken in niedrigeren Konzentrationen
Oxytetracyclin	3–7 g/kg Futter 3–5 g/100l	7 Tage	verschreibungspflichtig, täglicher Wasserwechsel und Neudosierung
Phenoxethol (Phenoxyäthylalkohol)	Von Stammlösung 1 ml/100 ml gibt man 20 ml/l	7 Tage	
Streptomycin	2 mg/100 g Körpergewicht		intraperitonale Injektion verschreibungspflichtig
Sulfonamide	10–20 g/kg Futter 10–20 g/100l	8-10 Tage	verschreibungspflichtig, auch kombiniert mit Antibiotika, Tierarzt befragen, übergreifende Resistens
Terramycin (Handelsname für Oxitetracyclin)	10–20mg/l 3 mg/0,25–0,5 kg Körpergewicht	7 Tage	kompletter Wasserwechsel alle 24-33 Std. erforderlich intraperitonale Injektion verschreibungspflichtig

Antiparasitär wirkende Substanzen und Arzneimittel (Auswahl für Experten)

Einige Mittel sind für Menschen und Haustiere sehr gesundheitsschädlich. Deshalb besonders die Hinweise des Herstellers beachten und den Anweisungen des Tierarztes folgen. Unbedingt Wasserwerte überprüfen und Entsorgungshinweise beachten.

Substanz/Medikament	Dosierung	max. Anwendungsdauer	Anmerkungen
Acriflavin (Trypaflavin)	1–5 mg/l	2-4 Tage	pflanzenschädigend, wirkt auch antibakteriell, nicht im Teich anwenden
Formalin (37%)	0,2 bis 0,5 ml/l	30 min unter Beobachtung	giftig, ätzend, für kleine Fische oft unverträglich
Jodtinctur			zum täglichen Einpinseln von Wunden
Kaliumpermanganat	10 mg/l 2–4 mg/l	10–30 min 1 Std. unter Beobachtung	wird von empfindlichen Fischen schlecht vertragen; sehr toxisch auch bei geringen Überdosierungen
Kochsalz NaCl	15–20 g/l 0,5–3 g/l	10–20 min 3-5 Tage	kein Jodsalz verwenden, Fische beobachten
Kupfersulfat	0,5 mg/l	10–30 min unter Beobachtung	in weichem Wasser sehr toxisch, Fische beobachten, wird von empfindlichen Fischen nicht vertragen
Lysol	0,2 ml/l	5–15 sec unter Beobachtung	
Malachitgrünoxalat	0,15-0,2 mg/l 0,05mg/l (nachdosieren)	4–6 Std. 7–12 Tage unter Beobachtung	in hohen Konzentrationen pflanzenschädigend
Masoten	0,25-0,5mg/l 5,0mg/l	7–10 Tage 30min unter Beobachtung	verschreibungspflichtig, hochgiftiges Insektizid, toxisch für Fischnährtiere und einige Fischarten
Mercurochrom	2%ige Lösung		anstelle von Jodtinktur zum täglichen Einpinseln infizierter Stellen bis zur Heilung
Methylenblau	3–5 mg/l 10–30 mg/l	3–5 Tage 30 min	häufig nur geringe Wirksamkeit
FMC – Gemisch aus 1 l Formalin (37-40%) + 3,7 g Methylenblau + 3,7 g Malachitgrünoxalat (zinkfrei)	1,0-1,2ml/100l 2,5 ml/100l	Dauerbad 1 Std.	bei weichem Wasser stärkere Wirkung

Koiteich in einem Wochenend-Grundstück (Foto: H. Weidmann)

Sehr schön gestalteter Koiwassergarten (Foto: H. Weidmann)

Übersicht der häufigsten Krankheiten

Ichthyophthirius

Eine der häufigsten Fischkrankheiten überhaupt. Sie beruht meistens auf einer allgemeinen Schwächung, befällt aber auch gesunde Fische. Die Krankheit ist epidemisch und deshalb leicht übertragbar.

Symptome: Die mit dem Hautparasiten *Ichthyophthirius multifiliis* befallenen Fische sind am Körper und an den Flossen mit einer Unmenge kleiner, weißer Punkte besetzt.

Therapie: Im allgemeinen werden für die Heilung Farbstoffe, wie Malachitgrün, Acriflavin und Methylenblau eingesetzt. Am wirkungsvollsten ist FMC.

Die Behandlung wird am besten in einem separaten Becken durchgeführt. Die Therapie dauert 14 Tage, und die Wassertemperatur hält man dabei unter guter Durchlüftung auf 26–28 °C.

Im fischlosen Teich sterben die Krankheitserreger ohne Wirt (Fische) von selbst ab, so daß er nach zwei Wochen ohne Bedenken wieder besetzt werden kann.

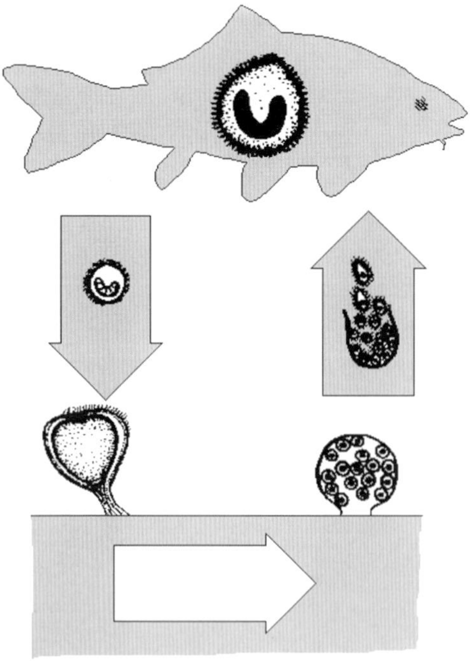

Ichthyophthirius-Zyklus

Oodinium

Diese Krankheit wird durch mikroskopisch kleine Hautparasiten verursacht.

Symptome: Ähnlich wie bei Ichthyophthirius sind auf der Fischhaut zunächst grauweiße bis gelbe Pünktchen zu sehen, aus denen sich später ein zusammenhängender grauweißer oder gelber Film entwickelt, der den ganzen Körper überzieht.

Therapie: Bäder in Aureomycin, Kochsalz, Kupfersulfat, Formalin oder Acriflavin.

Bakterielle Flossenfäule

Eine bakterielle Erkrankung, die durch schlechte Haltungsbedingungen begünstigt wird. Ursache ist eine Infektion durch *Aeromonaden, Flexibakter* u.a.

Symptome: Es beginnt damit, daß die Flossen, vor allem die Schwanzflosse, entzündet und blutig unterlaufen sind. Sie fasern schließlich aus und faulen im Endstadium bis in den Körper hinein weg. Dann greift die Erkrankung auf die Haut über, die sich nun großflächig ablöst.

Therapie: Die Krankheit ist nur im Anfangsstadium heilbar. Bewährt haben sich Langzeitbäder mit Chloromycetin bzw. Chloramphenicol, Kochsalz, Malachitgrün, Phenoxethol und Terramycin. Kochsalz und Malachitgrün können auch als Kurzzeitbäder eingesetzt werden.

Kiemenfäule

Die Kiemenfäule wird durch Algenpilze *(Branchiomyces)* hervorgerufen. Sie kann durch gute Haltungsbedingungen vermie-

Kiemenfäule

den werden. Beim Zerfall der sogenannten Wasserblüte tritt sie am häufigsten auf.

Symptome: Die Kiemenfäule ist äußerlich schwer festzustellen und schreitet sehr schnell fort. Die Fische verlieren an Gewicht und sterben.

Man ist gut beraten, wenn man öfter mal die Kiemen der Koi untersucht, indem die Kiemendeckel mit den Fingern abgespreizt werden. Gesunde Kiemenblätter müssen rosarot aussehen. Finden wir graue und schmierige oder ausgefallene, hell-dunkel marmorierte Kiementeile, so besteht dringender Verdacht auf Kiemenfäule.

Therapie: Langzeitbad in Terramycin sowie Verfüttern von Sulfonamiden oder Antibiotika, z. B. Terramycin. Auch ein Kupfersulfatbad hilft. Wichtig ist gute Teichhygiene.

Hautfäule (Columnaris-Krankheit)

Bei dieser bakteriellen Infektion handelt es sich um einen Befall mit *Flexibakter columnaris,* von dem häufig die Jungfischbestände betroffen werden.

Symptome: Die Lippen der befallenen Fische färben sich rot oder gelb, und es treten grauweiße Beläge am Kopf, an den Kiemen, an den Flossen und an anderen Körperteilen auf, die in schmutzig-graue zerfaserte Hautläsionen und Geschwüre übergehen, z.T. bis auf die Wirbelsäule.

Therapie: Eine Behandlung ist leider nicht immer erfolgreich. Sie kann mit Aureomycin, Chloromycetin oder Sulfonamid-Verfütterung versucht werden. Auch Acriflavin-Bäder sind möglich.

Verpilzungen

Verpilzungen beruhen auf Verletzungen der Schleimhaut und einer allgemeinen Schwächung infolge von Überbesatz, schmutzigem Wassers, zu krassem Wasserwechsels, zu kühler Haltung. Zuerst werden die verletzten Stellen und Wunden durch den sogenannten Fischschimmel *(Saprolegnia* und verwandte Gattungen) befallen, dann wächst der Pilz auch im gesunden Gewebe weiter. Weil die Kondition und das Regenerationsvermögen der Koi allgemein im Winter schlecht sind, sind Verpilzungen zu dieser Jahreszeit besonders gefährlich. Deshalb sollte man vor der Überwinterung seine Fische genau auf eventuelle Wunden untersuchen und diese vorher noch auskurieren.

Fischschimmel kann auch als Sekundärerkrankung von *Ichthyophthirius, Oodinium* und Bakterieller Flossenfäule auftreten. Gesunde Fische werden nicht befallen.

Symptome: Es bilden sich zunächst an den verletzten Stellen dicke, wattebauschartige, weißgraue Beläge, die nach und nach den ganzen Körper überziehen, bis der Fisch stirbt.

Therapie: Die Fische müssen zunächst in wärmeres (24–26 °C), aber nicht frisches, gut belüftetes Wasser überführt werden. Zur Heilung werden Kurzzeitbäder mit Kochsalz oder Malachitgrün eingesetzt. Die befallenen Stellen betupft man täglich mit Kaliumpermanganat, Mercurochrom oder Jodtinktur.

Schuppensträube

Die Schuppensträube kann verschiedene Ursachen haben: Es kann sich um eine Darmerkrankung durch falsche Ernährung handeln, sie kann aber auch die Folgeerscheinung von Frühjahrsvirämie, Tuberkulose oder *Ichthyophonus* sein.

Sind blutunterlaufene Einzelschuppen festzustellen, so ist es möglich, daß eine Bakterieninfektion der Haut vorliegt.

Symptome: Ähnlich wie bei der infektiösen Bauchwassersucht: Abstehende Schuppen, so daß die Fische wie ausgetrocknete Fichtenzapfen aussehen. Ihr Körper ist geschwollen, und die Augen treten hervor (Glotzaugen). Die erkrankten Fische schwimmen träge umher und atmen schwer. Ein bis zwei Tage später sterben sie gewöhnlich, nachdem sie vergeblich versucht haben, aus der Rückenlage in normale Schwimmlage zurückzukehren.

Therapie: Verdauungsstörungen sind durch eine wärmere Haltung (24 – 26 °C) im Kochsalz-Dauerbad unter Aussetzen der Fütterung zu beheben.

Bakterieninfektionen werden mit Chloramycetin, Streptomycin oder Tetracyclin behandelt. Außerdem können Sulfonamid oder Furazolidon mit dem Futter gereicht werden.

Erythrodermatitis

Eine Erkrankung, die bei schlechten Haltungsbedingungen auftreten kann, sich zwar eindämmen läßt, aber gewöhnlich bei der nächsten Schwächung der Fische wieder auftritt.

Die Krankheit ist bakteriell bedingt und unterscheidet sich von der Columnaris-Krankheit durch glattrandige, tiefrote Geschwüre, die weiß umrandet sind. Die Erkrankung tritt besonders bei schuppenlosen Koiformen auf.

Symptome: Geschwüre und Löcher auf dem Körper.

Therapie: Kurzzeitbäder mit Kochsalz oder Langzeitbad mit Sulfonilamid. Temperaturerhöhung auf 26 °C.

Auch Injektionen in die Bauchhöhle mit Chloromycetin oder Terramycin.

Außerdem ist eine Verfütterung von Antibiotika und Sulfonamiden sehr wirksam.

Schwimmblasenentzündung

Sie wird hervorgerufen durch Sporozoen (*Sphaerospora renicola*) und tritt meistens bei Jungfischen im ersten Jahr auf.

Symptome: Die Koi liegen auf der Seite auf dem Boden des Teiches oder hängen in derselben Stellung an der Oberfläche.

Therapie: Bei zeitiger Behandlung kann diese Erkrankung auskuriert werden, indem man die Fische in warmes, flaches und gut durchlüftetes Wasser überführt.

Häufig auftretende Sekundärinfektionen sind am besten mit Antibiotika oder Sulfonamiden über das Futter zu behandeln.

Gasblasenkrankheit

Zu dieser Erkrankung kann es bei Zugabe von frischem (unter Druck stehendem) Leitungswasser oder durch zu starke Sonneneinstrahlung kommen. Es handelt sich um eine Gasübersättigung des Wassers.

Symptome: Es bilden sich Gasblasen unter der Haut, in der Gewebeflüssigkeit und im Blut. Besonders Jungfische sind stark gefährdet.

Therapie: Es ist zu empfehlen, die betroffenen Fische sofort in normales (nicht gasübersättigtes) Wasser umzusetzen. Eine starke Belüftung und Wasserbewegung ist erforderlich, um den Gasüberschuß auszutreiben. Bei zu starker Sonneneinstrahlung muß beschattet werden.

Detail eines farbenfrohen Wassergartens

Farbenfroher Wassergarten

Typischer Wassergarten im englischen Stil

1. Narkotisieren

2. Untersuchung

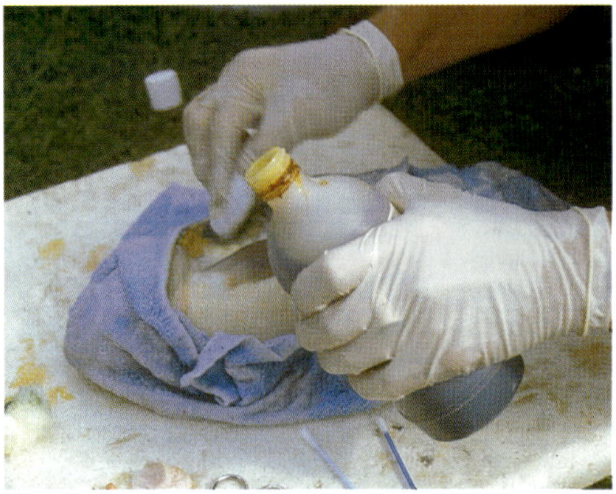

3. Desinfizieren

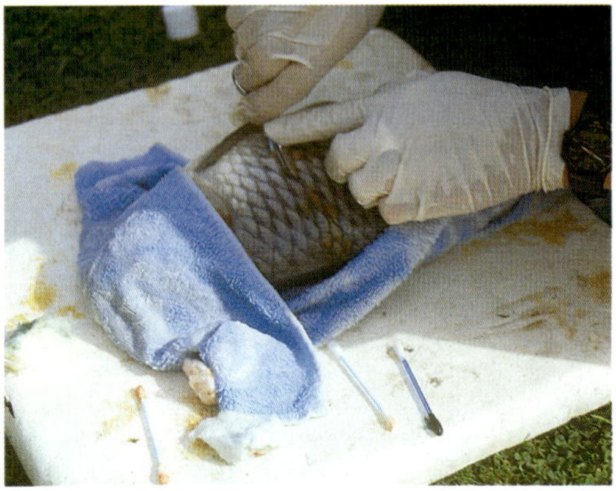

4. Abschneiden einer Schuppe

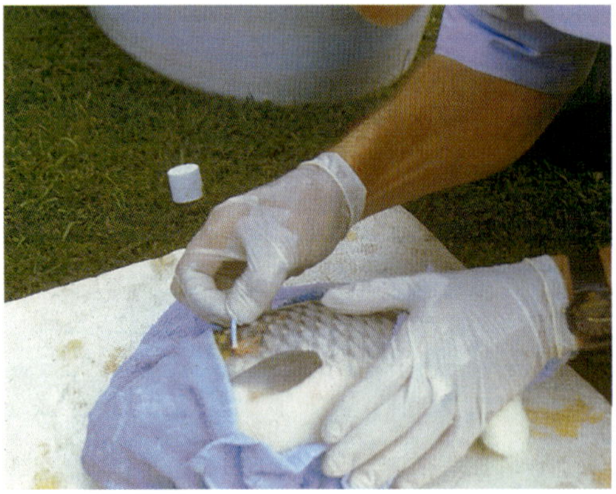

5. Einpinseln der infizierten Wunde

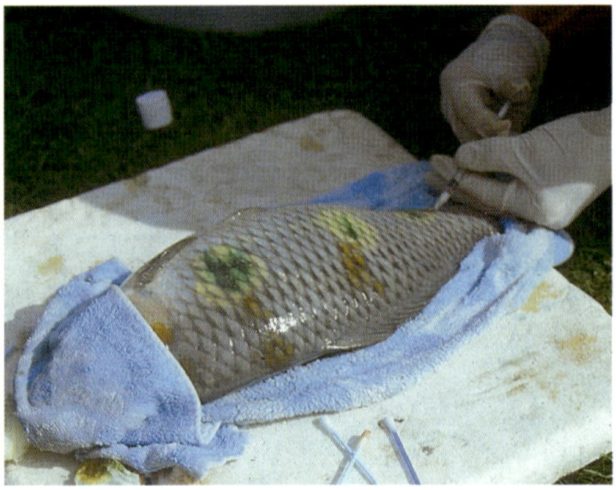

6. Injektion eines Antibiotikums

Erkrankungen durch falsche pH-Werte des Wassers

Symptome: Bei zu hohem oder zu niedrigem pH-Wert des Haltungswassers zeigen die Koi eine starke Unruhe und versuchen, aus dem Wasser herauszuspringen.

Bei zu niedrigem pH-Wert zeigen die Fische rote Zonen auf der Haut und an den Flossenbasen.

Bei zu hohem pH-Wert kommt es zum Ausfasern der Flossen. Außerdem kann bei zu hohem pH-Wert und zu hohen Ammoniumwerten Kiemennekrose auftreten.

Bei hohem pH-Wert wird gelöstes Ammonium (NH_4^-) in freies Ammoniak (NH_3) umgewandelt, das sehr fischtoxisch ist.

Derartige Prozesse spielen sich häufig in nährstoffreichen Teichen im Frühjahr ab.

Therapie: pH-Wert prüfen und nötigenfalls ändern.

Zur Änderung des pH-Wertes ist es am einfachsten, einen großen Teilwasserwechsel mit pH-neutralem Wasser durchzuführen. Sollte das keinen entsprechenden Erfolg bringen, so gibt es folgende Möglichkeiten: Zur Erhöhung des pH-Wertes verwendet man am besten Kalk (gelöschten Kalk), zum Senken Salz- oder Phosphorsäure.

Bei der Anwendung dieser Chemikalien denke man aber stets an deren Gefährlichkeit für Mensch und Tier, deshalb ist das Tragen von entsprechender Schutzkleidung, Schutzbrille und Gummihandschuhen unbedingt erforderlich! Und man erinnere sich an den Chemieunterricht: „Gieße niemals Wasser in die Säure, sonst passiert das Ungeheure!" Vor allem müssen Überdosierungen vermieden werden. Um zu ermitteln, welche Menge dieser Chemikalien notwendig ist, um das Teichwasser auf den gewünschten pH-Wert zu bringen, muß man unbedingt den genauen Wasserinhalt des Teiches kennen. Dann kann mit einer Teilwassermenge (z.B. 10 l) ein Vorversuch gemacht werden (nur Plastikgefäß verwenden), um anschließend die erforderliche Menge für den Gesamtteich zu errechnen. Die Chemikalien sollten innerhalb mehrerer Stunden über die gesamte Teichoberfläche verteilt zugegeben werden. Es ist günstig, dabei den pH-Wert ständig zu überprüfen.

Äußere Verletzungen und Schnitte

Bei äußeren Verletzungen und Schnitten muß dafür Sorge getragen werden, daß sich die Wunden nicht infizieren und es z. B. zu Verpilzungen kommt.

Therapie: Kochsalzbäder und Einpinseln mit Mercurochrom, Jodtinktur oder Kaliumpermanganat.

Die Fotos zeigen, wie man eine infizierte Wunde eines Koi in England behandelt:

- Zunächst wird der Koi in eine Schüssel mit Wasser gesetzt und unter Zugabe eines Narkotikums (MS 222: 3 g auf 10 l Wasser) narkotisiert.

- Dann bringt man ihn in einen Plastikbeutel, von dem eine Ecke abgeschnitten wird, so daß sich der Beutel entleert.

- Jetzt kann der Fisch genau visuell untersucht werden.

- Der Koi wird so in ein Handtuch gewikkelt, daß die zu behandelnde Stelle frei bleibt.

- Damit die infizierte Wunde besser behandelt werden kann, schneidet man die schützenden Schuppen ab.

- Die Stelle wird durch Einpinseln desinfiziert.

- Abschließend spritzt man intramuskulär ein Antibiotikum, setzt den immer noch narkotisierten Fisch in reines Wasser zurück und bewegt ihn so lange, bis er aus der Narkose erwacht.

Pflegeleichter Koigarten in England (Foto: V. Frost)

Befall mit Fischegeln

Fischegel sind schmarotzende Außenparasiten. In Mitteleuropa kommt am häufigsten die Art *Piscicola geometra* vor, ein 5 cm langer Egel mit scheibenförmigen Saugnäpfen an beiden Körperenden. Damit heftet er sich am Fischkörper fest und saugt Blut und Körpersäfte. Seltener tritt der Plattenegel *Hemiclepis marginata* auf.

Bei massenhaftem Befall werden die Fische sehr geschwächt und dadurch auch anfällig gegen andere Krankheiten, z. B. Frühjahrsvirämie und Erythrodermatitis.

Symptome: Die Koi scheuern sich, an ihrem Körper sitzen Fischegel.

Therapie: Kurzzeitbäder mit Kochsalz, Masuten oder Lysol. Behandlung im Teich mit Masuten.

Fischfreie Teiche können mit Kupfersulfat von den Plagegeistern befreit werden. Anschließend ist das Wasser zu wechseln.

Fischegel

Befall mit Karpfenläusen (Argulus)

Die auf dem Fischkörper schmarotzenden Karpfenläuse gehören zu den Krebstieren. Sie sind schildförmig abgeplattet und etwa 8 mm im Durchmesser. Mit schaukelnden Bewegungen nähern sie sich den Fischen, heften sich am Körper fest und saugen mit ihrem Stechrüssel Blut und Kör-

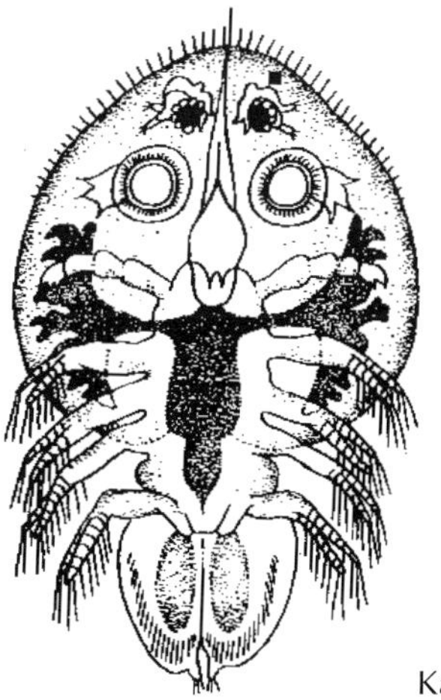

Karpfenlaus

persäfte. Dadurch schwächen sie ihre Opfer sehr und übertragen gleichzeitig die Frühjahrsvirämie. Kleine Fische sterben an den Stichen. Außerdem besteht die Gefahr der nachträglichen Infektion der durch die Stiche entstehenden Wunden.

Symptome: Die Koi scheuern sich. An ihrem Körper befinden sich Karpfenläuse und gerötete Stichstellen, die verpilzen können.

Therapie: Kurzzeitbäder mit Kaliumpermanganat, Lysol, Kochsalz oder Masuten.

Der Teich kann, wie bei Fischegeln empfohlen, behandelt werden.

Es hat sich bewährt, vorbeugend gegen Karpfenläuse einen kleinen Schwarm Elritzen (*Phoxinus laevis*) in den Teich einzusetzen. Elritzen fressen die cyclopähnlichen Nauplien (Entwicklungsstadien) der Karpfenläuse. Besonders empfehlenswert sind die dekorativen und im Teich gut sichtbaren Goldelritzen, eine xanthoristische Form der Art.

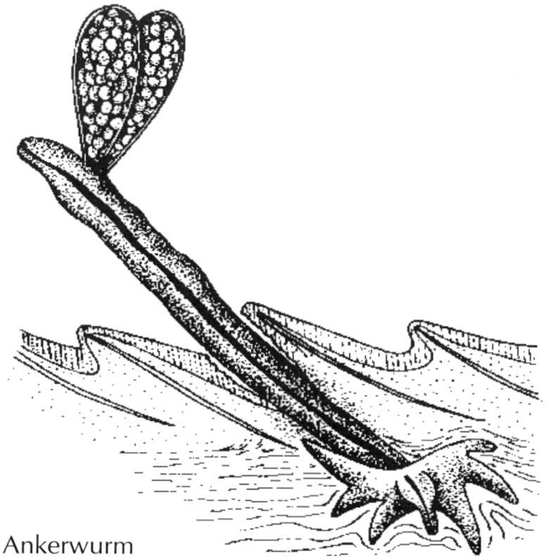

Ankerwurm

Befall mit Ankerwürmern (Lernea)

Symptome: Die appetitlosen Fische scheuern sich und zeigen blutunterlaufene Flecken auf der Haut. Bei genauem Hinschauen erkennt man zahlreiche 0,4–0,8 cm lange, zwirnähnliche Fäden, die aus der Haut heraushängen.

Therapie: Kurzzeitbäder mit Kochsalz, Formalin, Kaliumpermanganat oder Masuten.

Befall mit Kiemenwürmern

Symptome: Atemnot. Kiemenschwellungen, manchmal auch weiß-graue Hautbelege. Die Fische halten die Kiemen für lange Zeit offen oder geschlossen.

Beim Abspreizen der Kiemendeckel findet man weiße Flecken auf den Kiemenplättchen. Bei starkem Befall fehlen ganze Kiementeile.

Nachweisbar sind die Verursacher durch Kiemenabstriche, die unter dem Mikroskop betrachtet werden. Es sind 0,5–1 mm große Kiemenwürmer.

Therapie: Kurzzeitbäder mit Kochsalz, Formalin, Malachitgrün oder Masoten.

Sehr wirksam ist eine Teichbehandlung mit Masoten.

Koi an der Futterstelle

Ein Platz der Ruhe und Beschaulichkeit im Koigarten

Fisch- oder Karpfenpocken

Hier handelt es sich um weiße, rosa oder graue wachsartige Wucherungen auf dem Körper und an den Flossen, eine Viruserkrankung, die bei Koi im Frühjahr auftreten kann, wenn die steigenden Temperaturen den Virus zur Vermehrung anregen.

Koi infizeren sich mit Karpfenpocken, wenn ihr Immunsystem geschwächt ist. Bisher weiß man noch wenig über die Karpfenpocken, wahrscheinlich werden sie durch infizierte Fische übertragen. Da die Inkubationszeit sehr lang ist und 1 bis 2 Jahre beträgt, treten Fischpocken hauptsächlich bei älteren Fischen auf.

Allerdings können auch jüngere Tiere befallen sein.

Karpfenpocken töten die Koi nicht, die Wucherungen sehen aber häßlich aus und setzen den Wert des Fisches herab.

Frühjahrsvirämie (SVC)

Eine häufige Karpfenerkrankung, die, wie schon der Name aussagt, hauptsächlich im Frühjahr auftritt, wenn die Teichtemperatur ansteigt. Besonders junge Koi sind anfällig und meistens überleben nur wenige.

Symptome: Eine Viruserkrankung, die zu folgenden Erscheinungen führt: Aufgetriebener Körper, dessen Inneres mit einer klaren oder braunen Flüssigkeit gefüllt ist.

Blasse Kiemen, manchmal auch Blutungen am Körper, unter der Haut und am After. Leber und Milz sind vergrößert, und rund um die Schwimmblase sind die Blutgefäße geplatzt.

Therapie: Leider gibt es keine Behandlungsmöglichkeit gegen diese Erkrankung. Der Virus ist sehr ansteckend. Infizierte Koi übertragen ihn durch den Kot und durch direkten Kontakt über die Schleimhaut.

Man sollte eine Stützbehandlung mit Antibiotika und Sulfonamiden gegen bakterielle Sekundärinfektionen durchführen.

Bandwürmer (Zestoden)

Diese Schmarotzer sind bei Karpfen weit verbreitet und können mit dem Futter aus anderen Teichen eingeschleppt werden. – Die Gattung *Bothriocephalus* wird durch *Cyclops* und die Gattung *Khawia* durch *Tubificiden* übertragen.

Beide schmarotzen im Darm.

Symptome: Abmagerung und schlechtes Wachstum, vor allem bei Jungfischen.

Therapie: Fütterung von Arzneipellets auf der Basis von Di-n-Butyl-Zinnoxid.

Bakterielle Darminfektion

Sie wird verursacht durch Infektion mit *Aeromonaden-* und *Pseudomonaden* und durch Fütterungsfehler begünstigt.

Symptome: Abmagerung, Afterrötung (Darmentzündung). In schweren Fällen kommt es zur Ansammlung von Flüssigkeit in der Leibeshöhle. Es treten „schleichende" Verluste auf.

Therapie: Verfütterung von Antibiotika und Sulfonamiden. Besondere Aufmerksamkeit ist der Teich- und Fütterungshygiene zu schenken. Außerdem sollte man die Besatzdichte prüfen und nötigenfalls verringern.

Literatur

Axelrod, H.R. (1973): Koi of the World – Japanese Colored Carp. T.F.H. Publications, Inc., Jersey City

–: (1988): Koi Varieties – Japanese Colored Carp-Nishikigoi. T.F.H. Publications, Inc., Jersey City

British Koi-Keepers' Society: Show Rules – Final Draft (überarbeitet am 4.1.84)

–: Informationsblätter für Mitglieder: Drugs and Treatments; Symptoms, Diagnosis and Treatments of Diseases in Koi

Brookes,J. (1994): Der Garten. Lizensausg., Bechtermünz Verlag, Eltville a.Rh.

Eiselt,M.G./Schröder,R. (1974): Nadelgehölze. 3. Auflage. Neumann Verlag, Radebeul

–: (1977): Laubgehölze. Neumann Verlag Leipzig, Radebeul

Fetcher, N. (1991): Planned parenthood in the pond. Practical Fishkeeping, June, S.94-97

Foerster,K. (1978): Einzug der Gräser und Farne in die Gärten. 4.Auflage. Neumann Verlag Leipzig, Radebeul

–: (1981): Der Steingarten der sieben Jahreszeiten. 7.Auflage. Neumann Verlag Leipzig, Radebeul

Fujita, G. (?): Koi. Associated Koi, Clubs of America, Midway City, CA.

Göritz,H. (!957): Laubgehölze für Garten und Landschaft. Deutscher Bauernverlag, Berlin

–: (1982): Blütenstauden, Gräser, Farne. VEB Deutscher Landwirtschaftsverlag, Berlin

Iwago,T. (1970): Encyclopedia of Nishiki-Goi. Kondansha Ltd., Tokio

Iwahashi,M., Tomita,M. (1980): Genetical studies of Nishiki goi (Cyprinus carpio) II. On the heredity of Kohaku. Reports of Niigata Inland Water Fisheries Experiment Station 8, S.74-79

Katasonov,V.Ya. (1987): Color in hybrids of common and ornamental (Japanese) carp III. Inheritance of blue and orange types. Sovjiet Genetics 14, S.1522-1528

Kuroki,T. (1970): The Japanese Colored Carp: Nishilki-Goi. Kondasha Ltd., Tokio

–: (1981): The latest Manuel to Nishikigoi. Shuji Fujita, Shin-Nippon-Kyoiku-Tosho Co., Shimonoseki-City

–: (1985): Breeding Centers of Nishikigoi. Rinko, Oktober 85, S.2

–: (1985): Literature on Koi. Rinko, August 85, S.2

–: (1985): Origin of the World „Nishikigoi". Rinko, Juni 85, S.4

–: (1987): Modern Nishikigoi. 2.Aufl., Shuji Fujita, Shin-Nippon-Kyoiku-Tosho Co., Shimonoseki-City

–, Nishiguchi,K. (1994): How to Breed and Cull Your own Koi. Nichirin, Oktober 94, S.46

Lim,E. (1994): Keeping Kois Indoor - Pro and Cons. Nichirin 94, S.42

Maulbach,A. (1995): Farbenfrohe Staudenbeete. Mein schöner Garten Spezial 2/95, Senator Verlag GmbH., Offenburg

Mc Dowall,A. (Ed.) (1989): The practical Encyclopedia of Koi. Salamander Books, Ltd., London

Michaeli-Achmühle,P. (1984): Wunderwelt Wassergarten. 2.Aufl., Nymphenburger Verlagshandlung, München

Murakawa,T. (1985): Murakawa's Seminar No.16 - Ornamental borders. Rinko, August 85, S.77

Roe,C.D. und Evans,A. (1969): Koi – Keeping the Fancy Pond Carp of Japan. Petfish Publications, London

Penzes,B. und Tölg,I. (1983): Goldfische und Zierkarpfen. Verlag Eugen Ulmer, Stuttgart

Schimana,W. (1993): Prachtstauden: Die besten Arten und Sorten für das Staudenbeet. Verlag Eugen Ulmer, Stuttgart

Seike, Kudo, Schmidt (1986): Japanische Gärten und Gartenteile. Wilhelm Heine Verlag, München

Steffens,W. (1980): Der Karpfen. 5.Aufl., Die Neue Brehm-Bücherei, A.Ziemsen-Verlag, Wittenberg Lutherstadt

–: (1981): Industirelle Fischproduktion. 2.Aufl., VEB Deutscher Landwirtschaftsverlag, Berlin

–: (1981): Moderne Fischproduktion – Grundlagen und Praxis. Verlag J.Neumann-Neudamm Melsungen, Berlin, Basel, Wien

–: (1985): Grundlagen der Fischernährung. VEB Gustav Fischer Verlag, Jena

Szweigman,D., Rothbard,S., Wohlfarth, G.W. (1992): Further Observations on The Inheritance of Color in Koi. Nichirin, S. 37-41

Takeshita,G.Y. (1982): Koi for Home and Garden. T.F.H. Publications, Inc., Jersey City

Tamaki,T. (1977): Nishikigoi (Fancy Koi). 2.Aufl., Tamaki Yogoen, Hiroshima City

Teichfischer,B. (1982): Ein Teich im Garten. Neumann-Verlag Leipzig, Radebeul

–: (1983): Goldfische wieder in Mode. Neumann-Verlag Leipzig, Radebeul

–: (1984): Der schöne Teich im Garten. Urania-Verlag Leipzig, Jena, Berlin

–: (1985): Gardens and Ponds in Germany – The Beautiful Pond in the Garden. Rinko, November 85, S.9 und Dezember 85, S.31

–: (1986): Was wissen wir über Koi? Aquarien Terrarien, September 86

–: (1986): Interesting Factors in the Heredity of the Scales of Carps. Rinko, September 86, S.23

–: (1987): Nochmals: Was wissen wir über Koi? Aquarien Terrarien, September 87

–: (1988): Farbkarpfen. Urania-Verlag Leipzig, Jena, Berlin

–: (1991): A Journey for the Koi. Nichirin, April 91, S.21

–: (1991): Goldfische. Urania-Verlag Leipzig, Jena, Berlin

–: (1992): Japan - Home of the Nishikigoi. Nichirin, Juli 92, S.24 und August 92, S.24

–: (1993): Wieder einmal in England. DATZ 46, S.721-723

–: (1993): A Trace of Japan in the Heart of Europe. Nichirin, Februar 93, S.30

–: (1993): Koi in Germany – The History and Current Situation. Nichirin, Juli 93, S.34

–: (1994): Goldfische in aller Welt. Tetra Verlag, Melle

–: (1994): Gedanken über die Koizucht – Warum gibt es so wenig qualitativ gute Koi? KLAN-Magazin, Heft 2/94 und Heft 3/94

–: (1994): Sensational Success – Klan Germany Chapter Show. Nichirin, Dezember 94

–: (1995): Koi in England. KLAN-Magzin, Heft 1/95

–: (1995): Das Wachstum der Koi. KLAN-Magazin Heft2/95

Tlok, B.Ch. (1996) Abschäumfilterreaktor für wasserhaltige Flüssigkeiten. KLAN Koi Magazin, Heft 2/96

Wachter,K. (1986): Der Wassergarten. 6.Aufl., Verlag Eugen Ulmer, Stuttgart

Weidmann, H:/Hannen, D. (1994): Temperaturabhängigkeit der Koi-Fütterung. KLAN-Magazin, Heft 2/94

Weidmann, H., Hannen, D. (1996): KLAN-Info: Unsere Koi-Apotheke. KLAN Koi Magazin 4/96.

Wengel,T. (1985): Gartenkunst im Spiegel der Zeit. Edition Leipzig

Wienke,K. (1990): Mein Wassergarten. Neumann-Verlag Leipzig, Radebeul

Waddinton, P. (1995) Koi Kichi. Eigenverlag

Wohlfarth,G.W., Rothbard,S. (1991): Preliminary investigations on color inheritance in Japanese ornamental carp (nishiki-goi). The Israel Journal of Aquaculture, Bamidgeh 43, S.62-68

Vokabeln zum besseren Verstehen der japanischen Koinamen

Ai – Indigo, tiefblau

Aka – rot

Akabo – rote Stange

Akame – Auge mit roter Iris

Akebi – hellblau

Asagi – hellblau, lichtblau

Ato-sumi – später entstehendes Schwarz

Bekko – Schildpatt

Beni – tiefes Rot, tiefer als Aka

Beta-gin – ein Schuppentyp von Kinginrin, bei dem die ganze Schuppenoberfläche glitzert

Boke – flockig

Bongiri – bezeichnet Koi, die kein Rot im Schwanzstiel haben, ein Fehler bei Kohaku

Bozu – wörtlich Priester, Kohaku ohne Kopfrot

Budo – Weintraube

Bunka – Ein Sanshoku mit metallisch glänzenden Brustflossen

Cha – braun, gelbbraun

Daiya – Diamant-Ginrin

Doitsu – deutsch

Dorogoi – ein Koi im Wildgrau des Speisekarpfens

Era-Aka – Kohaku mit roten Kiemendeckeln, heute nicht standardgerecht

Fuji – Fujiyama

Gin – Silber

Go – fünf

Goke (Koke) – Schuppe

Goromo (Koromo) – Kleid, Kleidung

Goshiki – fünf Farben, fünffarbiger Koi

Goten – Schloß, Palast

Gotensakura – Palast-Kirschblüte

Ha – Feder, Engelsflügel

Hachi – Napf, Schüssel, Topf

Hachibi – roter Kopf

Hageshiro – schwarzer Koi mit weißem Fleck auf dem Kopf und weißen Brustflossenspitzen

Hajiro – Weißfeder (Weißflosse)

Hana – Blume

Hanako – Blumenmädchen

Hanatsuki – Kohaku, bei dem sich das Kopfrot zur Maulspitze hinzieht

Hariwake – zweifarbiger, metallischglänzender Koi, bei dem eine Farbe Platin ist

Hatsuhi – aufgehende Sonne am Neujahrstag

Hi – rot (Scharlachfarbe)

Hikari – glänzend, funkelnd, strahlend

Hinomaru – runder, roter Fleck wie bei der japanischen Flagge

Inazuma – Zickzack

Ippon-Hi – durchgehendes Rot

Iro – Farbe

Irogoi – Farbkarpfen

Ishigaki – Steinmauer

Jiro (shiro) – weiß

Juji – kreuzartige Zeichnung auf dem Kopf

Kabuto – Helm, Kappe

Kagami – Spiegelschuppen bei Spiegel- und Zeilkarpfen (Doitsugoi)

Kage – Schatten, Spiegel

Kanoko – Rehkitz

Karasu – Rabe, Krähe (rabenschwarz)

Kasane – Haufen, Anhäufung

Kasane-Sumi – schwarze Flecken auf dem roten Untergrund (Hi) von Taisho Sanshoku

Katasumi – großer, schwarzer Schulterfleck, bei Taisho Sanshoku erwünscht

Kawagoi – Lederkarpfen mit einigen Schuppen in der Nähe der Rückenflosse

Kawarimono – Sammelgruppe für Koi, die sich nirgends anders einordnen lassen

Ki – gelb

Kimon – gelbe Flecken

Kin – gold

Kindai – Neuzeit, moderne Zeit

Kohaku – rot und weißer Koi

Koi – Karpfen

Kogane – Gold

Komoyo – kleine, rote Flecken

Konjo – preußischblau, Berliner Blau

Koromo – bekleidet

Kuchibeni – Lippenfleck

Kujyaku – Pfau, Kreuzung von Goshiki und Ogon

Kumonryu – wie ein aufsteigender Drachen, schwarzer Koi mit weißen Flecken

Kuro – schwarz

Ma – wild

Magoi – Wildkarpfen

Maru – rund

Maruten – Roter Fleck auf dem Kopf

Matsuba – Kieferzapfen, Koi-Variante, bei der die Schuppen in der Mitte dunkler als am Rande sind

Meiji – japanische Ära von 1868-1912

Menkaburi – rote Maske

Menware – Y-förmige Zeichnung bei Showa Sanshoku

Midori – grün

Mizu – Wasser, hellblau

Mono – Typ, Art, Ding, Gegenstand

Monyo – gestaltet

Motoguro – schwarzer Fleck an der Basis der Brustflosse

Moyo – Zeichnung, Muster

Muji – rein, eben, flach

Murasaki – purpur

Nagashi – fließenlassen, strömenlassen

Narumi – mittelblau

Nezu – mausgrau

Ni – zwei

Niban – untergeordnet

Nidan – Zweifleck

Nishiki – vielfarbener Seidenstoff, Brokat

Nishikigoi – Farbkarpfen, Koi

Ogon – metallisch golden

Ohaku – weiß und goldener Koi

Ojime – letzter roter Fleck bei Kohaku

Omoyo – gewünschter großer roter Fleck bei Kohaku

Orenji – Orange

Platinum – Platin

Purachina – weißeste Platinfarbe bei Ogon

Raigo – von einem Berg beobachteter Sonnenaufgang

Rin – Schuppe

Ryu – Art, Weise, Stil

Sakin – Goldkörnchen, Goldstaub

Sakurakana – Kirschblüten-Flecken

San – drei

Sandan – Dreifleck

Sanshoku – dreifarbig

Sarasa – rot-weiß (bei Goldfischen gebräuchlich), etwas Rot in der Rückenflosse

Seijiro – weißer Rücken

Shiro (Jiro) – weiß

Shoku – Farbe, farbig

Showa – japanische Ära von 1926–1989

Shu – rot

Shusui – ein Doitsugoi mit rotem Bauch, roten Flossen und blauem Rücken

Sui – blau

Sumi – schwarz

Taisho – japanische Ära von 1912–1926

Taki – Wasserfall

Tancho – Rotkopf (Kranich)

Tetsu – Eisen, Stahl

Tetsu Magoi – eisenfarbiger Wildkarpfen

Tsubaki – Kamelie

Tsubo – Topf, Krug

Tsubo Sumi – schwarzer Fleck auf weißem Grund bei Taisho Sanshoku

Ume – Pflaume

Utsuri – sich spiegeln, widerspiegeln, zweifarbige Koivarietät mit Farbe auf schwarzem Untergrund

Wagoi – vollbeschuppter japanischer Karpfen

Yamabuki – japanischer Busch mit goldgelben Blüten (Kerria japonica), Ogon mit goldgelber Farbe

Yamatonishiki – Taisho Sanshoku mit Platinglanz

Yogyoen – Fischfarm, Koifarm

Yondan – Vierfleck

Yotsu – vier

Yotsujiro – vier weiße Zonen

Yotsushiro – viermal weiß, schwarzer Koi mit weißen Brustflossen, weißer Rückenflosse und weißem Fleck auf dem Kopf

Yuki – Schneehaufen

Zuiun – Kreuzung von Midorigoi und Shusui

Sachwörterverzeichnis